# マングローブ

テロリストに乗っ取られたJR東日本の真実

西岡研介

講談社

# マングローブ

テロリストに乗っ取られたＪＲ東日本の真実

**マングローブ**

テロリストに乗っ取られたＪＲ東日本の真実

## 目次

カバーイラストレーション……信濃八太郎
ブックデザイン……日下潤一＋長田年伸
図表デザイン……下里晃弘（タイトルデザインも）
Jmap（村大聡子）

## 松崎 明の経歴

| | |
|---|---|
| 1936 | 2月3日、埼玉県生まれ |
| 1954 | 3月9日、埼玉県立川越工業高校卒 |
| 1955 | 3月1日、国鉄松戸電車区臨時雇用員として入社 |
| | 日本共産党に入党 |
| 1956 | 12月1日、国鉄に正式採用 |
| 1957 | 12月、法政大学二部中退。革共同に加入 |
| 1959 | 8月29日、革共同全国委員会結成大会において政治局員に選出 |
| | 日本共産党を離党 |
| 1961 | 動労（国鉄動力車労働組合）の初代青年部長に就任 |
| | 12月11日、日本社会党に入党 |
| 1962 | 10月1日より組合専従 |
| 1963 | 黒田寛一らと共に革マル派を結成 |
| | 12月28日、公労法違反により国鉄解雇処分 |
| 1971 | マル生反対闘争をはじめ数多くの闘争を指揮（～1972） |
| 1985 | 動労中央執行委員長に就任 |
| 1987 | 3月、東鉄労（JR東労組の前身）中央執行委員長に就任 |
| | 同時に、鉄道労連（JR総連の前身）中央執行副委員長に就任 |
| 1991 | 日本鉄道福祉事業協会の理事長に就任 |
| 1995 | JR東労組会長に就任 |
| 1998 | 日本鉄道福祉事業協会の理事長を退任 |
| 2001 | JR東労組顧問に就任。10月10日、(株)さつき企画取締役に就任 |
| 2002 | 5月31日、(株)さつき企画取締役を辞任。JR総連特別顧問に就任 |
| | JR東労組顧問を退任 |
| | 引き続き同労組、東京・横浜・八王子・大宮4地本の顧問に就任 |
| 2003 | （JR総連の資料では）勇退 |

（敬称略）

# プロローグ

二〇〇六年三月末、私はそれまで四年半勤めてきた『週刊文春』を辞めた。

その年が明けて間もないころ、私は、『週刊文春』編集部次長の新谷学氏（現『文藝春秋』統括次長）を、文藝春秋近くの喫茶店に呼び出し、こう切り出した。

「いろいろ考えましたが、やっぱり『週刊現代』に移って、ＪＲの件にカタをつけることにしました」

新谷氏は、私を『週刊文春』に引っ張ってくれた恩人だった。また四年半の間、一緒に仕事をし、共に修羅場をくぐってきた仲間でもあった。

それだけに彼は、突然の呼び出しにもかかわらず、私が何を話そうとするのか、あらかた見当がついていたのだろう。

「やっぱりな。そう言い出すんじゃないかと思ってたよ……」と苦笑いしながらも、私の〝暇乞《いとまご》い〟を受け入れてくれたのだった。

私が新谷氏に言った「ＪＲの件」とは、本書のテーマでもある「ＪＲ革マル派問題」のことだ。

約七五〇〇キロの線路網を有し、一日約一六〇〇万人が利用する「世界最大級の公共交通機関」、JR東日本。その最大・主要労組に「革マル派」という特定の思想集団が浸透し、労働組合を支配し、さらにはJR東日本の経営権にまで介入しているという現実が、この問題の核心部分である。

革マル派に支配されたJR東労組幹部とJR東日本経営陣の癒着は、「JR東労組(組合員)ニアラザレバ、人(社員)ニアラズ」という悪しき風潮を生み出した。そして、それはJR東日本発足から二〇年で、もはや企業風土になってしまった。さらにその企業風土は絶えず、乗客の安全や、生命さえ脅かしかねない危険性を孕《はら》んできた。

これらの問題の中心的存在が、JR東労組の絶対権力者で、「革マル派最高幹部」といわれる松崎明《まつざきあきら》氏(七一歳・以下敬称略)という人物である。

今から一三年前の一九九四年六月。『週刊文春』は、この松崎に支配されたJR東日本の労使関係の歪《いびつ》さに、いち早く注目したノンフィクションライターの小林峻一《こばやししゅんいち》氏(六五歳)による連載記事「JR東日本に巣くう妖怪」を掲載した。これに対しJR東日本は、管内にあるキヨスクでの販売拒否という、前代未聞の言論弾圧に乗り出した。

キヨスクは週刊誌の主たる販売拠点である。『週刊文春』は、雑誌販売の生命線である流通を約一ヵ月半にもわたって止められた。そして連載終了から四ヵ月後の一一月、ページ三分の二大という異例のスペースでJR東日本に対する「お詫び」記事を掲載したのだ。

誰の目から見ても、文春側の全面敗北であることは明らかだった。そしてこの「文春キヨスク販売拒否事件」以降、「JR革マル派問題」は、マスコミにとって大きなタブーとなった。

しかし、それから九年後、文春は自らの敗北が招いたタブーに、再び挑戦しようとしていた。

〇三年秋、警視庁公安部の捜査で、松崎の組合費横領疑惑が浮上したことをきっかけに、『週刊文春』は編集部内でも極秘に「JR革マル派問題」取材班を編成し、取材を始めた。取材班のメンバーは三人。その取材キャップが私だった。

そして取材開始から二年後の〇五年一二月、警視庁公安部が、業務上横領の容疑で松崎の自宅や組合の施設の家宅捜索に乗り出した。これを機に、『週刊文春』(〇五年一二月二二日号)は「JR東労組の〝ドン〟松崎明が組合費で買った『ハワイ豪華別荘』」との見出しの記事を掲載した。それは五ページにわたって、松崎の組合費横領疑惑の詳細を報じるもので、文春がようやく、一一年前の雪辱を果たした記念すべき記事だった。

だが、残念ながら前述の記事だけではこの「JR革マル派問題」の本質に迫ることはできなかった。この問題の本質は、世界最大級の公共交通機関の最大・主要労組に、革マル派という特定の思想集団が浸透し、労働組合を支配しているという事実だ。このため新谷氏と私はその後も、この問題を追及する連続キャンペーン、つまりは「続　JR東日本に巣くう妖怪」を始めるチャンスを模索していたのである。

ＪＲ東日本ではここ二〇年の間に、何の罪もない社員が「ＪＲ東労組の方針に従わなかった」という理由だけで、ＪＲ東労組から集団で糾弾され、組合から脱退、果ては退職にまで追い込まれるという事件がいくつも発生していた。

元運転士のＪＲ東日本社員は、ＪＲ東労組以外の組合に所属する友人たちとの同窓会に参加しただけで、「組織破壊者」のレッテルを貼られた。同じＪＲ東労組組合員から集団で吊るし上げられ、運転士の仕事から引きずりおろされた。また別の若手社員は、運転士になることを夢見て、ＪＲ東日本に入社したにもかかわらず、他組合の元同僚とキャンプに出かけただけで、ＪＲ東労組組合員から約半年間にわたっていじめ抜かれた。そして入社からわずか九年で退職に追い込まれたのだ。しかしいずれのケースでも、ＪＲ東日本の管理職は、ＪＲ東労組怖さに見て見ぬふりを続けてきたのである。

松崎に支配されたＪＲ東労組の圧制による犠牲者や、職を賭して彼らを支え続けた他の社員たち。二年余に及ぶ取材で、その存在を目の当たりにしてきた私にはもはや、彼らの叫びに耳を塞ぎ、この問題に目をつぶって、このまま「記者」という仕事を続けていくことは、どうしてもできなかった。

国鉄分割民営化、ＪＲ発足から二〇年目を迎える〇七年までに、メディアの世界に生きる者として、タブーとなった「ＪＲ革マル派問題」に何らかの〝決着〟をつけたい……そして、その〝決着〟をつけるのはやはり、一度はＪＲ東日本の圧力に屈した週刊誌でなければならない……しかし、文藝春秋にとって、かつての「キヨスク販売拒否事件」のトラウマは予想以上に大きく、『週刊文春』での連載は現実的に見て、不可能だ……。さんざん悩んだ末に、辿り着いた結論が、『週刊現代』への移籍、だった。

しかし、この結論は決して、自ら導き出したものではなく、いわば私にとってきわめて幸福な「偶然の産物」から得られたものだった。

現在、『週刊現代』編集長を務める加藤晴之氏とは以前から懇意にしていた。しかし私が『週刊文春』誌上での「JR革マル派問題」の連載を模索していた当時、彼はまだ、書籍担当の編集者だった。

そして加藤氏も、この「JR革マル派問題」がマスコミのタブーとなっていることに、そしてこのタブーによってJR東日本労使の異常な体質が、JR東日本の利用客をはじめとする社会の目から隠されていることに、疑問を抱いていた一人だった。このため彼は当時から、この問題について、本を書くことを熱心に勧めてくれた。しかし、前出の「キヨスク販売拒否事件」で文春が屈服を余儀なくされた経緯から、私はあくまで週刊誌誌上でのキャンペーンにこだわり、彼の申し出を固辞し続けた。

ところが〇六年の初め、その加藤氏の『週刊現代』編集長就任が内定したのである。私には「幸運」としか言いようがなかった。そして加藤氏の呼びかけに応え、私はこの「JR革マル派問題」の連載を条件に、『週刊現代』への移籍を決めた。

かくして〇六年四月一日、私は『週刊文春』編集部から『週刊現代』編集部に正式に移籍した。だが、この時点で私の移籍の本当の理由を知っていたのは、文春内部でも前出の新谷氏を含め「ＪＲ革マル派問題」取材班の記者や編集幹部の数人だけだった。一方、移籍先の講談社でも、移籍の真相を知っているのは加藤氏以外、ほとんどいなかった。

「漏れたら、必ず潰される」——。キヨスクでの販売拒否を含め、雑誌にとって生命線ともいえる流通を握る、ＪＲ東日本という巨大組織が当時、文藝春秋に対してかけたさまざまな圧力は、『週刊現代』にとっても大きな脅威だった。そして、彼らの圧力はきわめて陰湿なものだった。

だからこそ私は、文春時代に苦楽を共にした編集者や、記者仲間にも、本当の理由を隠さざるを得なかった。

そして約三ヵ月の追加取材を経て、私は〇六年七月から『週刊現代』（七月二八日号）で、この「ＪＲ革マル派問題」を追及する連載キャンペーン「テロリストに乗っ取られたＪＲ東日本の真実」を始めた。それは最終的に半年間、計二四回にわたる、近年の週刊誌では異例の長期連載となった。

連載終了から約一ヵ月後の〇七年二月中旬、警視庁公安部は再び、業務上横領の容疑で、ＪＲ総連や松崎の自宅の家宅捜索に乗り出した。

しかしＪＲ各社が、国鉄分割民営化から二〇年となる〇七年四月一日、ＪＲ東日本の経営陣も、他のＪＲの経営陣と同様に、その日を迎えた。

まるで、その前年に私が二四回にわたって追及した「ＪＲ革マル派問題」自体が、自分の会社に存在しないかのように。さらには連載後に行われた警視庁の家宅捜索さえ、なかったかのように。そして自らの会社が、二〇年前の分割民営化の際に、国民が流した二〇兆円もの血税を費やして生まれた「最も公共性を帯びた私企業」であることすら、忘れてしまったかのように……。

本書は、日本経済が化け物のように膨張し破裂した〝第二の戦後〟の、封印されてきた二〇年の〝黙示録〟でもある。また松崎に支配されたJR東日本の、歪な労使関係の正常化をめざした旧国鉄、JR関係者の闘いの歴史でもある。

経営者としての〝筋〟を通そうとしたがゆえに、松崎や、彼と癒着した経営陣にパージされ、非業の死を遂げられたJR東日本初代人事課長、故・内田《うちだ》重行《しげゆき》氏をはじめ、志半ばで倒れた、すべての旧国鉄、JR関係者に本書を捧げる。

## 松崎 明をめぐる人脈図

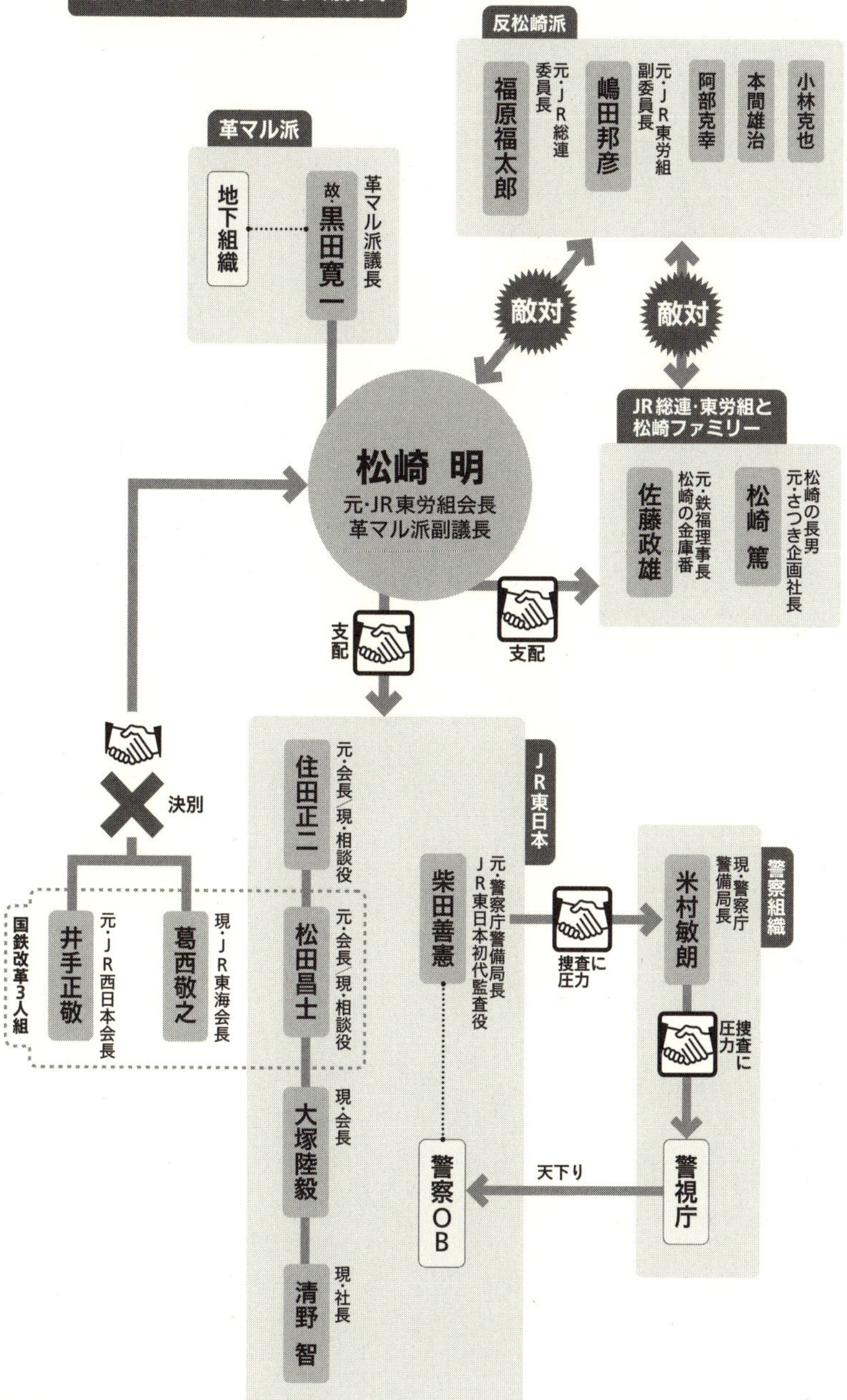

反松崎派
元・JR総連委員長 福原福太郎
元・JR東労組副委員長 嶋田邦彦
阿部克幸
本間雄治
小林克也
革マル派
革マル派議長 故・黒田寛一
地下組織
敵対
敵対
JR総連・東労組と松崎ファミリー
元・鉄福理事長 松崎の金庫番 佐藤政雄
元・さつき企画社長 松崎の長男 松崎 篤
松崎 明
元・JR東労組会長
革マル派副議長
支配
支配
決別
国鉄改革3人組
元・JR西日本会長 井手正敬
現・JR東海会長 葛西敬之
JR東日本
元・会長/現・相談役 住田正二
元・会長/現・相談役 松田昌士
現・会長 大塚陸毅
現・社長 清野 智
元・警察庁警備局長 JR東日本初代監査役 柴田善憲
警察OB
捜査に圧力
警察組織
現・警察庁警備局長 米村敏朗
捜査に圧力
警視庁
天下り

# 第1章 妖怪と呼ばれた男

## 二〇〇四年一一月三〇日

青地の垂直尾翼に、ひときわ引き立つ黄色の丸印。さらにその丸の中に雄々しく飛び立つ鶴をあしらったロゴマークのルフトハンザ機が、うす曇りの成田空港に降り立ったのは二〇〇四年一一月三〇日のことだった。

前日の深夜にミュンヘンを発ったルフトハンザ七一四便は偏西風に乗り、予定時刻より三五分早い、午前一〇時四五分に成田に到着した。

現在、ルフトハンザドイツ航空は、離着陸に成田空港第一ターミナルを使用しているが、二〇〇四年当時は第二ターミナルを使っていた。「男」を乗せた七一四便は着陸後、その第二ターミナル本館南側、六三番スポットにゆっくりと横腹をつけた。

三日前の二七日、男は自らがその建設費の一部をカンパしたという、ポーランド・クラクフにある「日本美術技術センター」の一〇周年記念式典と「日本語学校」の竣工式に出席するため、成田を発っていた。

その男が、ポーランドからドイツ経由で、成田に戻ってくるのが今日、だった。

私は、六三番スポット前の到着コンコースで、男が出てくるのを待っていた。ファーストクラスの乗客の後に、ビジネスクラスの客が続く。そしてヨーロッパからの観光客や、観光帰りの日本人に混じって、かつては「鬼」、あるいは「妖怪」とも呼ばれた男が、その姿を現した。

その前年の〇三年秋から私は、この男を追跡し続けていたのだが、ついにこの日まで彼を捕捉することができなかった。

というのも、この男は自宅としている埼玉県小川町のマンションに、住民票は置いてはいるものの、対立セクトや警察当局に居場所を知られぬよう、四半世紀以上もの間、所在地を転々と変えていたからだ。警察当局でも、彼の居場所を掴むことは至難の業だった。

男の名前は松崎明氏（七一歳・以下敬称略）。現在も警察当局から極左セクト「革マル派」の「最高幹部」とみなされ、「世界最大級の公共交通機関」、JR東日本の最大・主要労組「JR東労組」（東日本旅客鉄道労働組合）と、その上部団体「JR総連」（全日本鉄道労働組合総連合会）の絶対権力者として君臨している人物だ。いや、組合はおろか、JR東日本そのものをも支配している、といわれている。

なぜ松崎を頂点とした「革マル派」はこれほどまでに、JR東労組やJR総連に浸透したのか。また、なぜJR東日本経営陣は二〇年もの間、松崎やJR東労組に経営権への容喙《ようかい》を許してきたのか。そして、なぜ暴力革命をめざす極左セクトの最高幹部が、JR東日本という巨大組織に君臨できたのか。さらには、なぜかつてはマスコミから「国鉄改革の労働組合側の立て役者」と囃《はや》された労働運動家は晩年、組合費を横領し、国内外に私的に別荘を持つまでに腐敗してしまったのか……。それが知りたくて私は一年以上、彼の取材を続けてきた。

当然のことながら私は、これらの疑問を松崎本人に直接尋ねたかった。いや、何よりまず、松崎という男が、どんな人物なのかを、自分の目で確かめたかった。そのチャンスが今日、ようやく巡ってきたのだ。私はこの日までに、松崎に関する警察当局の内部資料や、JR関係者から提供された膨大なデータを読み込んできた。また、直接、松崎と関わってきた関係者と接触して、さまざまな証言を得ていた。

しかし今まさに、私の前を通り過ぎようとしている男の姿は、私がイメージしていたそれとは、大きくかけ離れていた。

ヘリンボーンのジャケットに、濃紺と赤のチェックのシャツ、首元には同じく紺のスカーフ、そして頭にはチェックのハンチング帽――。同世代の男性と比較しても、格段にしゃれた服装をしているものの、「妖怪」「鬼」と呼ばれるほど他を圧する気配はなかった。

ＪＲ発足当初、「国鉄改革の牽引者」とマスコミから持て囃されていた当時に撮影された松崎の顔には、それこそ五〇歳とは思えないほど、精力がみなぎっていた。だが、私の前を通り過ぎた男の相貌は、面影こそ留めてはいるものの、幾重にもしわが刻まれ、しみさえ浮き出た、きわめて貧相なものだった。

写真でしか彼の顔を見ていなかった私には、目の前の老人が、今も「革マル派最高幹部」といわれ、ＪＲ東日本経営陣から恐れられる松崎明だとはどうしても、信じられなかった。

それは周りの記者も同じだった。一人の記者が恐る恐る声をかけるまで、誰もその貧相な老人が、松崎本人であるという確信が持てなかったようだ。

「松崎さん？」

記者の呼びかけに対してこの老人が反応を示した瞬間、記者やカメラマンが一斉に彼を取り囲んだ。松崎の到着を待っていた記者は、私だけではなかった。というのも、彼を巡っては〇三年秋ごろから、組合費の横領疑惑が浮上していたからだ。この日集まった記者は、全員、捜査情報を摑んだ新聞社・テレビ局の警視庁詰の記者だった。記者の一人が松崎に質問をぶつけた。

記者「（組合費）横領疑惑についてお話を伺いたいのですが」

松崎「いや、できませーん。何も問題ありませんから」

記者の呼びかけに応えず、到着コンコースで歩を進めようとする松崎。それでも記者たちは食い下がる。

記者「では身の潔白だけでも……」
松崎「ああ、潔白ですよ。まったく潔白ですよ」
記者「もう一度、聞かせてください」
松崎「何の問題もありません。まったく潔白です」
　松崎が歩を進めるのに合わせて、彼の前をカメラマンが、彼の後ろを記者が取り囲み、その集団はさしずめ、ラグビーの「モール」のようになった。
　ワイドショーの餌食となった芸能人が、成田空港の到着コンコースで「ぶらさがり取材」を受けているシーンを、誰もが一度はテレビで見たことがあるだろう。それと同じような光景がこの日、成田空港で繰り広げられたのだ。
　松崎はなぜかコンコース中央部にある「動く歩道」を使わずに、脇のカーペット敷きの廊下を歩き続けた。記者と松崎とのやりとりは続く。
記者「情報(専門)誌などにもいろいろ書かれているようですが」
松崎「はい。何を書こうと、問題はまったくありません」
記者「組合費を私的に流用しているとかですね……」
松崎「ありません」
記者「ハワイの別荘とかですね」
松崎「別荘はありません。だけど住宅はあります」
　このやりとりを聞きながら、私は自分の判断の甘さを心底、悔いていた……。

当初、私が「取材協力者」から得ていた情報は「松崎は三〇日午前八時四〇分、フランクフルト空港発ルフトハンザ七一〇便で成田に着く」というものだった。このため私は相棒の小堀鉄郎記者とカメラマンの三人で、午前八時には成田に待機していたのだ。

小堀記者は当時、私がキャップを務めていた『週刊文春』松崎取材班」のスタッフで、その年の夏にハワイに飛び、当時、ハワイ州コナ市の高級コンドミニアムだけでなく、ヒロ市にもあった松崎の別荘を割り出した。小堀記者は在米経験が長く、英語が堪能だ。彼は松崎の別荘購入の経緯を、丹念な取材で明らかにしただけでなく、厳重なセキュリティーが施されていたコナのコンドミニアム内に入り込み、当時、そこに住んでいた松崎の息子の直撃インタビューに成功した敏腕記者だった。

そのため、カメラマンだけでなく彼にも同行を願ったのだが、八時二六分、予定より一四分早く到着した七一〇便から降りてくる乗客のなかに松崎の姿はなかった。つまりわれわれも、新聞やテレビの公安担当記者らも、一度は松崎から肩透かしを食らったわけである。

それでも記者たちはその日、ドイツから成田に到着するルフトハンザ便の乗客をすべてチェックする構えでいた。しかし、取材スタッフが潤沢な新聞やテレビと違い、われわれ雑誌には人員の余裕はない。

実際、その日は午後から、小堀記者もカメラマンも別件の仕事を抱えており、不確実な情報で、彼らを引き止めるわけにはいかなかった。このため私一人が残り、彼らを帰してしまったのだ。

七一〇便が到着した後、ドイツから成田に着くルフトハンザ便は、午前一一時二〇分到着予定のミュンヘン発七一四便と、夕方に到着するフランクフルト発の二便を残すだけだった。

幸い私には午後の取材予定は入っていなかった。

「七一四便に搭乗していたら御の字、それがハズレでも夕方まで待つさ……」と空港の喫茶店で一息ついていた午前一〇時過ぎ、携帯電話が鳴った。

前述の「取材協力者」からだった。

「松崎の野郎、当初予定した便を外してきやがった。次の便だ。間違いなく乗ってる」

せめてカメラマンだけでも残しておくべきだった——と悔やんだものの後の祭りだった。

私は万が一のために持ってきた、CONTAXを取り出し、再び到着コンコースに向かった。

そのころはすでに、記者の間でも、デジタルカメラが主流を占めていた。しかし根っから「アナログ」人間の私は、どうしてもあのデジカメというのが苦手で、新聞記者時代から使っているフィルムカメラの旧式CONTAXを手放すことができなかった。

ルフトハンザ七一四便が着くスポットは六三番。私が到着したときにはすでに新聞、テレビの公安担当記者がその前にいた。

松崎が歩き始めると、私は迷わず、新聞やテレビのカメラマンと同様に、「モール」の前列に回りこんだ。どうしても彼の近影を押さえておきたかったからである。

彼の声はすべて、ジャケットの胸ポケットに入ったICレコーダーが拾ってくれるだろう。それに他社の記者が必要な質問はしてくれるはず、との期待もあった。記者が質問している間も、松崎はその歩を緩めようとはしなかった。
記者「別荘を買われたのは組合の金ではないと」
松崎「もちろんそうです」
記者「では、横領の事実もないと」
松崎「そりゃ、そうですよ。そんな必要まったくないもの」
記者「では、ちゃんと立ち止まって、会見していただけませんか」
松崎「いやいや、その必要はない。まったく潔白ですから」
　松崎が記者やカメラマンに囲まれながら歩き始めて一分半ほど経っただろうか。この間、ずっと松崎の歩に合わせて後退《あとずさ》りしながら、彼の写真を撮り続けていた私は、そろそろ焦り始めていた。

'04年11月30日、成田空港で記者に囲まれる松崎明氏

　というのも、実は成田空港の到着ゲートでの取材は、入国審査ゲートから十数メートル手前、六一番スポット付近の「動く歩道」の降り口まで、と制限されているからだ。松崎が出てきた六三番から六一番スポットまでは約一六〇メートルで、歩いて三分ほどの距離しかない。

　にもかかわらず、記者の質問は遠慮がちで、なかなか核心に切り込もうとしない。一方の松崎は、それを見て取ったのか、余裕の笑みさえ浮かべている。

記者「そういう疑惑は一切ないということですね」

松崎「冗談じゃないよ」

記者「ポーランドでは何をされてきたんですか」

松崎「ポーランドではもちろん、日本語学校を作ったんだから、大成功ですよ」

記者「国際交流基金の口座から金を流用したと言われているんですが」

松崎「そう言われているようですね。全然そんなことありませんよ」

記者「では、不明朗なお金の支出はないと理解してよろしいんですか」

松崎「もちろんありませーん。こういう問題は具体的なことですからね。金銭のことですから」

取材制限区域のデッドラインまであと数十メートルしかない。記者と松崎との生ぬるいやり取りに業を煮やした私は、彼の行く手を阻むようにこう切り出した。

「じゃあね、松崎さん、いいですか、ハワイのコナ、ヒロ、そしてあなたが持つ品川区のマンション、さらには小川町のマンション、これだけの不動産を足したらね、一億円を超える資産になるでしょう？　その原資はどうされたんですか？」

それまで集団を振り切るかのように歩いていた松崎の歩が、彼の持つ別荘や不動産の具体的な所在地を挙げられた瞬間に止まった。そしてひきつった笑みを浮かべて、こう答えたのだ。

「そんなものは、いくらだってありますよ。自分の土地を売ったり。私が土地いくらで売ったか知っています？」

質問するのは彼ではなく、私だ。ならば、と私はこう聞いた。

「じゃあどこの土地をいつ、いくらで売られたのですか？」

松崎は再び歩を早めながら、煩わしそうにこう答える。

「埼玉です、埼玉です」

やはり、そうきたか――。私は瞬時にそう思った。〇三年九月に発覚した松崎の組合費横領疑惑は、警察当局の捜査対象になるだけでなく、ＪＲ東労組・ＪＲ総連内部でも問題になっていた。このため松崎は自らにかかった疑惑を払拭するために周囲にこう語っていたのだ。

「私は金に不自由していない。親の遺産が三億円入り、二八〇〇万円の税金を払った。飲み食いの請求書も組合に回したことは一度もない」

私はさらにこう踏み込んだ。

「じゃあ、埼玉のどこの土地なんですか？　それは遺産相続されたものですか？」

そう詰め寄られると、彼は私を避けるようにその歩の向きを変えた。ところが、それがかえって彼に災いした。

それまでまっすぐ歩いていた松崎が突然、斜め左に進み始めたため、彼の前を後退りしながら、その様子を撮影していたテレビ局のカメラマンが、彼を避け切れず、松崎はその顔面をテレビカメラにしたたか打ちつけたのだ。

そして松崎は苦痛に顔を歪めながら、こう激昂したのだ。

「オレにだって人権はあるんだ！」

突然の〝鬼の咆哮《ほうこう》〟に取材陣は一瞬ひるんだが、その瞬間、再び松崎の歩が止まった。再度訪れたチャンスに、すかさず私は質問を繰り返した。

「確認ですが、その埼玉の土地は遺産相続されたものなんですね？」

すると彼は、カメラマンとの衝突でずれたメガネを直しながら、こう答えたのだ。

「そーです。それも一つです。株もあります。株も、あるんです。それからカンパもあります。何も問題ありません」

自らが購入した別荘や、マンションの原資に「カンパ」を充《あ》てて、「何も問題ありません」と開き直る「労働運動家」を私は、彼以外に知らない。そして取材制限区域のデッドラインに差し掛かったとき、最後に私は彼にこう尋ねようとした。

「あなたは今も、現役の『革マル派最高幹部』ですよね？」

しかし、足早に取材制限区域内に立ち去った松崎を追おうとした私は、空港職員に制止され、それ以上、彼に食い下がることはかなわなかった。

この直撃取材後も、私は二年余にわたって彼を追跡し続けたが、松崎本人を取材できたのは後にも先にもこの一度きりだった。

そして彼はその後も、捜査当局に身柄を拘束されることなく、ＪＲ東日本の絶対権力者として君臨し続けたのだった。

## 「革マル派」による支配

約束の時間の一五分前にはすでに、「彼」は、待ち合わせ場所に姿を現した。〇六年六月二四日午前一〇時一五分、都内の駅のロータリー。銀行の駅前支店を背に、絶えず周囲に目を配りながら立つ彼は、歩み寄ってきた私に軽く会釈すると、促すように前を歩き始めた……。

私がようやく「彼」と会うことができた〇六年当時、ＪＲ東日本では運行トラブルが相次いでいた。

二月に山手線新橋―浜松町間で、トンネル工事のミスから、レールが沈下する事故が発生。一六本が運休し、約一一万人に影響した。さらに二ヵ月後の四月、同じ山手線の高田馬場駅付近で、同様のミスが起こり、今度は線路が隆起。山手線、埼京線が最大七時間半遅れ、計四〇六本が運休した。約三二万人に影響し、国土交通省は清野智《せいのさとし》社長（五九歳）を呼び出し、警告書を手渡した。

その後も四月二八日に京浜東北線の御徒町《おかちまち》―上野間で信号トラブル▽四月三〇日に中央線

新宿駅でポイント故障▽五月九日に常磐線で送電トラブル▽五月一一日に京浜東北線蒲田《かまた》─大船間で電車がストップと、トラブルが続発。〇六年だけでも、わずか三ヵ月足らずの間に六件もの輸送障害が起こり、うち半数が復旧までに三時間以上を要していた。

〇五年四月のJR西日本の脱線事故のような大惨事には至っていないものの、JR東日本ではまさに「異常事態」が続いていると言わざるを得なかった。

だが、これよりはるかに深刻な「異常事態」が、JR東日本の奥深くで進行していることは、一般にはまったく知られていなかった。なぜなら、それは前述の事故や復旧の遅れとは違い、毎日のように通勤や通学でJR東日本を利用する乗客の目には決して触れぬよう、長きにわたって巧妙に隠蔽され続けてきたからだ。

利用客の目には決して見えないもう一つの異常事態。そのすべてを知る人物がまさに、私の前を歩いていた。「彼」は人気《ひとけ》のない喫茶店に私を案内すると、ようやく笑みを見せ、私に名刺を差し出した。

鮮やかな緑色のJR東日本のロゴマークの横には、正式名称である「東日本旅客鉄道株式会社」の文字。そしてその下に記された役職名は、紛れもなく彼が、JR東日本の現役最高幹部であることを示している。

しかし本書を執筆する今に至っても彼の氏名、役職を明らかにすることはできない。彼の素性を明らかにすることは、彼の社内での立場を脅かすだけでなく、生命すら危険にさらすことになるからだ。よって彼を「A氏」と匿名にさせていただく。

私に名刺を渡すと、A氏は苦笑いしてこう言った。

「すみません。本来ならば、こんな話は自宅でお話ししたほうが安全なのですが、自宅は〝彼ら〟に盗聴されているかもしれないので」

A氏が単なる「被害妄想」の持ち主でないことは、これから紹介する彼の証言を読めば、納得していただけるだろう。

しかし……。彼の口は重かった。挨拶を交わしてから一時間近くが過ぎようというのに、核心部分を避け、なかなか本題に入ろうとしない。彼の態度に苛立った私は、こう問いかけた。

「自分の会社を守りたいというAさんのお立場はよくわかります。が、あなたには、JR東日本という公共交通機関が、『革マル派』というテロリスト集団に乗っ取られているという現実を、利用客に説明する義務があるのではないですか？　あなたのような一部上場企業の大幹部が、週刊誌の取材に応じるだけで、尾行や盗聴に脅えなければならないという異常な会社が、他にありますか？」

「日本革命的共産主義者同盟革命的マルクス主義派」、略称「革マル派」。いまもなお「帝国主義打倒、スターリン主義打倒」、いわゆる「反帝、反スタ」を掲げ、共産主義暴力革命をめざす新左翼セクトである。

革マル派は一九六三年の結党以来、一〇年余にわたって、中核派（革命的共産主義者同盟全国委員会）や革労協（革命的労働者協会）など対立セクトと、血で血を洗う「内ゲバ」を繰り返してきた（三五〇ページの年表と一四七ページの図版参照）。しかし七〇年代後半からは、組織拡充に重点を置き、党派性を隠して基幹産業の労組やマスコミなど各界各層に浸透。全国に約五四〇〇人の構成員を擁するといわれており、きわめて非公然性、秘密性、そして排他性の高い組織である。

過去に「内ゲバ」という名の殺人を繰り返し、盗聴や盗撮、住居侵入や拉致監禁などの非合法な手段で、自らと主義主張の違う人たちを「Terreur」（フランス語で「恐怖」）に陥れてきた彼らを、「テロリスト」と呼ぶことに私は、なんら躊躇《ちゅうちょ》を覚えない。

ただ、私は彼らの「思想」を問題にするつもりはない。むしろジャーナリズムに携わる者として、彼らの「思想・信条の自由」は、それこそ職を賭して守らなければならないと考えている。

私が問題としているのは、彼らの「思想」ではなく、その「行動」なのだ。

## 警察庁長官が認めた二つの秘密組織

一九九六年八月十日早朝、警視庁公安部は極秘裏に、東京都足立区にあった一〇階建てマンション八階の一室を家宅捜索した。この革マル派の非公然アジトは、革マル派党中央指導部直轄のアジトで、同派にとって極めて重要な拠点だった。ここは後に「綾瀬アジト」と呼ばれる。そしてこの綾瀬アジトの摘発によって初めて、ＪＲに巣食う二つの革マル派の秘密組織が存在することが明らかになったのだ。

その一つを「トラジャ」、もう一つを「マングローブ」という。

トラジャとは、インドネシア・スラウェシ島の少数民族の名前だ。そしてマングローブは熱帯地域の河口の潮間帯に群生する植物の総称である。それらの名前を冠した、この二つの組織はいったい、何を目的にして作られたものなのか。

「松崎は、国鉄分割民営化前年の昭和六一（一九八六）年ごろ、国鉄の組合の中でも過激な闘争をすることで知られた『動労』（国鉄動力車労働組合。前身は「機関車労働組合」）の組合員数人を、『職業革命家』として育てるべく、革マル派の党中央に送り込んだ。そして一年後には、これらのメンバーを『トラジャ』と呼ぶこととしたのです。トラジャの任務は、JRはもちろんのこと、教育界や自治体、マスコミなど各界に浸透した、革マル派活動家を指導することです」（公安当局関係者）

綾瀬アジトの摘発によって、革マル派のなかに「JR委員会」という組織が存在することも明らかになった。そして、このJR委員会に所属する約一五〇人のメンバーが「マングローブ」というコードネームで呼ばれていたのだ。

「マングローブは、松崎がJR各社の組合員に革マル派思想を浸透させることを目的に作った組織です。メンバーの大部分が、トラジャと同じく、動労出身の組合員です。

警視庁公安部は、綾瀬アジトから押収した大量の暗号文書を解読した結果、約一五〇人いるとされるマングローブのうち約一〇〇人を特定したのですが、全員がJR総連の関係者で、うち六割がＪＲ東労組の幹部や専従、組合員で占められていました。
彼らは今でも、ＪＲ東労組をはじめ、ＪＲ総連傘下単組の内部に作った革マル派組織の防衛と、さらなる拡大を目指し、活動を続けているのです」（前出・公安当局関係者）
まるで多足類生物のごとく、熱帯地域の河口の泥地に根を張りめぐらせる「マングローブ」。そのマングローブの根のように、配下の革マル派組合活動家を、ＪＲの隅々まで浸透させてやる――。松崎が、ＪＲ内の革マル派秘密組織につけたコードネームからは、そんな彼の目論見が透けて見えるようだ。
この松崎の目論見が、ＪＲ東日本のなかで成功を収めていることは、本書を読めば、理解していただけると思う。そしてこれらの革マル派秘密組織の全容は、『週刊現代』の連載キャンペーンによって初めて明らかになった（第６章参照）。だからこそ私は、この革マル派秘密組織の名前を、本書のタイトルに据えたのだ。
綾瀬アジトの摘発から約五年後の〇一年五月。漆間巌《うるまいわお》・警察庁警備局長（当時、現警察庁長官）は衆議院国土交通委員会で、これら二つの革マル派秘密組織の存在を、初めて公式に認め、こう答弁した。
〈警察としましてはＪＲ総連、東労組内において、影響力を行使でき得る立場に革マル派系の労働者が相当浸透していると見ているところであります〉（衆議院議事録より）
旧国鉄時代、エリート意識の強い機関士たちが「国労」（国鉄労働組合）から独立して結成した旧「動労」。その流れを汲むＪＲ東日本の最大・主要労組がＪＲ東労組である。現在、

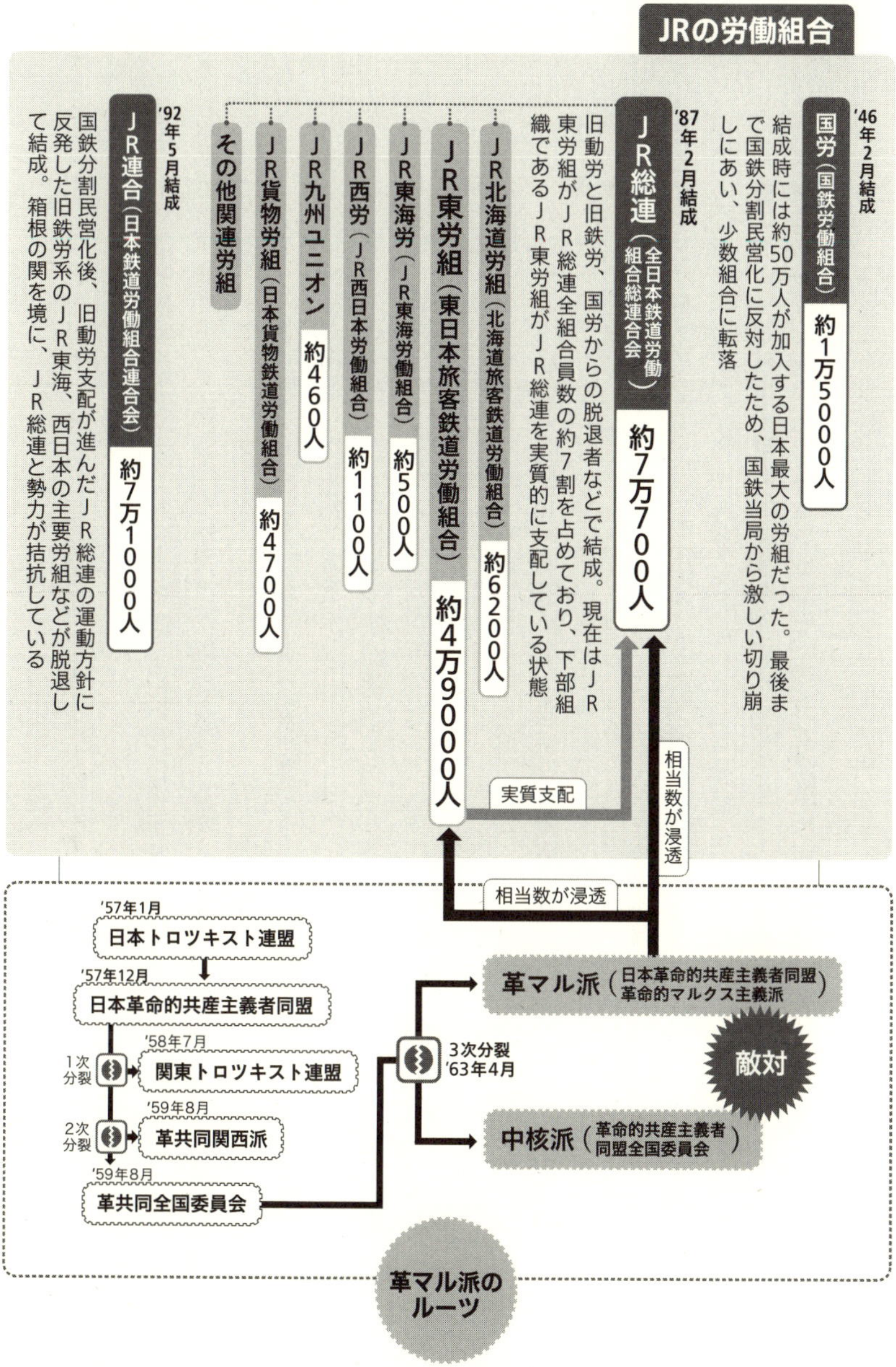
JRの労働組合
'46年2月結成
国労（国鉄労働組合）
約1万5000人
結成時には約50万人が加入する日本最大の労組だった。最後まで国鉄分割民営化に反対したため、国鉄当局から激しい切り崩しにあい、少数組合に転落
'87年2月結成
JR総連（全日本鉄道労働組合総連合会）
約7万700人
旧動労と旧鉄労、国労からの脱退者などで結成。現在はJR東労組がJR総連全組合員数の約7割を占めており、下部組織であるJR東労組がJR総連を実質的に支配している状態
JR北海道労組（北海道旅客鉄道労働組合）
約6200人
JR東労組（東日本旅客鉄道労働組合）
約4万9000人
JR東海労（JR東海労働組合）
約500人
JR西労（JR西日本労働組合）
約1100人
JR九州ユニオン
約460人
JR貨物労組（日本貨物鉄道労働組合）
約4700人
その他関連労組
'92年5月結成
JR連合（日本鉄道労働組合連合会）
約7万1000人
国鉄分割民営化後、旧動労支配が進んだJR総連の運動方針に反発した旧鉄労系のJR東海、西日本の主要労組などが脱退して結成。箱根の関を境に、JR総連と勢力が拮抗している
実質支配
相当数が浸透
相当数が浸透
'57年1月
日本トロツキスト連盟
'57年12月
日本革命的共産主義者同盟
1次分裂
'58年7月
関東トロツキスト連盟
2次分裂
'59年8月
革共同関西派
'59年8月
革共同全国委員会
3次分裂
'63年4月
革マル派（日本革命的共産主義者同盟革命的マルクス主義派）
敵対
中核派（革命的共産主義者同盟全国委員会）
革マル派のルーツ

ＪＲ東労組はＪＲ東日本の社員（約六万五〇〇〇人）の七割以上の約四万九〇〇〇人が加入している。

一方、ＪＲ東労組の上部団体であるＪＲ総連（組合員数約七万人）には、ＪＲ東労組の他にＪＲ東海労、ＪＲ西労、ＪＲ貨物労組などが加盟しているが、ＪＲ東労組組合員がその約七割を占めている。

そして、このＪＲ東労組・ＪＲ総連における「絶対権力者」として、ＪＲ東日本をも支配しているといわれる人物が、松崎明である。

私は二年以上前から、この「ＪＲ革マル派問題」、そして松崎という人物についての「周辺取材」を続けてきた。ところが、この問題についてＪＲ関係者の口はきわめて重く、取材は困難を極めた。

そんな状況のなか、ようやく辿り着いた決定的な証言者が、目の前に座るＡ氏だった。

Ａ氏は、矢継ぎ早に質問を浴びせかける私を、悲しげな表情で見つめていたが、やがて何かを吹っ切るかのように話し始めた。

「オウム事件が起きたころ、『マインドコントロール』という言葉がはやりましたが、あれと一緒です。わが社もマインドコントロールされているんです。それもトップの経営陣から、現場の社員に至るまで全員が、『革マル派』という組織に。

この問題について語れば、身内の恥部を公にすることになる。また、いつかは心ある人が立ち上がってくれると期待していたからこそ、今まで沈黙を守り続けてきました……。その一方で、過去にこの問題をマスコミに告発した人たちは皆、潰されていったので、もはやこの会社に自浄能力は期待できないと、半ば諦めの気持ちもありました。

しかし〇七年にJRは国鉄分割民営化からちょうど二〇年を迎えます。われわれ国鉄マンにとっては節目の年です。にもかかわらず、今後もこの問題について、口を閉ざし続ければ、あなたの言うとおり、お客様だけでなく、国民の皆様に対する背信行為になるでしょう。

たしかにJR東労組やJR総連に革マル派が潜り込んでいるという事実は、五年以上も前から国会の場で、捜査当局から再三指摘されています。しかし、過去、そして現在のわが社の経営陣は、まるでそんな答弁があったことを知らないかのように、いや、そのような事実すらないかのように振る舞っているというのが現状なんです」

前述の漆間警備局長の答弁から一ヵ月後の〇一年六月に開かれた参議院国土交通委員会に、参考人として出席したJR東日本の大塚《おおつか》陸毅《むつたけ》社長（当時。現会長・六四歳）は、JR東労組およびJR総連と革マル派との関係を追及され、こう答えている。

〈労働組合として特に問題があるというふうには思っておりません〉（参議院議事録より。傍点は筆者）

「分割民営化から一九年という歳月を経て、革マル派はJR東日本という組織の隅々まで浸透しました。わが社の経営陣は今や、捜査当局が『革マル派が浸透している』と指摘するJR東労組とベッタリ癒着し、経営の根幹を成す『人事権』にまで、彼らの容喙を許している。その結果、わが社では『東労組（組合員）ニアラザレバ、人（社員）ニアラズ』という風潮がまかり通っているのです。

ではなぜ、わが社の経営陣が革マル派に取り込まれてしまったのか。その原点は、『国鉄改革』にあるのです。JR革マル派問題はいわば、国鉄改革の〝負の遺産〟なのです」（A氏）

「戦後最大の改革」と賞賛され、今も行財政改革のモデルケースとしてたびたび取り上げられる国鉄改革。この改革を最終的に断行した中曽根内閣には「国鉄が抱えていた膨大な借金問題の解消」という最終目標と同時に、もう一つの狙いがあったといわれている。

「債務超過と並んで、旧国鉄の抱えていた最大の悩みは『組合問題』でした。中曽根内閣の狙いは、日本最大の労組だった国労潰し、ひいては社会党の力の源泉となっていた総評（日本労働組合総評議会）の解体にあったのです。

国労の力を殺《そ》ぎ、国鉄改革を加速させるため、当時、『改革三人組』と呼ばれた松田《まつだ》（昌《まさ》士《たけ》・現JR東日本相談役・七一歳）、葛西《かさい》（敬之《よしゆき》・現JR東海会長・六六歳）、井手《いで》（正敬《まさたか》・元JR西日本会長・七二歳）の三氏ら『国鉄改革派』は、旧民社党系で労使協調路線を採っていた『鉄労』（鉄道労働組合）と手を組みました。さらに『改革三人組』の三人は、民営化の前に大きく立ち塞がる国労の敵は味方とばかりに、当時から『革マル派幹部』といわれていた松崎率いる動労とも手を結んだのです。

一方、以前は国鉄当局と激しく対立していた松崎も〝組織温存〟のため、それまでの方針を百八十度転換し、改革派についたのです」（A氏）

## JRの労働組合・対立の構図

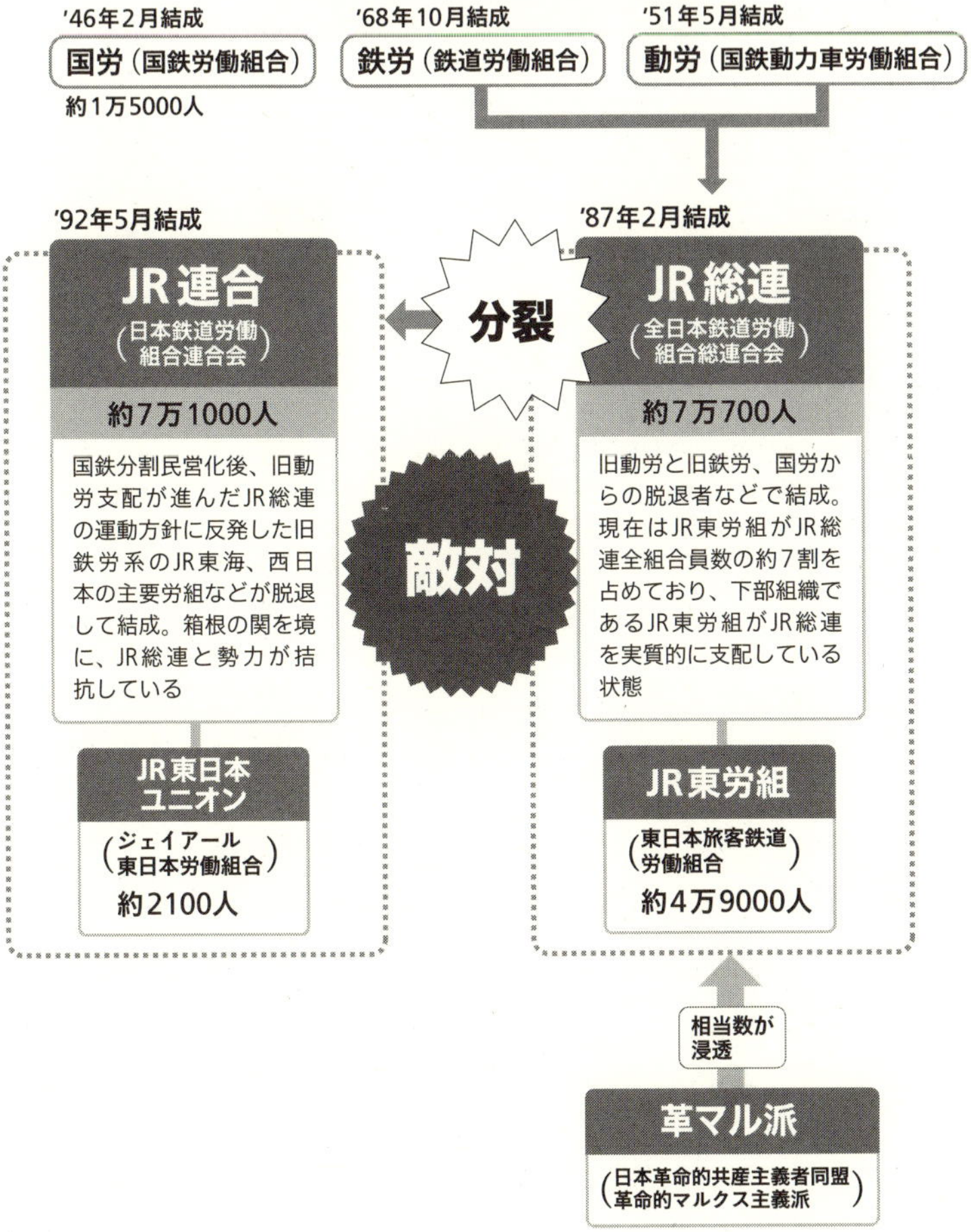
'46年2月結成
国労（国鉄労働組合）
約1万5000人
'68年10月結成
鉄労（鉄道労働組合）
'51年5月結成
動労（国鉄動力車労働組合）
'92年5月結成
JR連合
（日本鉄道労働組合連合会）
約7万1000人
国鉄分割民営化後、旧動労支配が進んだJR総連の運動方針に反発した旧鉄労系のJR東海、西日本の主要労組などが脱退して結成。箱根の関を境に、JR総連と勢力が拮抗している
JR東日本ユニオン
（ジェイアール東日本労働組合）
約2100人
分裂
敵対
'87年2月結成
JR総連
（全日本鉄道労働組合総連合会）
約7万700人
旧動労と旧鉄労、国労からの脱退者などで結成。現在はJR東労組がJR総連全組合員数の約7割を占めており、下部組織であるJR東労組がJR総連を実質的に支配している状態
JR東労組
（東日本旅客鉄道労働組合）
約4万9000人
相当数が浸透
革マル派
（日本革命的共産主義者同盟革命的マルクス主義派）

## 「妖怪」のプロフィール

松崎明は一九三六年、埼玉県東松山市に生まれた。県立川越工業高校卒業後の五五年、一九歳で旧国鉄に就職し、松戸電車区（千葉県）で「整備掛」として働き始める。

そのころすでに社会主義思想に傾倒していたが、国鉄に就職すると同時に、日本共産党に入党。その後、動労に加入した松崎は、生まれ持ったカリスマ性と、類稀《たぐいまれ》なる人心掌握能力で頭角を現す。二五歳のころには若手機関士らを組織し、動労全国青年部を結成。その初代部長に就任した。

「動労は右派の『労運研』（労働運動研究会）と、左派の『政研』（政策研究会）という二大派閥に分かれていました。両派はともに、松崎が動労全国青年部を作った六一年に結成されたのですが、結成当時は、右派の『労運研』が大勢を占めていた。

しかし『政研』の有力メンバーでもあった松崎が、青年部で力をつけるのに伴い、松崎を慕う若手運転士が続々と政研に流れた。そして世代交代が進むにつれ、労運研と政研の勢力が逆転。松崎を中心として、過激な闘争方針を打ち出す政研がヘゲモニーを握るに至って、動労は『鬼の動労』と恐れられる組織になっていくのです」（旧国鉄関係者）

そして動労・尾久機関区支部委員長時代の六三年、国鉄職員には認められていなかったストを打ったことで公労法（公共企業体等労働関係法）違反で解雇された松崎は以降、「首なし専従」（国鉄を解雇され組合専従となった職員）として、組合運動に専念。その後の当局との闘争で中心的な役割を果たしていく。

六〇年代末期、赤字財政を打開するために、当時の磯崎叡《いそざきさとし》・国鉄総裁は「生産性向上運動」、いわゆる「マル生運動」と呼ばれる合理化推進運動を推進した。これに対し七一年、松崎率いる動労は、国労とともに戦闘的な反対運動「反マル生闘争」を展開し、マル生運動を中止に追い込んだ。

さらに松崎は動労東京地本（地方本部）委員長だった七五年、公務員や、国鉄などの公共企業体の職員に禁止されていたストライキ権の容認を求めてストを起こすという、いわゆる「スト権スト」を決行。全国の国鉄路線の主要部分を八日間、約二〇〇時間にわたってストップさせたこの「スト権スト」は、日本労働運動史上まれにみる大規模ストライキとなり、国鉄労使は世論の猛批判を浴びたのだ。

「スト権ストの際、動労は電車の横腹にスローガンを書き込んだのですが、あまりにも目立つので当時の三鷹電車区の管理者数人が、その一部を消したことがあった。

これに激怒した松崎は、三鷹電車区に乗り込み、当時の電車区長をはじめ管理者全員を整列させ、跪《ひざまず》かせ、そのうえ、土下座までさせた。当時から彼は、管理者を『人間』とは思っておらず、現場の管理者にとって彼は、まさに『鬼』そのものでした」（前出・旧国鉄関係者）

「鬼」の松崎はその後も、動労内でヘゲモニーを握り続け、八五年には動労トップである中央執行委員長に就任する。

松崎にはもう一つの顔がある。「革マル派最高幹部」としてのそれだ。

松崎が日本共産党に入党した二年後の五七年一二月、後に革マル派の〝教祖〟と呼ばれる「クロカン」こと故・黒田《くろだ》寛一《ひろかず》氏（〇六年六月に七八歳で死去。以下敬称略）らが革共同（日本革命的共産主義者同盟）を結成していた。

黒田を「革命運動における師」と仰いでいた松崎は五九年、黒田とともに共産党を離れ、革共同が六三年に革マル派と中核派に分裂した際も、黒田と行動を共にし、革マル派を創設した。松崎は「倉川篤」というペンネームで副議長を務め、議長に就任した黒田に次ぐNo.2の地位に就き、革マル派内では、「理論の黒田、実践の松崎」といわれた。

その後、革マル派は中核派と血で血を洗う内ゲバを繰り返すのだが、松崎も黒田と並んで中核派から名指しで「処刑宣告」を受けることになる。

ところが松崎は、JR東日本発足前後から突如として、積極的にマスコミに露出し、革マル派との関係を否定しはじめるのである。

たとえばこんなふうに……。

〈私が一時期、（筆者注：革マル派）幹部をしていたのは事実ですよ。転向したのはいつかと聞かれると困るけれど、十年くらい前かな。社会が変われば思想的変遷もある。動労の中にはいまでも革マル派の人はいるよ。でもやり方についてこれないやつは除名にする。いまのところそういった連中はいないけどね〉（『週刊朝日』八六年八月八日号）

しかし、この松崎の「転向宣言」は、それから一〇年後の九六年、前述の警視庁公安部による綾瀬アジト摘発の結果、すべて「嘘」だったことが分かる。
「公安部が綾瀬アジトからの押収物を分析した結果、松崎が現在も組織内では、『黒田に次ぐ最高幹部として絶大な権限を有しているほか、革マル派幹部を指揮・指導し、党建設に精力的に取り組んでいること』が判明したのです」（公安当局関係者）

A氏の証言を続けよう。

「もちろん、松田、葛西、井手の三氏ら『国鉄改革派』も、松崎が革マル派であることは百も承知だったが、国鉄改革を推進する戦略上、彼を味方に取り込まざるを得なかった。しかし改革が成功を収めれば、彼ほど危険な存在はない。そこでJR東海やJR西日本の経営者は分割民営化後、松崎と手を切ったのです。しかし、わが社の松田さんは手を切ることができなかった。

そしてこの松田さん同様、松崎と癒着し、彼らに取り込まれてしまったのが、運輸省から国鉄再建監理委員を経て、JR東日本の初代社長になった住田《すみた》（正二《しょうじ》・現JR東日本相談役・八五歳）さんでした。

JR東日本とJR東労組の癒着関係は住田―松田体制時に確立されたといってもいいでしょう。そしてそれが松田さんの跡を継いだ大塚さん、そして〇六年に社長に就任した清野さんら、現経営幹部に脈々と引き継がれていくことになるのです」

国鉄の分割民営化後、JR東海やJR西日本の経営者は、松崎率いるJR総連系の労組、つまりは革マル派系の労組と完全に決別した。にもかかわらず、JR東日本の経営陣だけが、彼らと手を切れなかったのは、なぜなのか。

「当初は松田さんも、松崎と手を切ろうと考えていたことは間違いない。周囲にもそう語っていましたし、実際に動いたこともありました。しかし結果的に彼は手を切ることができず、ズブズブの関係になってしまうのです」（Ａ氏）

そして九一年九月、山形県にある「天童ホテル」で開かれたＪＲ東労組「ユニオンスクール」に招かれた松田氏（当時、副社長）は、こう発言するのだ。

「松崎委員長と私だけじゃなくて、皆さん方と会社全員が、会社側の経営陣がもっと癒着していいはずであります」（傍点は筆者）

この松田氏の発言には、Ａ氏も首をかしげる。

「松田さんがなぜ、あれほどまでにズブズブの関係になってしまったのか、私自身も定かなことはわかりません。ただ、一つだけ言えることは、女性や金銭問題などのスキャンダルや弱みを握って、徹底的に揺さぶるというのが、革マル派という組織の常套手段なんです」（Ａ氏）

ＪＲ東労組やＪＲ総連と対立するＪＲ関係者宅に対し、革マル派非公然部隊が、侵入や盗聴、窃盗などを繰り返してきたことは三五〇ページの「ＪＲ関連年表」をご覧いただければ一目瞭然だろう。Ａ氏によると歴代のＪＲ東日本経営陣の周りでは、不気味で陰湿極まりない事件がたびたび起こっているという。

「あるＪＲ東日本取締役宅のプロパンガスのボンベの周りに、ある日、大量のマッチがばらまかれていました。また、同じ人物のお孫さんが赤ちゃんだったころ、何者かにさらわれ、近くの交通量の多い幹線道路の中央分離帯に置き去りにされていたこともありました。

別の幹部宅には鶏の生首が送りつけられ、家族が精神的にまいってしまったという話も聞いてます。

同様の攻撃は、ＪＲ東海やＪＲ西日本の経営陣にも向けられました。むしろそちらのほうが凄まじかったのですが、彼らは耐えて、革マル派と手を切ったのです」（Ａ氏）

それとは対照的に、ＪＲ東日本の歴代経営陣は、革マル派に屈服するという道を選択した。このため分割民営化から二〇年の歳月を経た今日においても、なお革マル派系労組との歪な「労使協調路線」が継続されているのだ。

# 第2章 異常な労使

## 事件の「本丸」に捜査のメス

「Ｓｕｉｃａ（スイカ）」のヒットや、「エキナカビジネス」の成功で、二〇〇七年三月期決算で二兆六五七三億円もの驚異的な売上高を上げ、営業利益は前期比八・一％増の四二八一億円を記録したＪＲ東日本。

これらの業績だけを見れば、同社が毎年のように大学生の「就職人気ランキング」に入るのも頷《うなず》けるが、その「超優良企業」の唯一かつ最大の〝汚点〟が「ＪＲ革マル派問題」なのだ。

ＪＲ東日本はこれまでこの問題を、利用客の目から巧妙に隠蔽し続けてきたが、そのＪＲ

東日本経営陣を震撼させる事件が起こった。

「JR革マル派問題」の〝本丸〟に、捜査のメスが入ったのだ。

警視庁公安部は〇五年一二月七日、松崎明らが組合費を横領し、ハワイの別荘を購入していたとして、業務上横領容疑で、松崎の自宅やJR東労組、JR総連本部事務所など二十数ヵ所を家宅捜索した。この業務上横領事件ならびに松崎の蓄財については後章で詳述するが、この家宅捜索はなんと、連続で八四時間にも及んだのだ。

「この事件に際して、わが社は、社内外に対して表向き、『コメントする立場にない』とのスタンスを取り、平静を装っていました。

しかし実は、家宅捜索が始まった二日後の一二月九日、JR東日本本社（東京都渋谷区）の二八階会議室に、清野智《せいのさとし》副社長（当時。現社長・五九歳）、冨田哲郎《とみたてつろう》常務（五五歳）、そして浅井《あさい》克巳《かつみ》人事部長（当時。現取締役・五三歳）以下、人事部の次長、課長、そしてすべての支社の総務部長が集まって、極秘裏に『緊急総務部長会議』が開かれたのです」

こう証言するのは、前章でも登場したJR東日本最高幹部のA氏だ。

会議は、事件に関する対応の意思統一を図るのが目的だったが、この会議中もまだ警視庁の捜索が続いていたことから、出席者の表情には、動揺の色がありありと浮かんでいたという。

「その席で、清野副社長は『今後は（松崎）逮捕ということも腹に置いて考えてほしい』、『大事なことは、現場での動揺を起こさせないことだ』などと訓示し、冨田常務も『楽観できない。切迫した状況だ』、『安全をしっかり守ってほしい』などと発言。浅井人事部長は、JR東労組本部との『拡大経協（経営協議会）』の中止を検討していることを明らかにしました。『拡大経協』とは、JR東日本本社とJR東労組本部の忘年会のことなのですが、浅井部長は『こんなことがあって、楽しく忘年会ということにもならないだろう……』と漏らしていたそうです」（A氏）

そして、この「緊急総務部長会議」の最後に、出席者の一人からこんな驚くべき発言が飛び出したという。

「今回のようなことがあった場合は、過去に列車妨害が発生しているケースが多い。くれぐれも注意していただきたい……」

A氏が続ける。

「この発言こそ、JR東日本の幹部が、革マル派の危険性を十分認識していることを如実に示すものです。しかし、彼らは絶対に、このような発言を公の場ではしない。公共交通機関にとって最も重要な、『安全』に対する懸念を、お客様はもちろんのこと、社員の前でも隠しているのです」

そして数日間にわたった取材の最後、A氏は私にこう語った。

「JR東日本の資産のほとんどが、旧国鉄から引き継いだものであり、元は国民の財産です。JR東日本という会社が発足できたのも、国鉄の膨大な債務のうち、二〇兆円を超える額を、国民の皆様が負担してくださったおかげです。

つまりJR東日本は『日本で最も公共性、公益性を帯びた私企業』なんです。その点を歴代の、そして今の経営陣は忘れている。『国民の財産』が革マル派というテロ集団に喰いモノにされ続けている事実を、『一私企業の労使問題』に矮小化することは許されることではありません。

このままでは将来に大きな禍根を残すことは間違いありません。日本一の公共交通機関がテロリスト集団に完全に乗っ取られてしまった今、内部から改革するなど望むべくもない。もはやわれわれには、世論、すなわちお客様の声という〝外圧〟に頼るしかないのです……」

このA氏の内部告発について、JR東労組ならびにJR総連、そして両団体を通じて松崎氏に対する取材を申し込んだが、いずれも「取材には応じられない」とのことだった。一方、「テロリスト集団に支配されている」と現役最高幹部から告発されたJR東日本はこう答えた。

〈健全で安定した労使関係は、経営上の重要な課題と認識しています。

それぞれの職場の秩序維持や所属する社員の管理については、会社において日頃から徹底しております。

革マル派という団体が存在しているということは報道等で承知していますが、その活動内容など詳細は承知していません〉（JR東日本広報部）

自らがテロリスト集団に侵食されているという現実を、利用客の目から必死で隠そうとするＪＲ東日本――。

## 常軌を逸した「運転士狩り」

しかし、前述のＪＲ東日本からの回答を、「全部、ウソだ」と喝破するＪＲ東日本の現役社員がいる。

佐藤久雄《さとうひさお》氏（四九歳）。現在、三鷹駅に勤務する佐藤氏は、七年前まで、三鷹電車区で、中央線や総武線のハンドルを握る運転士だった。そしてＪＲ東日本が〈日頃から徹底して〉いるという〈職場の秩序維持〉の〝犠牲者〟がまさしく、この佐藤氏だった。

佐藤氏が語る。

「（『週刊現代』に掲載された）わが社の現役最高幹部の内部告発を読みましたが、まさしくあの記事に書かれたとおりです。ＪＲ東日本は革マル派に乗っ取られ、『ＪＲ東労組ニアラザレバ、人ニアラズ』という風潮がまかり通っている。

これまで会社のためを思って我慢してきましたが、もう限界です。私がこの六年間、革マル派が支配するＪＲ東労組、そしてＪＲ東労組に乗っ取られた会社から、どんな仕打ちを受けてきたか、お話しします」

新潟出身の佐藤氏は一九七七年に、二〇歳で旧国鉄新潟鉄道管理局に就職。組合は旧「鉄労」（鉄道労働組合）を選んだ。

旧民社党系で、労使協調路線を採っていた鉄労は、ストを乱発するなどの強硬路線で「鬼の動労」と呼ばれた松崎率いる旧「動労」（国鉄動力車労働組合）や国労と対立していた。また国鉄分割民営化にいち早く賛成を表明したのも鉄労だった。

その鉄労組合員だった佐藤氏は、分割民営化前年の八六年、国鉄当局が余剰人員の整理のため進めていた「広域異動」に応じ、新潟から東京に転勤した。

「所属していた鉄労が、会社側が進める『広域異動』に応じる方針を決めていたので、しかたなく応じましたが、本当は東京へなど行きたくなかった。生まれ故郷を離れることもさることながら、当時の東京は、会社と敵対する国労や動労が職場を荒らしていましたから。鉄労組合員は、『会社側と近い』という理由で、いじめに遭っていたんです。特に動労の鉄労いじめはひどく、新潟でもずいぶん苦労しました。ただ新潟は、鉄労の拠点だったので、まだましなほうだったのです」（佐藤氏）

その後、佐藤氏の所属していた鉄労は、分割民営化賛成に転じた動労と合併し八七年三月、「東鉄労」を結成。東鉄労は八九年、ＪＲ東労組と改称する。

それに伴いＪＲ東労組組合員となった佐藤氏は、駅の営業や車掌などを経て九三年、運転士の

JR東労組による「運転士狩り」の被害者・佐藤久雄氏

免許を取得した。

「運転士になりたくて国鉄に入ったので、本当に嬉しかった。毎日、乗務後に電車のコックを開けてエンジンルームを点検しました。今の運転士は、コックの中が故障しても、自分で直すことはできません。でも、私は必死で勉強したので、ある程度の故障であれば自分で修理することができます。人より一時間早く出社し、乗務後も人より一時間多く居残って電気系統を覚えたんです。そして中野電車区で免許を取った後、九八年に、三鷹電車区に配属になりました」（佐藤氏）

しかしそれから約一年後、事件は起こった。

「九九年九月一一日の夕方でした。乗務を終えた私はロッカー室で、ＪＲ東労組の三鷹電車区分会長から『聞きたいことがある。訓練室に来てくれ』と呼び出しを受けたのです」（佐藤氏）

ＪＲ東労組は、上から「本部」、「地本（地方本部）」、「支部」、「分会」の順にピラミッド型に構成されており、「分会」は電車区、車掌区など各職場に置かれる末端組織である。

「訓練室には分会長のほかに、前分会長、八王子地本の役員ら四人が待っていました。彼らは、私に一枚の写真を突きつけてきました。それは数日前、新潟鉄道管理局時代に所属していた旧鉄労の仲間と、秋川渓谷で『芋煮会』を開いたときの写真でした。そんな写真がなぜ、彼らの手元にあったのか……。私には分かりません。

そもそもこの芋煮会は、八六年に私たちが広域異動で東京に出てきたときに発足したもので、鉄労出身の仲間が、OBも交えて交流しようという趣旨で開いた、『同窓会』のようなものでした。しかしこの会に、東労組から脱退した『JRグリーンユニオン』のメンバーが参加していたことから、東労組は、私がそれに顔を出したことを、『組織破壊行為だ』と問題にしたんです。

私は、昔の友達が懐かしくて参加しただけで、東労組に逆らおうなんて気は毛頭ありませんでした。にもかかわらず、彼らは私を『組織破壊者』と決めつけ、『裏切り者。東労組をナメんじゃねえ』、『転勤するか、または（組合を）辞めてもらう』と言うのです。私は必死で弁明したのですが、彼らは決して許そうとはしませんでした」（佐藤氏）

旧国鉄時代に佐藤氏が所属していた鉄労と、松崎率いる動労が激しく対立していたことは前述した。しかし動労は民営化前年の八六年七月、それまでの方針を百八十度転回し、民営化賛成に回り、宿敵だった鉄労と「和解」したのだ。

その後、両者は合併し、JR総連が結成されたのだが、九五年末、JR総連傘下のJR東労組の「革マル派支配」に異を唱えた旧鉄労系の組合員が、新潟地区を中心に集団脱退。新たにJRグリーンユニオン（「JR東日本ユニオン」の前身）を結成し、JR東労組と激しく対立することになった。

「あの日以降、JR東労組による私に対する〝尋問〟が始まりました。連日、三鷹電車区分会の分会長や書記長に取り囲まれ、『誰が参加したんだ?』、『何を話した?』と繰り返し聞かれました。『青年部』といわれる若手組合員らも加わり、十数人に囲まれ、『おまえ、本当はグリーンユニオンだろ?』、『東労組をナメんじゃねえぞ』と吊るし上げられたのです。
私は『芋煮会で会ったメンバーは、ただの古くからの友人だ』、『東労組を裏切ってなどいない』と、必死で弁明しました。しかし彼らは『東（労組）から勝手に出ていった裏切り者とつるんでいたんだろう!』と、まったく取りつく島がありませんでした」（佐藤氏）

JR東労組三鷹電車区分会幹部らによる佐藤氏に対する「吊るし上げ」は、その後一ヵ月以上も続いたという。彼らはなぜこれほどまで執拗に、佐藤氏を追い詰めたのか。

「JR東労組は、今も昔も組合員が他労組の組合員と接触することを極端に嫌う。特に組織の中核をなす運転士には厳しいのです。ただ、佐藤さんにとってグリーンユニオンのメンバーは、所属する組合は違っても、昔の仲間なわけです。その仲間と旧交を温めることのどこが悪いのでしょうか。

彼らは組織の引き締めを図るため、佐藤氏を吊るし上げ、『俺たちに逆らうとこんなひどい目に遭うぞ』という見せしめにしたのです。東労組の幹部はこういうやり方で、一般組合員に対し恐怖政治を敷く。『組織防衛』を最優先し、『組織破壊者』を許さないというJR東労組の体質は、それを指導している革マル派の体質と瓜二つなんです」（当時の佐藤氏の様子を知る元JR東労組組合員）

当時の佐藤さんに対する、JR東労組の異常なまでの追及ぶりが一目でわかる資料がある。JR東労組三鷹電車区分会青年部の会報紙『炸裂』が、それだ。記事のタイトルは〈この確信犯めっ!〉である。

〈皆さんもご存知のとおり、9月5日に武蔵五日市・秋川バーベキューランド付近で、旧鉄労友愛会が主催する「イモ煮会」が開催されました。この会に佐藤久雄が参加していたことが発覚しました。ブラックユニオン（筆者注：JR東労組が「JRグリーンユニオン」を呼ぶときの蔑称）と一緒に和気あいあいと酒なんか飲んじゃってさぞ楽しかった事でしょう〉

文章は〈これが久雄の実態!!〉と続く。〈国鉄改革以降12年間現住所東労組、本籍ブラック!!〉、〈奴の仲間は旧鉄労友愛（害）会の連中!!〉、〈今回バレなければ今後もつきあいを続けていたと供述!!〉……。そして記事は最後にはこう締めくくられている。

〈久雄は澄ました顔して東労組にひそみ、われわれを裏切り続けている。どんなに謝ろうが、土下座をしようがそれは本心ではない。われわれは組織破壊者と断定した〉

このような会報紙が、三鷹電車区の組合掲示板など、社員の目につくところに張られ、佐藤氏を精神的に追い込んでいった。しかし毎日のように職場で公然と「いじめ」が行われているにもかかわらず、約一ヵ月以上の間、三鷹電車区の管理職は見て見ぬふりをしていたという。

「もちろん、三鷹電車区の実質的な現場責任者である副区長にも相談しました。けれども『なんで鉄労なんかと（芋煮会に）一緒に行ったんだ』と、まともに取り合ってはくれなかった。東労組に逆らえば、今度は彼らの立場が危うくなりますから。

そのうち、東労組の『吊るし上げ』の目的が、私に組合を辞めさせることだということがわかってきましたが、私は『脱退届だけは絶対出さない』と決めていました。

東労組にいないと、この会社ではマトモに生きていけないからです。東労組を脱退することで、会社から干され、運転業務からも降ろされるのが怖かった。新潟から一人上京し、やっとの思いで運転士になれたのですから……」(佐藤氏)

しかしJR東労組はその追及の手を、決して緩めようとはしなかった。

「一ヵ月が限界でした。一〇月一五日、最後は二〇人くらいに囲まれたなかで、『ここに判子を押せ』と無理やり脱退届に捺印させられました。分会長らは『自ら押したんだからな!』と私に念を押し、青年部の前に嬉しそうに掲げていました。

その日のうちに、副区長に『無理やり組合を脱退させられました』と報告しましたが、副区長は『がんばって、気をつけて』と言うだけでした」(佐藤氏)

JR東労組を脱退させられた佐藤氏は、自分の身を守るため、JRグリーンユニオンに加入した。しかし、それが東労組による「佐藤いじめ」に、よりいっそうの拍車をかけることになる。

## 「裏切りモンは辞めちまえ」

ここに一本のビデオテープがある。

JRグリーンユニオンは、佐藤氏のJR東労組脱退後、彼らによる集団でのいじめや嫌がらせから佐藤氏を守るため、「支援隊」を結成。それと同時に、いじめの実態を記録として残すため、その模様を録画していたのだ。

ビデオは、佐藤氏が出勤する場面から始まる。三鷹電車区の門扉の前で、佐藤氏を待ち構える十数人のJR東労組組合員。佐藤氏の姿を見つけるや否や、一斉に罵声を浴びせる。「この野郎」、「オメー、黙ってんじゃねーぞ」。

三鷹電車区の建物内に入れるのは佐藤氏ただ一人。「支援隊」は管理職に遮られ、中には入れない。

当時の三鷹電車区のJR東日本社員は約二三〇人。うち約二〇〇人がJR東労組で、JRグリーンユニオンは佐藤氏ただ一人。ロッカー室に入った佐藤氏に、再び東労組組合員の罵声が浴びせられる。

「オイ、聞いてんのかよ、黙んなよ、オッサン!」、「ボケっ! どうせどっちにもいい顔してんだろ!」。

その言動はまるで「チンピラ」のそれである。

佐藤氏が、悔しさを滲《にじ》ませながら当時の様子を振り返る。

「着替えのときまで五、六人がしゃがみこんで取り囲み、パンツの中まで覗き込む。『おまえ、裏切りモンなんだから、辞めちまえよ』と、鼻の先まで顔を近づけて言ってくる。『自転車使うな! トイレも使うな!』と怒鳴られる。『それらは全部、東労組が会社から勝ち取ったもので、東労組を辞めたんだから使う権利がない』というのです。若い組合員も、平気で『久雄よぉ』と呼び捨てでした……」

そして、このビデオには、JR東労組が、佐藤氏だけでなく、われわれ、JR東日本利用客の「安全」までも脅かしているという決定的なシーンが記録されている。

制服に着替え、これから電車に乗務しようとする佐藤氏。その横を、数人のJR東労組組合員が追いかける。佐藤氏が運転席に座ると、彼らも運転席にいちばん近い車輌に乗り込むのだ。

「そして彼らは運転席の後ろの窓に張りついて、『この野郎、こんなところでブレーキをかけやがって』、『ヘタクソ、危ねーな』と私に聞こえる声でプレッシャーをかけ続けました。それも一度や二度ではなく、お客様の前でも平気でした。

乗務前、管理者（駅でいうところの「助役」クラスの管理職）と点呼をする際も、彼らは私を取り囲んで騒ぐのです。当然、点呼にはならず、行路の確認もできぬまま乗務せざるを得ず、乗務中は事故を起こしはしないかと、不安で仕方がありませんでした。

彼らの目的は、私に事故を起こさせ、組合だけでなく、会社まで辞めさせることだったのです。目的のためなら、お客様の安全を脅かすことなど平気なのです」（佐藤氏）

驚くべきことに、嫌がらせをしている彼らは、佐藤氏と同じ運転士なのだ。本来、乗客の「命」を守るべき運転士が、組合という「組織」を守るために、同僚に執拗に嫌がらせをし、事故さえ誘発しようとする。これが「究極の安全をめざして」と公に謳《うた》っているJR東日本の実態なのである。

## 対向電車からのパッシング

「実はビデオに記録されているのは、彼らの嫌がらせの、ほんの一部なのです。彼らは私が乗務する列車を、事前に徹底的に調べ上げ、あらゆる危険行為を仕掛け、事故を誘発するよう仕向けてきました。

九九年一一月の初めのことでした。中央線の西荻窪駅付近を走行中、対向車線から来た電車にハイビームで二、三回パッシングをされました。パッシングされると一瞬目が眩《くら》み、集中力を欠いて、信号を見落とすことだってあります。つまりは事故に繋がるたいへん危険な行為なんです。その電車には、前年に三鷹電車区に配属されたばかりの、ＪＲ東労組青年部の組合員が乗っていました。そして彼は翌日も、阿佐ケ谷駅付近で、しつこくパッシングしてきたのです。

またその数日前には、信号を隠されたこともあります。中央線の最終電車の乗務を終えて、豊田駅構内の留置線まで電車を動かしていたときのことです。駅構内の信号機の前で四、五人の東労組組合員が待ち受けていま

運転中の佐藤氏に運転席の後ろからプレッシャーをかけ続けるJR東労組組合員
（JRグリーンユニオン撮影のビデオ映像より）

した。信号機の高さは約一メートル。彼らは固まって立って、信号機を見えないように隠していました。そうして、私を違う線路に誘導しようとしていたんです。

九七年一〇月に、『スーパーあずさ13号』と回送電車が衝突し、お客様六二人に怪我を負わせた事故がありましたが、あれは回送電車の運転士が、赤信号を見落としたことが原因でした。どんな場合であれ、信号機を隠すなど絶対にやってはならないこと。にもかかわらず、彼らはJR東労組に洗脳され、そんな最低限のモラルさえ守れなくなってしまったのです」(佐藤氏)

佐藤氏の証言から次々と明らかになった、JR東労組組合員による凶行――。これは刑法一二五条に定められた「往来危険罪」にも相当する犯罪行為と言わざるを得ない。それがわずか数年前に、われわれが通勤や通学に利用していた首都圏のJR東日本で、実際に繰り広げられていたというのだ。

「彼らの嫌がらせは、大事故にも繋がりかねなかったので、会社に言って、管理者を乗せ、乗務したこともありました。しかし、彼らは管理者がいようがいまいがお構いなし。運転席まで来て、『てめえが佐藤か』、『おまえ、よく覚えておけよ、この野郎』とからんでくる。しかし、隣にいる管理者はじっと固まり、見て見ぬふり。管理者も、彼らを制止して、彼らの〝次なるターゲット〟にされることが怖かったのです」(佐藤氏)

まさに恐るべき「職場秩序の崩壊」だ。いったい、この状況をどう解釈すれば〈職場の秩序維持や所属する社員の管理については、会社において日頃から徹底しております〉(JR

東日本広報部）などという回答ができるのか……。

## 「この会社はおかしい」

佐藤氏が、ＪＲ東労組から脱退させられて約三ヵ月後の二〇〇〇年一月、なんとＪＲ東日本当局は「被害者」の佐藤氏を運転業務から外すことで、「職場の混乱の収拾」を図った。佐藤氏はその後約二ヵ月にわたって、三鷹電車区内の倉庫の掃除や、草むしりを命じられることになる。

「結局、会社はＪＲ東労組の言いなりでした。なぜ被害者である私が、運転席から降ろされ、草むしりをしなければならないのか。一方のＪＲ東労組は、私を運転席から降ろしたことを勝ち誇っていました」（佐藤氏）

さらに二月二九日、ＪＲ東日本は、佐藤氏に、三鷹電車区から三鷹駅への異動を命じる。そして、その約半年後の九月一五日、今度は関連の警備会社への出向を命じた。

「ＪＲ東日本では、出向から戻ったら、元の職場に帰れるのが、不文律。私の元の職場は電車区です。だから当時の私には『またハンドルを握れる』という希望があった。何度も辞めようと思いましたが、それだけを心のよりどころにして三年間耐えたのです」（佐藤氏）

しかし、その「不文律」が守られることはなかった。〇三年九月、佐藤氏はＪＲ東日本本体に復帰したものの、電車区には戻れなかった。駅での営業を命じられ、現在も三鷹駅で慣れない経理を担当している。佐藤氏はこう語る。

「会社の言うことにすべて従い、出向まで応じてきたのに、なんでこんな目に遭わなければいけないのか。一方、私をいじめ抜いたJR東労組の連中は皆、順調に出世している。おかしくありませんか？　この会社。今の私の気持ちはただ、『もう一度ハンドルを握りたい』、それだけなのです」

## 「JR無法地帯」

実は前述の佐藤氏のビデオのほかにもう一本、JR東日本の職場秩序の崩壊の実態を記録したビデオテープがある。タイトルは「JR無法地帯」。

JR東労組の恐怖政治に嫌気がさし、自主的に同組合を脱退し、国労に移ったT氏（一九歳）、G氏（二〇歳）、K氏（二一歳・年齢はいずれも当時）の若手車掌三人。彼らがその後、JR東労組から凄まじいいじめに遭い、わずか六日間で国労を脱退させられるまでの模様を、国労組合員が記録したものだ。

「おめえ、抜けていいと思ってんのかよ！」、「一生を台無しにするぞ！」。

九六年八月二日午前一時、JR高崎駅（群馬県）。乗務を終え、ホームに降り立ったG氏を、四〇人以上のJR東労組組合員が取り囲み、あらん限りの罵声を浴びせる。

三人とも入社二年目の同期で、当時、JR東労組から脱退者が三人同時に出るというのは、前代未聞の〝事件〟だった。ましてや、三人が所属していた高崎車掌区は、JR東労組の「牙城の一角」だった。このためJR東労組にとっては、「組織防衛」のために三人を奪還することが至上命題となったのだ。

翌三日、今度はK氏が標的となった。K氏の同期のJR東労組青年部の組合員ばかりが約三〇人、駅ホームに集まり、車掌室に乗り込むK氏を、腕組みをしたまま睨みつける。そして容赦ない罵詈《ばり》雑言《ぞうごん》を浴びせかけるのだ。

さらに一夜明けた四日、連日の〝説得〟に応じない三人に焦ったJR東労組は、一気に実力行使に出る。当時、国労高崎南部地区分会書記長だった倉林《くらばやし》誠《まこと》氏（四六歳）が語る。

「早朝の勤務を終えて帰ろうとしたG氏とK氏を、突然、JRの制服を着た高崎車掌区の東労組組合員二〇人が二人の両腕を抱え、連れ去ったのです。利用客がいるにもかかわらず、駅構内を全力疾走で駆け抜け、改札で待ち構えていた三〇人の東労組組合員に二人を引き渡しました。そして、そのまま二人をJR東労組高崎支部事務所に連れ込んだのです」

残念ながら、このシーンは音声のみで、映像は残っていない。通常、改札には監視カメラが設置されているため、映像が記録されているはずだった。ところが奇妙なことに、この事件が起こった直後にテープが抜き取られていたというのだ。

結局、G氏とK氏はその場で、国労の脱退届を書かされたという。

三人のうち唯一残ったT氏はこの日、「新前橋電車区」の休養室で泊まることになっていたが、同電車区も「旧動労時代から続く東労組の拠点」。このため約一〇〇人の国労組合員が、彼を心配し駆けつけた。

ところがJR東日本高崎支社の首席助役ら三人がロープを張り、国労組合員の建物内への進入を阻止したのである。ビデオには、そんなJR東日本当局と、JR東労組との異常な癒着ぶりが映し出されている。

案の定、T氏は、建物の中にいた二〇人ものJR東労組組合員に囲まれ、「個人の自由だ？　バカ言ってんじゃねぇよ！」と、延々と罵声を浴びせられたという。

「実はこのとき、彼は身の危険を感じ、付き添いの上司に『保護願い』を申し出ました。しかし、その保護願いはJR東日本当局によってうやむやにされたのです」（前出・倉林氏）

このためT氏は、国労役員に携帯電話で助けを求めたが、結局、一睡もできないまま、翌五日の早朝午前六時から乗務することになった。

そして五日午後、なんとか徹夜明けの乗務を無事に終え、「二人の分までがんばる。奴らのやり方は本当に汚い」と、カメラの前で気丈に語るT氏。しかし次の瞬間、このようなテロップが映し出され、ビデオは終わる。

〈6日、自宅にいたT氏は東労組の事務所に呼び出され、脱退届を強制的に書かされた〉

現在は三一歳になったT氏が、当時をこう振り返る。

「ビデオでは、〈東労組の事務所に呼び出され〉とありましたが、正確にはその日の夜に、自宅に数人の組合員が押しかけてきたのです。『今から事務所に来い。一週間は家に帰れないと思え』と言われ、拉致同然に連れていかれました。事務所では、何人もの組合員が待ち構えていました。彼らに取り囲まれ、『（国労からの）脱退届を書け』と迫られたのです。その日以降、数日間にわたって、軟禁状態が続きました。彼らは私が『仕事に行きたい』と言っても、『年休を取れ』と言う。それでも私が『仕事に行く』と言うと、事務所から職場まで私を送り、勤務が終わるとまた車で事務所まで連れていくという有り様でした。

携帯電話も取り上げられ、外との連絡は一切できない。それでも何日間は持ちこたえたのですが、最後にはどうでもよくなって脱退届を書きました。それ以降、私はJR東労組組合員ですが、今でもあの当時のことを考えると、悔しさがこみ上げてきます」

前出の倉林氏が再び語る。

「車掌の役割は、列車の運行と、乗客の安全を守ること。その車掌を何十人もの人間が取り囲んで威圧し、発車ベルの前に立ちはだかることまでしたのです。JR東労組の行為は明らかに異常。このような状況がまかり通るなら、列車の安全運行にも支障をきたしかねません。さらにJR東日本高崎支社がこうした業務妨害に対処せず、JR東労組の言いなりになっていたことも問題です。これが、JR東日本が『日頃から徹底している』という職場秩序や社員の管理の実態なのです」

職場内で公然と社員の「拉致・監禁」が行われるJR東日本。まさに「無法地帯」と言わざるを得ない。しかし〇二年、その無法地帯がついに捜査当局によって摘発された。

## 警視庁での取り調べ

〇二年一一月、東京・霞が関にある警視庁本部の一室。

「これであなたには、九回、ご足労いただいたが、われわれが求めた資料は、ほとんど提出する気がないことが、よくわかりました。『普通の会社』なら、責任者が九回も来て、警察が求める資料を提出しないことなど、ありえません。

あなたがこれまで、われわれに話してきたことは『革マル派』の言い分とまったく同じです。これ以上、話しても時間の無駄のようですね……」

警視庁公安部の捜査員は、正面に座る、JR東日本の佐々木信幸《ささきのぶゆき》人事部長（当時。現代表取締役副社長・五九歳）の目を見据え、こう言ったという。そして、次のように続けた。

「本日これから、捜査員を、（JR東日本）東京支社と大宮支社に派遣するので、佐々木部長から、各支社長に直接対応するように指示していただけませんか。これまで諸事情を勘案し、資料を任意で提出していただけるようお願いしてきました。しかし、あなたの会社では所詮、無理なようだ。

もちろん、支社長が対応する、しないは自由です。ただあなたから『午後五時に捜査員が行く』との連絡だけ、入れていただければ結構です」

捜査員はこう通告し、JR東日本との〝交渉〟を打ち切った——。

警視庁公安部は〇二年一一月一日、JR東労組大宮地本の副委員長で、「革マル派幹部」の梁次《やなじ》邦夫《くにお》（当時五三歳）ら七人を逮捕した。

逮捕容疑は、JR東労組所属の「浦和電車区」の若手運転士（当時二七歳）が、他の組合に所属する同僚とキャンプに行ったというだけで、約六ヵ月にもわたって吊るし上げ、退職にまで追い込んだ強要罪。この「浦和電車区組合脱退・退職強要事件」（以下「浦和事件」）で逮捕された七人は全員起訴された。

公安部は、七人の身柄を拘束すると同時に、JR発足以来初めて、JR東労組本部（東京都渋谷区）を家宅捜索するのだが、実はJR東日本に対しても、極秘で事情聴取を行っていたのだ。先に書いた公安部の捜査員と佐々木人事部長のやりとりは、この聴取の中で交わされたものである。

この「浦和事件」の初公判が行われたのは〇三年二月二五日。その後、〇七年二月二一日の論告求刑公判まで四年という異例の長期裁判となっている。ところがJR東労組とJR総連はこの浦和事件に際し、七人の逮捕直後から「国家権力の弾圧だ」として、「冤罪《えんざい》キャンペーン」を展開。さらに浦和事件の公判の傍聴券獲得にほぼ毎回、一五〇〇人前後の組合員を動員するなど、通常の常識では理解しかねる〝運動〟を続けているのである。

前述の論告求刑公判にも、過去最高の二五〇〇人の組合員を動員したというのだから恐れ入る。検察側は同公判で、梁次被告に対し、強要罪としては最高の「懲役三年」を求刑。他の三人に対しては「懲役二年半」、残る三人にもそれぞれ「懲役二年」を求刑した。この浦和事件の裁判は〇七年四月以降、三回にわたる最終弁論が行われ、同年七月一七日にも判決が下る見込みだ。

## 脅し文句は「オレは革マルだ」

〇六年五月から七月にかけて私は、この浦和事件の被害者に対し数回、インタビュー取材を行った。

ＪＲ東労組から無理やり退社に追い込まれた彼は現在、三三歳。さいたま市に住み、ＪＲ東日本はもちろんのこと、鉄道ともまったく関係のない、新しい職場で〝第二の人生〟を送っている。長時間に及ぶインタビューにもかかわらず、背筋をまっすぐに伸ばし、一つ一つ丁寧に答える彼の姿は、「青年運転士」のイメージそのものだった。

しかし、彼が受けた心の傷は深く、「新たな職場の仲間に、自分の忌まわしい過去を決して知られたくない」という、本人の希望で「Ｙ氏」と匿名にさせていただく。

九二年四月、ＪＲ東日本に入社したＹ氏は、入社と同時にＪＲ東労組にも加入し、最初の配属先、川口駅で勤務した。

その後、九三年二月から約七年間、東京車掌区で車掌を務め、〇〇年二月に浦和電車区に配属された。約九ヵ月の見習い期間を経て、同年一〇月から運転士として乗務を始めたのだが、Y氏の運命が暗転するのは、その直後のことだった。Y氏が語る。

「きっかけは一枚のハガキでした。一人前の運転士として乗務を始めて間もない一〇月の末、東労組の浦和電車区分会の役員から、『国労組合員に、東労組に入るよう勧誘ハガキを書いてくれ』と頼まれました。しかし、私はお断りしたんです。国労組合員の皆さんは当時、新米運転士だった私からすれば、大先輩ばかり。そんな職場の先輩が、自らの信念に基づいて、国労に所属されているのに、私のような若い者が、東労組への勧誘ハガキを、しかも自宅にまで送りつけるというのは、どう考えても失礼だと思ったのです。

しかし、その後も役員たちは、しつこく私に勧誘ハガキを書くよう、迫ってきた。そして一二月末、あまりに彼らがしつこいので、私も思い余って、『そんな勧誘ハガキ書くぐらいなら、組合の脱退届を書いてやる』って言ってしまったんです」

この発言を問題視したJR東労組は早速、Y氏を追及しはじめたという。

「一二月二八日、浦和電車区三階の講習室に呼ばれました。そのときにはすでに浦和電車区分会長や大宮地本の役員ら十数人が待ち構えてました。

今から考えれば、彼らは最初から私に目をつけていたんだと思います。私も、そのときすでに、内心では『この組合、おかしいんじゃないか』と思ってましたから。

というのも、私がまだ東京車掌区にいた九九年のことです。私の同僚が、『JR連合』（日本鉄道労働組合連合会）主催の『ユースラリー』という行事に参加しただけで、東労組から『組織破壊者』のレッテルを貼られ、吊るし上げられたことがありました。おまけに東労組は、この同僚を〝標的〟にした『団結署名』という署名活動を始めたんです。

私は当時から、他の組合の行事に参加した彼の行為をべつに悪いことだと思っていませんでした。だから同僚の悪口が書かれた、『組織破壊者は許さない』などとする署名は、『できない』と断ったことがあった。こんなことから東労組は、以前から私を不満分子として見ていたのでしょう」(Y氏)

「JR連合」とは、革マル派を排除した、JR東海やJR西日本の主要組合が加盟している上部団体である。「箱根の関」を境に、JR総連約七万人、JR連合約七万人と勢力を二分している。

国労組合員への「勧誘ハガキ」を書くことを拒否したY氏を、JR東労組が追及する過程で、今度はY氏自身の「組織破壊行為」が発覚したという。Y氏が語る。

「実はその年の一一月、前の勤務地だった東京車掌区の人たちとキャンプに行ったのです。べつに組合や会社の行事でもなく、まったくのプライベートでした。しかし、その中に一人だけ、『JRグリーンユニオン』に所属していた仲間がいたんです。それが東労組組合員に知られ、『キャンプに行った他のメンバーを明かせ』と迫られました。

東労組が、他労組の人間と付き合った組合員に『組織破壊者』のレッテルを貼り、吊るし上げるという話は聞いていました。だから、他のメンバーに迷惑がかかってはいけないと思い、最初は彼らの名前を黙っていたのです。しかし最終的に彼らの許可が得られたので、名前を明かしたところ、やはり彼らもそれぞれの職場で、同じような吊るし上げに遭ったのです。

　私の場合は『拡大闘争委員会』という名の、糾弾集会が三、四時間にわたって続きました。最初から『おまえのやったことは組織破壊行為だ』と言われ、『絶対に許さないぞ』と怒鳴られたのです」

　前述のとおり「ＪＲグリーンユニオン」は九五年末、ＪＲ東労組の旧鉄労系組合員が、「革マル派に支配されたＪＲ東労組からの脱却」を掲げ、新潟地区を中心に集団脱退して結成された新労組だった。その後、ＪＲグリーンユニオンはＪＲ連合に加盟し、現在の「ＪＲ東日本ユニオン」となるのだが、当時からＪＲ東労組と激しく対立していた。

前代未聞の「組合脱退・退職強要事件」の舞台となった浦和電車区

　そのＪＲグリーンユニオンのメンバーとキャンプに行っていたことが発覚したＹ氏に対する吊るし上げは、年が明けても続き、〇一年一月四日から三日間に及んだという。

「連日午前一一時から午後一時まで、午後は一時半から三時半までと、三日間で計六回行われ、私は六回とも出席させられました。

　まず司会役の分会長が、私に発言を促し、私が『反省の弁』を述べる。それに対し、二〇～三〇人の組合員から『この、裏切り者！　組織破壊者！』、『おまえが主任（運転士）になれたのは組合のおかげだろ！』と大声で罵《ののし》られました。

そしてこの六回に及ぶ吊るし上げには、大宮地本の梁次（邦夫）副委員長も姿を見せていたことから、私は、この件が（JR東労組）本部まで伝わっているのかと思い、心底、ゾッとしました」（Y氏）

警視庁公安部は、この浦和事件で逮捕した七人のうち、四人が革マル派活動家とみている。そのなかでも、この梁次は、前出の革マル派内の秘密組織「マングローブ」のメンバーだった。つまりこの浦和事件は、JR東労組に深く浸透する革マル派が、その牙を剝き出しにした事件だったのだ。Y氏が再び当時を振り返る。

「実は当初、彼らに吊るし上げられるのが怖くて、仲間たちと口裏を合わせ、『キャンプに行ったのは、グリーンユニオンの仲間を東労組に勧誘するのが目的だった』というストーリーを作ったのです。

しかし、吊るし上げに遭っているうちに、それぞれの言い訳に矛盾が生じ、だんだんと辻褄が合わなくなって、作り話だったことがバレてしまいました。その後、彼らから受けた脅しは、それまでのものとは比較にならないほど凄まじいものでした」

そして彼らの吊るし上げはついに、乗客の安全まで脅かしはじめる。Y氏が続ける。

「彼らは勤務中だろうとお構いなしで、恫喝してきました。

作り話がバレた二日後の一月二一日のことでした。私は当時、京浜東北線の電車に乗務していたのですが、その日は南浦和駅を出て、大宮―大船間を往復する行路で、昼の休憩は蒲田駅で取りました。ただ、おそらく休憩室には東労組の組合員が待ち構えていると思ったので、改札の外で過ごしたのです。

ところが乗車時間の五分くらい前、乗務位置に着こうとしたときに、休憩室から分会の役員が飛び出してきて、すごい目つきで睨み、こう凄《すご》んできました。

『裏切り者め、責任とって組合辞めろ。組合辞めろということは、会社も辞めろということだ』

今後もこんな脅しが毎日続くのかと思うと、恐ろしくて、運転にまったく集中できませんでした。それと同時に、こんな状態が毎日続けば、間違いなく事故に繋がるとも思いました。

勤務終了後もロッカー室で二人の分会員に囲まれ、『おまえ、ずいぶんふざけたことしてくれたな』、『グリーンユニオンとつるんで、組織破壊行為してくれたそうじゃねぇか』とさんざん怒鳴られた後、そのうちの一人にこう脅されたのです。

『オレは革マルだ、ふざけんなよ……』

その言葉に私は、彼らに自宅まで追い回されるのではないか、下手すれば殺されるのではないかと思うほどの恐怖を覚えました」

## 言葉の暴力で病気になった

自らを「革マル派」と名乗り、同僚を恫喝するＪＲ東労組組合員。さらにはＹ氏をこう恫喝した組合員もいたという。

「直接手を出すと、おまえみたいな奴はすぐ裁判沙汰にするからな、直接手は出さないが、東労組には〝言葉の暴力〟があるんだよ」

それにしても彼らはなぜ、これほどまでに執拗にY氏を吊るし上げたのか。元JR東労組幹部が語る。

「JR東労組は、旧動労の流れを汲むことから、運転士や車掌ら乗務員が、組織の中核をなしている。だから彼らが犯した『組織破壊行為』に対する吊るし上げは、それ以外の職場の組合員に対するものより苛烈になるのです」

JR東労組組合員による、Y氏に対する吊るし上げが、乗客の安全を脅かすまでにエスカレートしても、現場の管理者は、それを止めようとはしなかったという。

「二一日は勤務後も一時間半にわたって脅され、精神的にも肉体的にも限界でした。このままの状態で翌日も乗務すれば、間違いなく事故を起こすと思ったので、翌日から四日間、休みを取りました。

その間、(浦和電車区)区長や副区長にも相談し、転勤させてほしいと願い出ました。しかし副区長は『もう少し我慢しろ』、『様子を見よう』と言うだけでした」(Y氏)

二月に入ってもY氏に対するJR東労組組合員による〝言葉の暴力〟は続いた。

「彼らは、休憩時間になると私の姿を探し、『組合を辞めろ』と言ってきました。ただ、そのころから、彼らは『会社を辞めろ』とは言わなくなった。

知り合いの組合員から聞いた話ですが、役員が組合員を一人ずつ呼んで、脅迫のやり方について、『組合を辞めろ』はいいが、『会社を辞めろ』と言うと裁判を起こされるかもしれないから、そういう言葉は使うなと指導していたとのことでした」（Y氏）

ここまで陰湿極まりない集団も珍しい。Y氏は、その後もJR東労組組合員から嫌がらせを受け続け、ついに脱退に追い込まれることになる。

「彼らは執拗に糾弾してきました。一月のときと同様に『臨時職場集会』という名目で、二月一三～一六日の四日間、午前、午後と私を吊るし上げる集会が計七回開かれました。

私が『組合を辞めます』と言うと、『組合を辞めるだけでいいのか』、『組合を辞めることは、組合の成果をかすめとることだ』、『組合のおかげで主任になったことをどう考えてる。主任の資格を返上しろ』と、あらん限りの罵声を浴びせられたのです。

そして梁次副委員長からは『一月の集会でおまえが謝罪しているところを見たが、最初から俺はおまえを信用してなかった』と言われました。そして二八日に脱退届を書かされたのですが、そのときにも梁次副委員長が立ち会っていました」（Y氏）

そしてY氏は組合脱退後も、JR東労組組合員から執拗な〝言葉の暴力〟を受け続けた。

だが、Y氏は最後の抵抗を試みた。

「組合の脱退を表明した瞬間、『もしかしたら本当に会社も辞めさせられるかもしれないな』という予感がしたのです。好きな仕事でしたから、できるだけがんばって会社にいたいと思ったのですが……。

しかし彼らに辞めさせられるにしても、何らかの〝証拠〟を残しておきたいと思って、ICレコーダーを準備して、彼らの発言をすべて録音することにしたんです。二月の集会での彼らの発言も、脱退届を出した日も録音しました」（Y氏）

それらY氏が録音した音声が、後に彼らの行為を裏付ける強力な証拠の一つとなるのだが、彼自身が予感していたとおり、JR東労組はY氏をついに「強制退職」へと追い込んでいく。

「三月に入っても彼らの嫌がらせは続きました。『ボーナスは組合が勝ち取ったものだ、返上しろ』などと言われ続け、さすがに精神的にまいってしまい、一ヵ月ほど休みました。四月に入って会社は私を乗務から外し、内勤にしました。しかし内勤になってもまだ、私の机のところまで来て、『働けないいんなら、辞めろよ』と言ってくる組合員もいました。乗務から降りてもなお、彼らに嫌がらせを受け続けたことで、本当にまいってしまい、帯状疱《たいじょうほう》疹《しん》まで出てきました。

なんとか転勤させてほしいと区長に相談し、区長も（JR東日本）大宮支社に掛け合ってくれたんですが、大宮支社の答えは『個人的な理由で転勤させるわけにはいかない』というものでした。

私はもう限界だったので、七月三一日付で辞めることにしたのです」（Y氏）

「労働者の雇用の確保」が、労働組合に与えられた重要な役割の一つであることは言をまたない。ところが、JR東労組という組織は、Y氏が他労組の組合員とキャンプに出かけていたという理由だけで、彼を徹底的にいじめ抜き、その職さえも奪ってしまったのだ。これが、「労働組合」といえるのだろうか。また、社員一人の雇用も保障できないJR東日本という会社は、はたして「企業」の体をなしているのだろうか……。

インタビューの最後、Y氏は私にこう語った。

「私は今でも、自分を退社に追い込んだJR東労組、そして彼らの行為を黙認した、JR東日本を決して許すことはできません。私から好きな仕事を奪ったわけですから……」

## 革マル派を守ったJR経営陣

退職から約半年後、Y氏は警視庁に被害届を提出。Y氏からの被害届を受けた警視庁は、数ヵ月に及ぶ内偵捜査を経て〇二年一一月、前述のとおりJR東労組幹部ら七人を逮捕し、JR東労組本部などを家宅捜索した。

さらに実は警視庁は、七人の逮捕状とともに、JR東日本本社、東京支社、大宮支社の家宅捜索令状もとり、JR東日本に対し、強制捜査を行う予定だった。警察庁幹部が述懐する。

「JR東日本経営陣が、JR東労組や松崎に完全に抑えられていることは周知の事実。そんな会社が、捜査に任意で協力することなど、まったく期待できない。だから、『浦和事件』の全容を解明し、過去の事件を掘り起こすためには、JR東日本に対する強制捜査に乗り出す必要があった」

しかし当初予定されていたJR東日本への強制捜査は、着手直前になって突然、任意での捜査に切り替わる。実は、この警視庁公安部の突然の方針転換の背後には、警視庁、警察庁をも震撼させる一大スキャンダルが隠されているのだ。国民の警察に対する信頼を、根底から揺るがせるこの不祥事については、第8、9章で詳述する。

JR東日本幹部たちは、前出の警察庁幹部の予想どおり、捜査にきわめて非協力的だったという。

「JR東日本の佐々木信幸人事部長の非協力的な態度は、決して彼の独断ではなく、当時の大塚陸毅社長（現会長）や清野智副社長（現社長）も了承済みだった。つまり彼らは会社ぐるみで、公安部の捜査を妨害したんだ」（前出・警察庁幹部）

そしてこの警察庁幹部は最後に、苦笑いを浮かべ、私にこう漏らした。

「彼らは体を張って、JR東日本という『会社』を守ったつもりなんだろうが、結局は『革マル派』を守ったんだよ」

私は、この「会社ぐるみの捜査妨害」について、JR東日本広報部に質《ただ》した。ところが、JR東日本からは、次のような「回答」が一枚、FAXで送られてきただけだった。

〈貴殿に回答いたしません〉

『週刊現代』での連載開始以来、私はJR東日本に対して質問状を送り続けた。しかし、JR東日本は約半年間にわたって、まったく同じ文面の「回答」を返し続けたのだ。その質問内容が、後述する乗客の生命や安全にかかわる列車妨害事件に関するものであっても、である。

## 「列車妨害」が発生

〇六年七月三一日午前八時。東京地裁正面玄関前に陣取ったJR総連の街宣車の前に、数十人の集団ができはじめた。その人だかりは時間を経るごとに大きくなり、やがて列をなしはじめた。

「浦和事件」の裁判の傍聴券を求めるJR東労組、JR総連組合員らの列だ。五一回目の公判が開かれたこの日、玄関前に陣取ったJR総連の街宣車はこんな〝アジ演説〟を繰り返していた。

〈ブラックジャーナリズムがJR東労組を攻撃しています。このようなときは列車妨害が多発します。昨日も、八高《はちこう》線の箱根ケ崎―金子駅間におきまして、六〇個の置き石が置かれるという悪質な列車妨害が発生しております。接着剤をドアにくっつけるという列車妨害が多発しております。置き石など悪質な列車妨害が多発しております。

思い起こすと、『読売』がJR東労組を攻撃したときも列車妨害が多発しました。そして、それを引き金とし、JR総連から分裂をし、JR連合が結成されたのであります。

そして、先の『週刊文春』のときにも列車妨害が多発しました。そして、それを契機にして、今回の浦和冤罪事件の引き金にもなっているＪＲグリーンユニオンが東労組から分裂をしていったのであります。

今回、『週刊現代』がまた発売をされ、同じようなことが繰り返されております。私たちはあらゆる列車妨害を許さない。そして、安定、安全輸送のもとに、粛々と進めてまいりたいと思います。

悪質な列車妨害とブラックジャーナリストを許さず、この五一回の浦和冤罪事件の公判を、大勝利を勝ち取っていこうではありませんか！〉

アジ演説の主の言う〈『読売』がＪＲ東労組を攻撃したとき〉とは九二年、当時、読売新聞が発行していた月刊誌『ＴＨＩＳ is 読売』（九二年四月号）に掲載された評論家の屋山太郎氏によるコラムを指している。「マフィア化するＪＲ東日本労組」と題されたこのコラムの中で、屋山氏は、松田昌士副社長（当時。現相談役）らＪＲ東日本経営陣と松崎との癒着を痛烈に批判した。

また〈先の『週刊文春』のとき〉とは、九四年に『週刊文春』がノンフィクションライターの小林峻一氏による連載記事「ＪＲ東日本に巣くう妖怪」を掲載したことを指している。

そして、彼らの言う〈ブラックジャーナリスト〉とは、この私のことだ。つまり彼らは、松崎の支配するＪＲ東日本の異常な労使関係をメディアが追及するたびに、列車妨害が起き、組織分裂が起こる――と主張しているのである。

「ＪＲ東日本革マル派問題」の連載がなぜ、列車妨害に繫がるのか？　彼らの飛躍した論理にはとてもついていけない。

　しかし彼らが、さも私の連載が原因で起こったかのように主張する「置き石事件」とは一体、何なのか。当時、どのマスコミも、そんな事件を報じておらず、私も「まさか……」とは思った。だが、演説の中の「六〇個の置き石」という発言はあまりにも具体的だった。不気味な雰囲気を感じた私は、複数のJR東日本関係者や警視庁関係者に、事実関係を確認したが、彼らの反応は一様に「そんな事実は知らない」というものだった。

　JR総連が、「置き石があった」と演説していたのは、JR八高線箱根ケ崎―金子駅間。箱根ケ崎駅は東京都にあるのだが、金子駅は埼玉県入間市に位置し、路線はちょうど都県境をまたぐ。このため私は、旧知の埼玉県警関係者にも、「置き石事件」について照会した。

　すると「悪質な列車妨害」は、本当に発生していたのだ。置き石事件は、金子駅にほど近い、「旧青梅《おうめ》街道踏切」で起きていた。

　埼玉県警などによると、七月三〇日午前五時一二分ごろ、川越発・八王子行きの始発電車が、旧青梅街道踏切手前の信号機が赤になっているのに気づき、緊急停車。踏切には、異常を感知する「踏切支障検知装置」がついており、この装置が異物に反応すると、踏切の手前にある信号が赤に変わるシステムになっている。

　運転士は、現場でいったん停止し、石が踏切内の線路上に置かれていることを確認した。置き石の数は、JR総連のアジ演説どおり、六〇個だった。運転士は指令センターに連絡し、置き石を取り除いて、七分後に運転を再開した。

所轄の埼玉県警狭山警察署に、ＪＲ東日本八王子指令センターから「置き石に伴うパトロール要請」が入ったのは発生から一一分後の午前五時二三分。狭山署員が現場に到着したのは午前五時四〇分過ぎのことだった。

狭山署では「往来危険罪」の疑いで捜査を開始した。ところが、この事件について「被害者」であるＪＲ東日本はいっさいマスコミに発表しなかったのだ。

私はこの事件についても、ＪＲ東日本に、なぜ隠蔽したのか質《ただ》した。しかし答えは前回同様、〈貴殿に回答いたしません〉というものだった。一歩間違えば大事故に繋がりかねなかったにもかかわらず、である。

一方、埼玉県警サイドは今回の置き石事件について、事実関係をすべて認めたうえで、こう回答した。

「事件後、ＪＲ東日本は被害届を出すか否か『検討中』と言っていましたが、八月二日、『被害届を出したい』という連絡がありました」（狭山警察署副署長）

そして、この八高線の置き石事件の後にも、ＪＲ東日本管内では、私の連載中、不気味な列車妨害事件が頻発したのである。

# 第3章 底なしの腐敗

## ハワイの高級コンドミニアム

常夏の島、ハワイ——。そのなかでも「ビッグ・アイランド」の愛称で親しまれるハワイ州最大の島「ハワイ島」の西岸に位置し、有数の高級リゾートとして知られるのがコナだ。

年間を通じて温暖な気候に恵まれ、ハリソン・フォードをはじめ多くのハリウッドスターや、世界のセレブリティが別荘を持つことで知られるコナ。その中心部、カイルア・コナ市周辺には、リゾートホテルや会員制ゴルフクラブが点在し、観光客やバカンスを別荘で楽しむ人々で賑わっている。

そんな会員制ゴルフクラブの一つ、「コナ・カントリークラブ」に隣接する、ある高級コンドミニアム。一軒あたりの総面積は約三〇〇平方メートル、浴室は二つ、寝室は三つもあるきわめて豪華な造りの、このコンドミニアムの所有者は、ほかでもない。今なお極左セクト「革マル派」の最高幹部といわれる松崎明だ。

旧国鉄時代、「鬼の動労」といわれた組織を率いた松崎は、JR発足直前の一九八七年三月、JR東日本の最大・主要労組である「東鉄労（JR東労組の前身）」の委員長に就任。その後二〇年間にわたってJR東労組の絶対権力者として君臨している。

そしてその間、松崎は、後にJR東日本社長となる松田昌士氏（現相談役・七一歳）を籠絡し、その威を借って、自らになびかない会社幹部を次々とパージ。JR東日本をも支配するに至るのだ。そして九五年、労働組合としては異例の「会長」ポストを設け、それに座るのだが、このころからかつては「鬼」と呼ばれた男の腐敗が始まる。

JR東労組「会長」職に就いた松崎は、短期間に国内外の別荘を買い漁り、「一億円超」の資産を築いた。その松崎の財産の一つが、このハワイの高級コンドミニアムなのだ。

警視庁公安部は二〇〇三年六月、JR総連の役員三人がJR東海の助役を取り囲み、暴行を加えたとして暴力行為の容疑で、JR総連が本部を置く「目黒さつき会館」（東京都品川区西五反田）を家宅捜索した。

「目黒さつき会館」のかつての名称は「動労会館」。旧国鉄時代から、松崎率いる動労の拠点で、現在もJR総連や、その関連団体が本部を置いている。このため同会館は、公安当局やJR関係者から「JR革マル派の牙城」と呼ばれている。

公安部は目黒さつき会館に本拠を置く、ＪＲ総連の関連法人「さつき企画」や、ＪＲ総連関連の福利厚生団体「日本鉄道福祉事業協会」（「鉄福」）などを家宅捜索。さらにその三ヵ月後の〇三年九月、今度は「鉄福」が、品川区内の銀行に持っていた貸し金庫などを捜索した。

これら一連の捜査で、松崎の組合費横領疑惑が浮上したのだ。これをきっかけに、当時『週刊文春』の記者だった私は、この「ＪＲ革マル派問題」の取材を始めた。編集部は私をキャップとする特別取材班を編成。〇四年夏、ハワイの別荘疑惑をつかんだ取材班は、現地に飛んだのである。

その白亜のコンドミニアムは、ハワイの海を見下ろす丘の中腹に聳《そび》え立っていた。ゲートには、警備員が常駐し、住民のプライバシーを守るため、厳重なセキュリティーが施されていた。

松崎はこのコンドミニアムを二〇〇〇年四月二四日に三一万五〇〇〇ドル、現在の日本円にして約三七八〇万円（以下、日本円は現在の一ドル＝一二〇円換算）で購入。それ以降、毎年二五万円以上の不動産税も地元税務署に納めていた。

この高級コンドミニアムを松崎に仲介した不動産業者は〇四年当時、匿名を条件に取材班にこう証言していた。

「最初に松崎さんにお会いしたのは九八年ごろでした。地元の旅行代理店に勤める知人の紹介でした。『ハワイ島内に別荘を探している方がいる』というのでお会いしたんですが、ずいぶん変わった雰囲気の方だなという印象はありました。サラリーマンでもなさそうだし、会社経営者という感じでもなく、何者かな……と思っていました。

ただお金にはすごくきれいな方で、事務手数料などの請求をすると、松崎さんがふたつ返事で払ってくださいました。お金は毎回、東京の『目黒さつき会館』の担当の方、たしか女性の名前で、振り込んでくれました」

この不動産業者は、取材を受けるまで、「目黒さつき会館」を「松崎さんの個人的な会社だと思っていた」という。不動産業者が続ける。

「ある日、どうしてそんなにお金があるんだろうと思い、尋ねてみたのです。

すると、松崎さんに同行されていた息子の篤《あつし》さんが『父は先見の明があって、お金を動かすのがすごく上手なんです。日本では講演をしたり、本を書いたりしているので、かなりのお金が入ってくるんです』と教えてくれました。

篤さんや松崎さんの付き添いの方々からは『日本では多くの人々にたいへん尊敬されていて、偉い立場の人だ』と何度も聞かされたのですが、私にはただのオジサンにしか見えませんでした（笑）。

松崎さんご本人にも『お金持ちのご子息なんですか』と聞いてみたのですが、『いいえ。私は貧乏人の息子で、一人でここまで築き上げた人間です』とお答えになっていました。

またことあるごとに『日本には嫌気がさした。見切りをつけたし、未練もないから、ハワイに永住したい』とおっしゃっていました。余生をこちらでお過ごしになるつもりだったんだと思います」

**沖縄県**

**今帰仁村・宮古島の別荘と石垣島の土地**

3月22日、日本鉄道福祉事業協会が石垣島の土地（334m²）を、6月2日に宮古島の土地（1286m²）を購入

9月13日、国頭郡今帰仁村の土地（1135m²）を松崎の妻名義で購入

4月25日、今帰仁村にさつき商事が別荘を新築

1月15日、今帰仁村の別荘が、土地は松崎の妻から、建物はさつき商事から日本鉄道福祉事業協会に所有権移転

3月16日、'90年6月に購入した宮古島の土地に隣接する土地（943m²）を日本鉄道福祉事業協会が追加購入

10月4日、宮古島の土地に日本鉄道福祉事業協会が別荘を新築

6月20日、宮古島の土地・建物が日本鉄道福祉事業協会からJR総連顧問・加藤實に所有権移転

11月29日、今帰仁村の別荘を売却

**東京都**

**品川区のマンションA号室・B号室**

7月31日、A号室（63m²）を松崎が、B号室（63m²）を日本鉄道福祉事業協会がそれぞれ購入

12月12日、A号室の所有権を松崎から日本鉄道福祉事業協会に、B号室の所有権を日本鉄道福祉事業協会から松崎に移転

2月25日、B号室を松崎からJR東労組・情宣担当部長に所有権移転

**埼玉県**

**小川町のマンションC号室・D号室**

9月13日、C号室（91m²）を松崎が購入

10月29日、D号室（80m²）を松崎の娘婿が購入

# 松崎ファミリーの資産の推移

松崎は、集金マシーンである「さつき商事（後のさつき企画）」や、蓄財の隠れ蓑である「日本鉄道福祉事業協会」などを利用して、ハワイや沖縄などに別荘を次々と購入していった。これらの物件は複雑な取引がなされ、実態が分かりにくくされている

## 松崎 明の経歴

- 昭62 1987　東鉄労 委員長に就任
- 平元 1989　東鉄労が JR東労組に改称
- 平2 1990
- 平3 1991　日本鉄道福祉事業協会 理事長に就任
- 平7 1995　JR東労組 会長に就任
- 平8 1996
- 平10 1998　日本鉄道福祉事業協会 理事長を退任
- 平11 1999
- 平12 2000
- 平13 2001　JR東労組 顧問に就任
- 平14 2002　JR総連特別顧問に就任
- 平15 2003　JR東労組4地本の顧問を退任
- 平16 2004
- 平17 2005

沖縄で釣りを楽しむ松崎

## ハワイ

### ヒロ市・コナ市のコンドミニアム

コナ市のコンドミニアム

- 1999年　4月5日、ヒロ市のコンドミニアム（930m²）を松崎明・妻・長男・長女名義で21万9000ドル（当時の日本円で約2660万円）で購入
- 2000年　4月24日、コナ市のコンドミニアム（300m²）を松崎名義で31万5000ドル（当時の日本円で約3300万円）で購入

ヒロ市のコンドミニアム

- 2005年　3月、ヒロ市のコンドミニアムを35万ドル（当時の日本円で約3200万円）で売却

取材当時、このコンドミニアムには松崎の長男、篤氏（四五歳・以下敬称略）が家族と一緒に暮らしていた。

○四年、篤はカイルア・コナ市内のショッピングセンターでフラワーショップを営んでいたのだが、この不動産業者によると「この店舗の購入資金二〇万ドル（約二四〇〇万円）も、松崎さんによって一括で振り込まれた」というから驚きだ。

「あの店はマツザキ夫妻が、以前の所有者だったアメリカ人から購入したものでした。夫妻がお店を買い取った当時は、フラワー・アレンジメントができる店員も含め、数人の従業員を抱えていたのですが、夫妻が引き継いでからは、経営状態が悪化するばかり。コナには日本人がたくさん住んでいるので、初めのうちは客も来ていたんですが、『接客が悪い』という評判で、客も減り、今ではすっかり閑古鳥が鳴いています」（ショッピングセンターの関係者）

そして取材班は当時、問題のコンドミニアムで優雅に暮らしていた篤を直撃した。

――このコンドミニアムを購入なさった経緯をお伺いしたいのですが……。

「おまえ、誰？　どうやってここに入ってきたの？　なんでここにいるんだよ！」

――取材に伺いました。こちらにお住まいになった経緯をお聞かせいただけませんか。

「関係ないだろ！　ここは親父の名義なんだから、親父に聞いてくれ。俺は関係ないんだよ！」

――関係ないとおっしゃっても実際にここにお住まいですよね。

「とにかく話すことは何もないから帰ってくれ！　俺の仕事？　なんでアンタに説明しなきゃならないんだよ！　そんなこと聞くためにアンタ、日本から来たの？　あっ、そう。ご苦労さん。じゃあ帰って。もう来ないでくれ」

自分の父親が横領した組合費で買ったとされる別荘にのうのうと暮らしておきながら、「親父に聞いてくれ、俺は関係ないんだよ」とはよく言えたものだ。しかし松崎が、ハワイに所有していた別荘は、これだけではなかった。

ハワイ島内でカイルア・コナ市のちょうど反対側の東岸に位置するヒロ市。雨量が多く周囲を熱帯雨林に囲まれたこの街もやはり人気の別荘地である。松崎は過去、このヒロ市内にも庭付きの一戸建て住宅を所有していたのだ。

この一戸建て住宅は総面積約九三〇平方メートル。このうち約八〇〇平方メートルが庭である。コナのコンドミニアムと同様、浴室は二つ、寝室は三つ、オーナーには松崎のほか、光子夫人（六九歳）や篤、そして長女のみどり氏（三九歳）が名を連ねていた。

この住宅は九八年に新築され、二一万九〇〇〇ドル（約二六三〇万円）で売りに出されたのだが、松崎はその年の二月二六日に四万四〇〇〇ドル（約五三〇万円）、翌九九年の四月五日には残りの一七万五〇〇〇ドル（約二一〇〇万円）を支払って購入。コナのコンドミニアムと同様に、二〇〇〇年からこの別荘を売却する〇五年まで毎年一五万円以上の不動産税を地元税務署に納めていた。前出の不動産業者が再び語る。

「松崎さんが別荘を購入したのは、このヒロの物件が最初でした。私は永年ハワイに住んでいるのでいろいろな方とお会いする機会があるのですが、わずか一年ほどの間にヒロ、そしてコナと二つの物件をポンとキャッシュでお買いになったというので、さすがに驚きました」

「米帝国主義打倒！」を叫ぶ、極左セクトの最高幹部が、アメリカ五〇番目の州に豪華別荘を二つも構えていたとは、もはやブラックユーモアとしか言いようがない。当時の取材に、隣家の住民はこう語っていた。

「マツザキ・ファミリーは家を購入した当時はよく遊びに来ていましたが、同時多発テロがあった〇一年の九月以降は姿が見えませんね。アキラさんは、孫が訪ねてくるのを非常に楽しみにしていて、庭で遊ばせては嬉しそうにしていました。

庭がとても広いので『孫が登れるようなバナナやパパイヤの樹を育てたいから手伝ってほしい』と頼まれたこともありました。ハワイに来るのも孫たちに楽しい思いをさせるためだと常日頃から言っていました」

かつては「鬼」と呼ばれた男はどうやら、このハワイ島でゴルフに明け暮れ、自宅の果樹園で木登りする孫を眺めながら余生を送る――という「夢の生活」を描いていたようだ。しかし、残念ながら、ことは松崎の思うようには運ばなかった。前出の不動産業者が再び語る。

「松崎さんにはいろいろな計画があったようですが、それを実行に移すのはかなり難しかったようです。

というのも、英語のできない松崎さんにとっては、買い物ひとつとってもたいへんな作業で、すべてを奥様と部下に頼らなければ生活できない。一緒に過ごすのを楽しみにしていた孫たちは、いっこうに遊びに来ない。そんな具合で、物事が何ひとつ予定どおりに運ばなかったのが相当応えたようですね。

身の回りのことはすべて、奥さんの光子さんと娘婿の森さんに任せ切りだったようです。光子さんはある程度英語をお話しになりますし、娘のみどりさんもアメリカ留学の経験があるという話でした。森さんはもともと松崎さんの部下だったそうです。それが縁でみどりさんとご結婚なさったと聞いています」

松崎の娘婿の森將美氏（四八歳）はJR東日本社員で、JR東労組の組合員である。

「いずれにせよ松崎さんは、ハワイで悠々自適の隠居生活を送ろうと思ったものの、何ひとつうまくいかないことに、かなりイライラなさったようですね。ゴルフがしたいと思っても奥様が同行しないといけない状態だったそうですから、無理もありませんが……」（前出・不動産業者）

ところが松崎はなんと、このヒロの別荘を本拠として、会社を設立していたのだ。

「たしか二〇〇〇年の五月ごろだったと思います。松崎さんが『ハワイに会社を作りたい』とおっしゃったので、弁護士を紹介しました。

たしか商品は『プロポリス』と言っていたと思うんですが、松崎さんがハワイから日本に輸出したいと言い出したんです。ハワイでビタミン剤やプロポリスを仕入れ、『さつき企画』がそれを買い取る仕組みを作るとおっしゃっていました。

近所のスーパーで見つけた格安のビタミン剤を『さつき企画』に送ってみたり、肥料を安く仕入れて日本に輸出しようとしたり、アイディアは豊富にあるようでしたね。

肥料の輸出は真剣に検討していらっしゃったようで、私も業者に電話をしてくれと頼まれて多少のお手伝いはしましたが、結局うまくいかず、会社自体は何も機能せず、休眠したままだと聞いています。

結局、ハワイでの商売はあまりうまくいかなかったようですが、コナコーヒーの販売と、『さつき企画』の人がブラジルで見つけてきたコウモリの糞だか尿だかを加工して肥料として輸出する仕事は『うまくいっている』とおっしゃっていました」(同前)

取材班がハワイ州に確認したところ、たしかに「松崎の会社」は存在した。「Satsuki Planning USA」というこの会社は、二〇〇〇年五月二六日に設立され、法人の有効期限は二〇九九年一二月三一日となっていた。

「労動運動家」とは思えない〝逞しき商魂〟だが、松崎は文春の取材班が訪れた八ヵ月後の〇五年三月、このヒロ市内の別荘を約三五万ドル(約四二〇〇万円)で売却するのである。

しかし、松崎が所有する別荘はハワイだけではなかった。実は、松崎は国内にも複数の別荘を所有していたのだ。

## 「妖怪」の別荘暮らし

那覇から北へ約六〇キロ。沖縄自動車道終点の「許田《きよだ》」インターチェンジから県道に乗り継ぎ、さらに約二〇キロほど走った海岸沿いにその別荘はあった。

沖縄県国頭郡《くにがみぐん》今帰仁村《なきじんそん》。海風に晒《さら》され、やや古びてはいるものの、芝生の庭もついた二階建ての立派な洋館だ。玄関から浜辺までわずか一五メートル、二階からは東シナ海が一望できるという最高のロケーションに立っている。

登記簿などによると、この別荘の土地は、松崎が、ＪＲ東労組の会長に就任した約二ヵ月後の九五年九月一三日、松崎夫人の光子氏が購入。翌九六年四月には、前出のＪＲ総連の関連法人「さつき企画」の前身である「さつき商事」が、二階建ての洋館を建てる。だが、なぜかこの別荘の土地と建物の所有権は二〇〇〇年一月に、同じく前出のＪＲ総連関連の福利厚生団体「鉄福」に移転されるのだ。

さつき商事は七六年、旧国鉄時代に違法ストなどで解雇され組合専従となった職員、いわゆる〝首なし専従〟たちの再雇用先として設立された株式会社だ。設立当初は組合員に対する保険の代行業などを主な業務としていたが、ＪＲ発足後は、ＪＲ総連の関連団体のひとつとなった。二〇〇〇年にその名称を「さつき企画」に改め、ここ数年は組合員を対象にしたツアーの企画や、ウコンやプロポリスなどの健康食品の販売に力を入れている。組合員数約七万人のJR総連の約七割は、JR東労組組合員が占めていることから、「主要取引先」はJR東労組と言ってもいいだろう。

そして実は、このさつき企画こそが、松崎が「一億円超」の資産を形成した〝集金マシーン〟とでもいうべき〝装置〟なのだ。

このさつき企画の実態については後に詳述するとして、松崎は、この今帰仁村に別荘を建ててほどなく地元の人たちに受け入れられたという。

「たしかに初めは、内地（本土）の人が突然来たんで私たちも身構えましたが、松崎さんたちが庭でやるバーベキューなどに招かれているうちにすっかり打ち解けました。村のお祭りのときもお金を出してくれましたし、別荘にもよく招かれました。

（別荘の）中の造りは立派なもので、一階には八畳くらいの和室と風呂、一〇畳くらいの広いキッチン付きのリビング。二階には、ジャクジー、テレビ付きの風呂と、八畳と六畳の二つのベッドルームがありました。何よりも二階の窓からの海の眺めは、われわれ地元の人間が見ても溜め息がでるほどでしたね。

松崎さんは季節を問わず、年に四、五回やってきました。奥さんと二人でやってくることもあれば、娘さんや息子さんと、家族四人でやってくることもありました。家族以外のお供の人を連れて五、六人というのが多かったですね。お供の人はみな五〇歳ぐらいで、いつも決まった顔ぶれでした。

松崎さんは、私たちには『レストランやブライダル関係の会社を経営している』と話していました。『最初は国家公務員をやっていて、そこから天下りして今の会社にいるのだ』という説明を聞いたことがあります。会社名は『さつき商事』と言っていました」（地元住民）

また、松崎の別荘近くで飲食業を営む渡嘉敷勲氏（仮名・五〇歳）は、別荘が建った一年後の九七年ごろから松崎と知り合い、以降五年近く、別荘に遊びに来た松崎と親しく付き合っていたという。渡嘉敷氏が語る。

「松崎さんと知り合ったのは、彼がうちの店に食事に来てくれたのがきっかけでした。松崎さんはいつも奥さんと、比嘉賢さん（仮名）という男性を連れていました。比嘉さんは、松崎さんの運転手兼秘書のような存在で、松崎さんの会社の社員だと聞いていました。比嘉さんが沖縄の出身だったことから、地元の事情には詳しかったですね。あの別荘のガス代、電気代なども比嘉さんの名義になっていました。

松崎さんは海が好きで、それで海辺に別荘を買ったのだと話していました。私もダイビングや釣りが趣味で、船も持っています。お互い海好きということで、私たちは意気投合したんです。松崎さんは、シュノーケリングはずっとやっていたけれど、釣りは一切やったことがなかったそうです。ならば、私が教えましょうということになったのです」

ちなみにこの比嘉氏は大学卒業後、ＪＲ東労組に就職したいわゆる「プロパー書記」で、現在もＪＲ東労組の幹部を務めているのだが、なかなか興味深い過去を持っている。

「比嘉は日大の学生だった七〇年、革マル派の東京教育大（現・筑波大）の学生がリンチで殺された報復のため、革マル派学生が中核派学生を襲った『法政大報復リンチ事件』で逮捕されたことがある。そしてJR東労組内部では現在も『松崎のボディーガード』として知られている人物だ。もちろん『マングローブ』のメンバーでもある」（公安当局関係者）

松崎は今帰仁村の別荘にやってくるたびに、渡嘉敷氏の船で釣りに出かけたという。渡嘉敷氏が続ける。

「釣りを始めて一年くらい経った九八年ごろ、松崎さんは自分の船を買ったのです。二五〇万円もする全長二七フィート（約八メートル）の立派な船です。それからは松崎さんの船で海に出るようになりました。

この写真（八九ページ参照）は〇二年頃に、松崎さんが魚を釣り上げ、喜んでいるところを撮ったものです。またゴルフにも一緒に行きました。ハンディキャップが一五と、結構な腕前でしたよ。

ただ松崎さんは、仕事の話だけは一切しませんでした。だから私もあえて聞かないようにしたんです。周りの人が彼のことを『会長、会長』と呼んでいたので、何かの会社の『会長』とばかり思っていました」

## 社長は「妖怪」の長男だった

しかし、松崎は〇三年ごろからぷっつりと、今帰仁村の別荘に姿を見せなくなった。

「なんでも宮古島に別荘を新しく建てたので、そっちをよく利用するようになったとのことでした。だから松崎さんの船も私が宮古島まで送り届けました。

その代わりに今度は（松崎の）息子さんが〝お供〟を二人従えてやってきたのです。息子さんは『この別荘をビジネスに活用したいので、そこで出す料理のメニューを作ってくれないか』と言ってきました。息子さんは『ウチの会社はツーリスト会社を持っていて、そこの客に別荘を貸す予定なんだ』と話していました。

息子さんはお供の人から『社長』と呼ばれていたのですが、お供の人からもらった名刺を見て初めて、息子さんの会社が『さつき企画』という名前だと知ったのです」（前出・渡嘉敷氏）

この「息子さん」とはほかでもない。前出の松崎の長男、篤のことである。さつき企画の登記簿によると、たしかに篤は二〇〇〇年三月から同社の取締役に就き、〇一年六月には代表取締役に就任している。

「旧国鉄時代『解雇者の再雇用先』という設立主旨からして、さつき企画の役員には歴代、JR東労組やJR総連の幹部が就いており、松崎も過去、取締役を務めていました。そんなさつき企画の代表取締役にJR東日本の社員でも、ましてやJR東労組、JR総連の組合員でもない篤がなぜ就けたのか。松崎の意向以外の何ものでもありません。松崎はさつき企画の事実上のオーナーなのですから」（元JR東労組幹部）

つまり松崎は、自分の「会社」を息子に継がせたのである。政治家や資産家が、親の資産や社会的な立場を「世襲」することは、ままあることだ。が、松崎のような「労働運動家」

が息子に組織を継がせるなど、聞いたことがない。まさに「組合私物化の極み」というほかない。そして、松崎親子の組合私物化は、篤の社長就任を機によりいっそう、その度合いを増していった。

「篤の職業は自称『ミュージシャン』です。たいして才能があるとは思えませんが、JR総連の取り巻き連中は、松崎に気に入られるため、JR総連や加盟単組の組合歌を次々と篤に作曲させたのです。おまけに、作詞は篤夫人に任せました。ちなみに、篤夫人はかつて劇団の女優をしていたそうです。

JR東労組の組合歌『起ち上がれ　未来へ』も、もちろん篤夫妻の作詞・作曲です。また、『Love&Peace』というJR総連の〝愛唱歌〟も篤の作曲です。こういった組合歌のCDは、さつき企画を通じて組合員に売りつけられており、一般の組合員からは大顰蹙《だいひんしゅく》を買っていました」（元JR東労組役員）

ちなみに九三年二月に行われた篤夫妻の結婚式には、松崎配下の、革マル派秘密組織「マングローブ」の複数のメンバーとともに、JR東日本の松田昌士副社長（当時）や山之内秀《やまのうちしゅう》一郎《いちろう》副社長（当時。元宇宙開発事業団理事長）ら、JR東日本の幹部らが出席していたという。

「たかが一労組幹部の息子の結婚式に、その社の最高幹部が出席するなど、一般の会社からすれば、きわめて異例のことなのかもしれませんが、JR東日本社内ではそれが〝常識〟なんです」（同前）

ただ前出の渡嘉敷氏は、〝お供〟の人間が、篤を「社長」と呼び、こびへつらうのを見て不思議に思っていたという。渡嘉敷氏が当時を振り返る。

「松崎さんと違って、（篤は）小柄だし、やせてるし、ほとんど何もしゃべらない。どう見ても『社長』の貫禄はなかったですね。別荘で出す料理のメニューの打ち合わせも、意見を言うのはお供の人たちばかり。息子さんはいわば『お飾り』のようなものでした」

しかし社長が「お飾り」であるにもかかわらず、さつき企画は当時、目覚ましい業績を上げていたというのだ。

「当然ですよ。JR東労組組合員は約四万九〇〇〇人。仮に役員だけが商品を買ってもかなりの数がはけます。松崎怖さに皆、嫌でも買いますから。さらに各地本（地方本部）にノルマを課す。たとえば組合員が四〇〇〇人いる地本なら、その一〇分の一の四〇〇（の商品）は引き取ってくれ、とね。おまけに組合という組織を使うので、営業活動はまったくいらない。各地本に『さつき企画担当』の役員がいて、彼らが各支部の注文を取ってくれる。こちらはその注文に応じて、商品を送ればいいだけ。要するに営業経費がまったくかからない『伝票会社』なんです」

こう語るのは、〇一年七月から〇三年一月まで、さつき企画の取締役を務めていた阿部《あべ》克《かつ》幸《ゆき》氏（四九歳）だ。

新潟出身の阿部氏は一〇年近く、JR東労組中央本部の執行委員を務め、要職を歴任。〇二年まで、JR東労組の事実上のNo.4である「企画局長」に就いていた大物幹部で、かつては松崎の側近の一人と呼ばれていた。

しかし〇二年七月、松崎の発言を批判した阿部氏は、松崎から切られ、役職も剝奪された。JR東労組内部でさんざん攻撃された挙げ句、除名となったのだ。阿部氏が続ける。

「私もかつては、『解雇者の再雇用先』という会社設立の主旨に賛同し、お世話になった組合の諸先輩のためにさつき企画の商品を必死になって売りました。プロポリス、ウコン、それとハワイ産のコナコーヒー。実際、すごい売り上げでした。

ただ、後に原価を知って愕然としたんですが、ボロ儲けなわけですよ。販売価格五〇〇〇円ぐらいのプロポリスの原価が、実は六〇〇円だったりとかね。

しかもボロ儲けにもかかわらず、収支が不透明なわけです。約四万九〇〇〇人のJR東労組という組織を利用して上げた利益がどれほどのものか、さらにはどこへ行ったのかもわからない。われわれはただ売るだけで、収支は松崎や、松崎の腹心の幹部が管理してましたから。

また社長を務めていた篤の給料や、篤の奥さんの給料も、いくら払われていたのかさっぱりわからなかった。一説によると篤の給料が年間二〇〇〇万円で、何もしていない篤の奥さんの給料も年間八〇〇万円といわれてましたし、営業活動なんていらないはずなのに『営業車』名目で外車を購入したこともありました。

株主総会といっても、株主は松崎ただ一人なんです。株主総会といえば普通、株主が大勢いて、前に経営陣がいますよね。でも、さつき企画の場合は株主が松崎一人で、反対側にズラッと取締役が並ぶんですよ。もちろん私を含め、みんな松崎の茶坊主ばかりでしたから、シャンシャンで終わりました」

かくの如く、さつき企画が松崎の「一億円超」の資産を構築した〝錬金術〟のツールのひとつになっているのは間違いないだろう。まさに親子揃って組合という組織を喰いモノにしてきたわけだ。しかし、篤が渡嘉敷氏に語っていた「別荘をビジネス活用し、宿泊客に料理を出す」という構想はその後、立ち消えになったというのだ。渡嘉敷氏が再び語る。

「話はかなり具体的に進んでいたのですが、なぜか息子さんもお供の方たちもピタッと沖縄に来なくなったのです。そして半年ぐらいしてから突然、お供の人から電話があり、『別荘をビジネスにするという話はなくなった。代わりに（さつき企画の）社員寮にする』という話をいただいたのですが、結局、この話もうやむやのまま、終わりました」

それもそのはず、その年の末、篤はさつき企画からだけでなく、日本からも姿をくらましたのだから……。

## 家宅捜索でバレた隠し別荘

〇三年九月、警視庁公安部が押収した預金通帳などから、松崎の組合費横領疑惑が発覚したことは前述した。ところがその三ヵ月後の〇三年一二月、篤はまるで公安部の捜査から逃れるかのように、家族とともに渡米。松崎が購入した、ハワイ州コナ市の超高級コンドミニアムに移り住むのである。さらにその一ヵ月後の〇四年一月、篤はさつき企画の代表取締役も辞任している。

「これら松崎が所有しているハワイの別荘の存在は、ＪＲ東労組の一般の組合員はもちろんのこと、われわれ幹部ですら、まったく知りませんでした。松崎がどれほど〝国鉄改革を労働組合側で推進した偉大な指導者〟であっても、これだけの資産を形成できるわけがない。このためＪＲ東労組内部でも〇三年以降から公然と、松崎の組合費の私的流用疑惑が指摘され、組織の私物化が批判されるようになったのです。

名目上、「鉄福」が所有しているとされている沖縄・今帰仁村の別荘も、実質的には松崎のものでした。その証拠に、鉄福の会員であるＪＲ総連の一般組合員が、その存在すら知らなかったのですから。つまり鉄福は、松崎の資産の〝隠れ蓑〟なのです」（前出・阿部氏）

ＪＲ総連の内部資料などによると、八一年に旧動労（国鉄動力車労働組合）からの土地や建物などの寄付により設立された「動力車福祉事業協会」が「鉄福」のルーツ。八七年、国鉄分割民営化による動労解散に伴い、現在の日本鉄道福祉事業協会と改称された。現在はＪＲ総連関連の福利厚生団体として、前出の目黒さつき会館などの運営を主な業務としている財団法人である。

「しかし、それはあくまで『鉄福』の〝表の顔〟。鉄福の理事長は長年、『松崎の金庫番』といわれた佐藤政雄《さとうまさお》という人物が務めてきたのです。このため松崎が実質的に所有してきた別荘のほとんどが、鉄福名義になっているのです」（同前）

佐藤政雄氏（七一歳・以下敬称略）は、ＪＲ総連傘下の『ＪＲ東海労』（ＪＲ東海労働組合）の委員長を務めた人物だ。そして八五年に鉄福の理事に就任、九八年には理事長に就き、〇四年五月に辞任するまでの六年間、鉄福の最高責任者として君臨し続けたのだ。

ところがこの佐藤、特殊な〝過去〟を持っている。JR総連の前身である「鉄道労連」が結成された八七年二月、当時、動労中央本部副委員長だった佐藤は、ヘルメット姿の六人組に鉄パイプなどで滅多打ちにされ、両手両足を砕かれ、瀕死の重傷を負ったのだ。この事件では後に、革マル派の対立セクト「中核派」が犯行声明を出すのだが、佐藤はその後、奇跡的な回復を遂げ、前述のとおり「松崎の金庫番」となるのである。阿部氏が続ける。

「これは後になって明らかになるのですが、鉄福は同じ沖縄の宮古島にも別荘や土地を所有していたのです」

この阿部氏の証言は、前出・渡嘉敷氏の「(松崎が)宮古島に新しい別荘を建てたのでそっちを利用する」という話にも符合する。そして阿部氏の言うとおり鉄福が「名目上所有する」別荘は、宮古島にもあった。

沖縄本島から南西へ約三〇〇キロに浮かぶ宮古島は、国内最大の珊瑚礁群「八重干瀬《やびじ》」などの珊瑚礁に囲まれた、ダイバーの聖地だ。

鉄福の所有する別荘は、島の南部の海岸近く、宮古郡城辺町《ぐすくべ》(現・宮古島市城辺)の「友利《ともり》」という集落にあった。芝が広がる丘の上に、二階建ての三棟の白亜の建物が立ち、玄関には「友の家」という表札がかけられていた。

丘からは宮古のエメラルド色の海が一望できるロケーションで、朝日が海から上る景色を堪能できる。登記簿によるとこの土地は九〇年六月二日、〇一年三月一六日の二回にわたって、鉄福が購入。建物は〇二年一〇月四日に鉄福が新築している。地元で農業を営む男性はこう語った。

「JRの労働組合の保養所だと聞いていますが、訪れるのはいつも五〇～六〇歳代の男性が五、六人。若い人が来たのは見たことがありません。ここ数年は年に七、八回くらい来ていたと思います。最近は一ヵ月くらい前に一度来ていました。いつも、朝七時くらいに紺色のワゴン車に乗ってゴルフに出かけています。海にダイビングにも行っているようです」

このほかにも鉄福は、宮古島から約一〇〇キロ離れた石垣島にも土地を所有していたが、松崎の「隠し資産」はこれだけではない。

軽井沢に次ぐ北関東屈指のリゾート、群馬県嬬恋村《つまごい》。

高級別荘が点在し、晴れた日には、浅間山や万座山の素晴らしい景観が望める。また近くにはゴルフ場やスキー場などレジャー施設が豊富で、四季を通じて楽しめる一大保養地だ。

その嬬恋村のなかでも、西武系列が開発した大規模な別荘地「プリンスランド」の一画に立つ、二階建ての別荘。敷地内にはログコテージがついており、庭には小さな池まである。玄関に「(財)日本鉄道福祉事業協会」という表札が掲げられたこの別荘は、登記簿によると八七年に「さつき商事」が購入。その後、九九年にさつき商事から鉄福が買い取っている。

「〇三年九月の警視庁の家宅捜索後、これらの別荘はJR東労組内部でも大問題になりました。当然ですよね、ＪＲ東労組の一般組合員はもちろんのこと、われわれ役員ですら、これらの別荘の存在をまったく知らなかったのですから。〇四年の二月になってＪＲ総連は内部からの批判に頬かむりしきれず、『別荘は申し込みがあれば誰でも借りられるものだ』などと言い始めました。しかし、鉄福の賛助会員になっている組合員でさえ、『別荘の存在はもちろんのこと、鉄福が別荘の貸し出し業をしていることすら知らなかった』と話しているのです」

こう語るのは、〇二年までＪＲ東労組中央本部で、業務部長を務めていた本間《ほんま》雄治《ゆうじ》氏（四九歳）だ。本間氏も前出の阿部氏と同様、ＪＲ東労組の要職を務め、松崎の側近の一人だった。しかし松崎の独善的な組織運営を批判したためパージされ、現在もＪＲ東労組から「組織破壊者」のレッテルを貼られている。本間氏が続ける。

「鉄福も、ＪＲ総連に足並みを揃えるかのように、〇四年二月になって初めて、『群馬県嬬恋村』や『沖縄県今帰仁村』、『沖縄県宮古島』などの『保養施設』が書かれたパンフレットを配布しました。そのパンフにはそれらの保養施設が、さも組合員の周知の存在であったように書かれていました。

しかも、ご丁寧に『２００３年１月』と作成期日が目立つように記入されている。つまり〝松崎の金庫番〟である佐藤は、『警視庁の家宅捜索に入られる前に、すでにこのパンフを作成していた』ということが言いたかったのでしょう」

松崎の組合費横領事件を警視庁公安部が摘発するのは、発覚から二年以上経った〇五年一二月七日のことだった。その家宅捜索はなんと八四時間にも及んだ。

「公安部は七日午前、松崎の自宅のほか、JR東日本本社に隣接するビルに入るJR東労組本部など十数ヵ所を一斉に家宅捜索し、関係資料約一四〇〇点を押収しました。しかし他の関係先の捜索は七日中に終えたのに対し、『JR革マル派の牙城』といわれる目黒さつき会館の捜索は一〇日深夜まで及んだのです。八四時間を超える家宅捜索など、異例中の異例でした」（全国紙警視庁公安部担当記者）

調べによると、松崎はJR東労組会長を務めていた二〇〇〇年四月、前出の「金庫番」の佐藤ら三人と共謀し、JR総連「国際交流推進委員会」（現在は国際委員会に改組）の活動資金を保管する目的で開設された「JR総連国際交流基金代表・松崎明」名義の口座から約三〇〇〇万円を引き出し、自身が購入したハワイの別荘の資金に充《あ》てたという。

ところが、この公安部の動きを事前に察知していたかのように松崎や鉄福、そしてJR東労組やJR総連はそれこそ組織ぐるみで、〝証拠隠滅〟ともとれる動きを見せるのだ。

前述のとおり松崎は、ハワイ州ヒロ市の一戸建て別荘を〇五年三月に三五万ドル（約四二〇〇万円）で売却した。一方、松崎の蓄財の〝隠れ蓑〟といわれる鉄福も、〇四年六月に沖縄県宮古島の別荘を、さらに家宅捜索直前の〇五年一一月二九日には、沖縄県今帰仁村の別荘を、それぞれ売却したのである。

松崎が、今帰仁村で別荘暮らしを楽しんでいたころに付き合いのあった、前出の渡嘉敷勲氏がこう振り返る。

「スーツ姿の五〇代ぐらいの男が突然、やってきました。彼は私に名刺を渡すと、『別荘を売りたい』と話し始めました。その後、男は別荘の周囲に『二八〇〇万円』と売値を書いた看板を立て始めたのです。しばらくして、地元で買い手が見つかったと聞きました」

渡嘉敷氏がその男から手渡された名刺にはこう書かれてあった。

〈JR東労組中央執行委員　高橋克彦〉

高橋氏（五八歳）は長年、JR東労組で総務・財政部長や局長を務めていた「松崎チルドレン」の一人。そして彼こそが、「JR東労組のカネの流れのすべてを知る男」（前出・阿部氏）といわれているのだ。「目黒さつき会館」に公安部の家宅捜索が入った〇三年六月からは、鉄福の理事にも就いている。

また前述の宮古島の別荘は、買い手がつかなかったのか、JR総連顧問を務める加藤實氏（六五歳・以下敬称略）に売却されているのだ。加藤は旧国鉄時代に解雇された、古参の旧「動労」組合員で、JR東労組東京地本委員長などを歴任。佐藤と同様、松崎の「腹心中の腹心」といわれる人物だ。JR総連の関連月刊誌『自然と人間』の発行元、「自然と人間社」の社長でもあるのだが、この会社自体、革マル派党本部との関係が指摘されている会社なのだ。

私が連載を続けていた〇六年九月時点でも、松崎ファミリーおよび鉄福が所有している別荘（ハワイ州コナ市の別荘＝約三七八〇万円▽沖縄県石垣島の土地＝約四五〇〇万円▽群馬県嬬恋村の別荘＝約六五〇〇万円）の資産価値を試算すると、約四八八〇〇万円になった。また、彼らが所有しているマンション（東京都品川区のマンション一部屋約四〇〇〇万円▽埼玉県小川町のマンション二部屋で約一六〇〇万円）の資産価値は約五六〇〇万円と算出できた。つまり〇六年時点でも、松崎が実質的に所有していた資産は、少なく見積もっても一億円は超えていたのである。「労働運動家」という仕事はよっぽど儲かる〝商売〟なのだろう。

「しかし、松崎の資産は、別荘や土地だけではありません。JR東労組の過去の決算書の『有形固定資産表』に載っているだけでも、九一年から〇一年までの一〇年間で四台の車を買い替えています。それもボルボ、ベンツ、トヨタのクラウン、三菱のプラウディアという高級車ばかり。

さらに〇三年一月と五月にまた、クラウンとボルボを購入している。一〇年余りの間に四〇〇〇万円以上が松崎の車代に消えているわけです。これらはすべて組合費。

たしかに〇三年まで松崎はJR東労組の顧問についていましたが、顧問退任以降は組合員の資格を持っていない。つまり、JR東日本の社員でもなく、JR東労組の組合員ですらない人間が、組合費で買った高級車に乗っているのです」（前出・本間氏）

ちなみに前出の渡嘉敷氏によると、松崎は沖縄でもボルボを乗り回していたという。

自らが汗水垂らして働いた給料から納めた組合費が、組合員ですらない男の別荘や高級車に使われる……。こんな事実を目の当たりにしても、なぜJR東労組の組合員は怒らないのだろうか。しかも松崎に〝搾取〟されているJR東労組の組合費は、JR西日本やJR東海などJR他社の労組と比較しても異常に高いのだ。

## ＪＲ東労組の組合費は高い

ＪＲ総連と対立する「ＪＲ連合」傘下の、「ＪＲ西労組」（約三万六〇〇〇人）や「ＪＲ東海ユニオン」（約一万五五〇〇人）は、組合員から年間組合費を一二ヵ月分徴収している（一ヵ月分の組合費は、本給のおよそ二％程度）。これに対しＪＲ東労組は一四ヵ月分を徴収しているのだ。

基本給三〇万円のモデルケースで試算すると、ＪＲ西労組の年間組合費が六万一二〇〇円、ＪＲ東海ユニオンが五万七六〇〇円なのに対し、ＪＲ東労組の組合費は年間九万二四〇〇円。ＪＲ東労組組合員は、他社の労組と比較しても、年額三万円以上も高い組合費を徴収されているのだ。

「それに加えてＪＲ東労組では、アフガニスタンの難民救済といったような『平和運動』名目で、組合員からたびたびカンパを募っています。そのカンパが本来の目的どおりに使われているならまだしも、その使途もきわめて不透明なのです」（元ＪＲ東労組役員）

第1章でも述べたとおり、〇四年一一月三〇日午前一〇時四五分、私は、訪問先のポーランドから成田空港に到着した松崎を直撃した。そのとき、松崎は別荘の〝原資〟についてこう答えたのだ。

「そんなもの（原資）は、いくらだってありますよ。自分の（埼玉の）土地を売ったり、株もあります。それからカンパもあります。何も問題ありません！」

　こう言い放って、松崎は私の取材から逃げていった。しかし、別荘購入に「カンパ」を充てたと言って恥じることがない「労働運動家」は後にも先にも彼くらいのものだろう。

　松崎は〇一年一二月、毎日新聞社から出版された自著『鬼の咆哮』の冒頭で〈豊かな想像力でアフガン難民に思いを馳せよう〉と題し、こう述べている。

〈いま世界最強国アメリカの、敢えて言うが無差別空爆攻撃によって、アフガニスタンでは多くの市民が犠牲になり、同時に難民が生み出されている。私は人の親として労働組合のリーダーの一人としてこのことを看過《かんか》できない。（中略）「2000円あれば一家10人が1ヶ月暮らせる」のだ。たばこを吸っている人はたばこをやめる、忘年会、新年会の酒を少し抑える、それで一家10人が飢えずに済む。命が救えるのだ。（中略）もっともっと想像力を働かせよう。それこそが労働者のヒューマニズムそのものだ〉

　彼が好んで口にする〈ヒューマニズム〉がいかに、偽善に満ちたものか、もうおわかりだろう。

　組合費やカンパを流用し、私腹を肥やしてきた労働運動家。こんな男を必死で庇うべく、JR東労組やJR総連の幹部たちは私の記事を「でたらめ、でっちあげ」などと喧伝《けんでん》した。

　だが、私の手元には、松崎とその側近たちの腐敗、さらにはJR東日本経営陣とJR東労組との癒着を告発した「衝撃の書」がある。その著者は、かつて「松崎の右腕」であり、JR東労組の大物幹部だった人物なのだ。

## 強烈な松崎批判のエピグラフ

「せっかく来ていただいたのに申し訳ないのですが、私もかつては『組織』の中枢にいた一人なので……」

〇六年八月二六日午後、私は、群馬県中部の人里離れた一軒家で、ひっそりと暮らすその男を訪ねた。男は突然、見知らぬ記者の訪問を受けても、まったく動揺することなく、落ち着いた口調で、私の取材依頼を、丁重に断ったのだった——。

男の名前は、福原福太郎《ふくはらふくたろう》氏（七〇歳）。かつては「松崎の右腕」といわれた人物だ。

三七年、群馬県生まれの福原氏は、県立高崎工業高校卒業後、工員などを経て六一年に旧国鉄新潟鉄道管理局に就職。その後、動労に入り、動労新潟地本書記長を経て八三年、動労中央本部書記長に就いた。このころから「松崎の右腕」といわれ始めた福原氏は、JR発足直前の八七年二月、「鉄道労連」（JR総連の前身）の書記長に就任。九〇年から三期にわたってJR総連委員長を務め、その間、「連合」（日本労働組合総連合会）の副会長や、陸・海・空の交通機関の労働組合で作る「交運労協」（全日本交通運輸産業労働組合協議会）の副議長にも就いている。「連合」関係者が、現役時代の福原氏の印象をこう語る。

「福原氏は、松崎ほどのカリスマ性はないものの、きわめて頭脳明晰で、議論に強く、物事を論理立てて説明する能力は抜群だった。われわれからすれば、JR総連の主張は時に、きわめて偏狭なものに映ることもあったが、それでも福原氏が話すならば、と一応は耳を傾けることも多かった。革マル派内部では『理論の黒田、実践の松崎』と知られているが、JR総連では『理論の福原、実践の松崎』というイメージだった」

その彼の自宅を、私が訪ねたのには訳がある。
○五年六月、すべてのJR東日本関係者を震撼させる一冊の本が出版された。四六判、二二六ページからなる本の題名は『小説　労働組合』(以下『労働組合』と略称)。
題名に『小説』とあるとおり、この本は、あくまで実在の人物をモデルにしたフィクションの形をとっている。しかし、一一六ページのあらすじをご覧いただければおわかりになるとおり、この『労働組合』は、松崎の組合私物化の実態や、JR東労組という組織の腐敗、そしてJR総連と革マル派との関係までをも克明に描いた衝撃の〝内部告発本〟なのだ。

この本は、冒頭のエピグラフ(題辞)が強烈な松崎批判になっている。

〈魚は頭から腐るという。すべての組織も同じだが、労働組合では尚更である。(中略)幹部による労働組合の御用化と私物化策動を、労働者の無関心が許したからだ……〉

この「魚」がJR東労組、JR総連、そして「頭」が松崎を指していることは言うまでもない。そして、この本の作者は「谷川忍」となっているのだが、この「谷川忍」こそ、前出の福原氏だといわれているのだ。

「『谷川忍』が福原氏のペンネームであることは、JR東日本関係者の間ではもはや周知の事実です。福原氏は○三年五月に別の本を実名で出版しているのですが、それに記された著者の略歴と、『谷川忍』の略歴がほぼ一致するのです。

そして何より、本のなかには、『松崎の右腕』だった福原氏しか知り得ない事実が随所で暴露されている。さらに本の出版後、松崎とJR東労組、JR総連は、その内容に激しく動揺し、福原氏を名指しで批判しているのです」

こう語るのは、元国鉄清算事業団新潟支社長の宗形明《むなかたあきら》氏（七二歳）。宗形氏は旧国鉄時代、鉄道管理局労働課長や本社職員局主幹として、組合対策を担当。松崎や福原氏とも団体交渉で対峙するなど、一貫して労務畑を歩んできた「労務管理」のエキスパートだ。また退職後は、革マル派に支配されたJR東日本の現状を告発した『もう一つの「未完の〈国鉄改革〉」』（月曜評論社）など四冊の本を上梓《じょうし》。「JR革マル派問題」研究の第一人者でもある。

宗形氏が続ける。

「『労働組合』の主人公は『鈴木』といい、ほかに『大元』、『武藤』という主要な人物が登場します。『鈴木』は福原、『大元』は松崎、そして『武藤』は〝松崎の金庫番〟といわれる佐藤政雄がモデルになっているのです」

宗形氏が複数のJR東日本関係者と検討を重ね、作成したのが一一六ページの登場人物対照表だ。

九五年、自らの発案で労働組合としては異例の「会長」ポストを設け、自らその座についたころから、「鬼」と呼ばれた男の腐敗が始まったことは、前述したとおりだ。

JR東労組「会長」に就いた松崎は数年間に、ハワイ・コナ市や沖縄・今帰仁村など国内

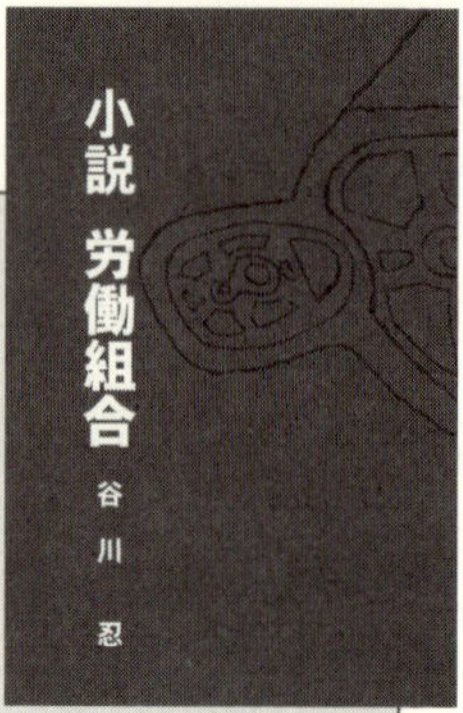


## 『小説 労働組合』のあらすじ

約30年前、「北本州鉄道」社員の鈴木は、後に北本州鉄道労組の委員長にまで昇りつめる大元と出会う。2001年、大元の腹心として労働運動に身を捧げてきた鈴木は65歳を迎え、引退を考えていた。一方、組合は長年にわたる大元の専制支配により、完全に私物化されていた。その頃、大元は関連会社の経営を、過激派である労働者党と共同で行うよう指示。鈴木はただ一人これに反対する。かねてより鈴木を目障りに思っていた大元は、これを格好の批判材料に仕立て上げ、鈴木を組織中枢から放逐。尊敬して止まなかった大元に裏切られた鈴木は怒りに震える。'03年9月、警視庁公安部は大元が組合費を横領した疑いで一斉捜査、大元に対する不信感が組合員に広がる。そんななか、鈴木は組合を大元の手から取り戻すために反旗を翻した元側近たちと、ともに闘う決意をする。

## 登場人物対照表

| | |
|---|---|
| 主人公・鈴木 | ➡福原福太郎（この本の著者。元JR総連委員長） |
| 大元 | ➡松崎明（元JR東労組委員長） |
| 武藤 | ➡佐藤政雄（元日本鉄道福祉事業協会理事長） |
| 労働者党 | ➡革マル派 |
| 鉄道連合 | ➡JR総連（全日本鉄道労働組合総連合会） |
| 北本州鉄道労組 | ➡JR東労組（東日本旅客鉄道労働組合） |
| 椿商事 | ➡さつき商事（後のさつき企画）<br>（JR総連の賛助団体として物品販売を行う株式会社） |
| 鉄道協会 | ➡日本鉄道福祉事業協会<br>（JR総連関連の福利厚生団体） |

外の別荘を買い漁る一方で、JR総連の関連団体「さつき企画」を息子に〝世襲〟するといった究極の組合私物化に及ぶのである。

そして福原氏も『労働組合』のなかで、これら松崎による組合私物化の実態を内部から詳細に描き、告発しているのだ（以下、作者の意図を変えない範囲で、原文を略して引用する。カッコ内は筆者注）。

〈大元が君臨している鉄道連合や北本州鉄道労組や関連会社の資金を、あれこれの理由をつけてはいるが、私的に使用している。

大元が恒常的に使用している国内外にある別荘のうちいくつかは、大元が指示して建築をさせたが、大元の所有ではなく鉄道連合や北本州鉄道労組の関連会社の所有としてある。

関連団体が保有している別荘を、大元が自分の別荘であるかのように使用しているのは、大元と何人かの側近たちしか知らない。

これらを実際に統括しているのは、大元の金庫番でもある鉄道協会理事長の武藤である。

鉄道連合の関連事業はいくつかある。椿商事株式会社もそのひとつでオーナーは大元である。椿商事は健康用具販売と旅行業を軸に、五〇万人にもなる鉄道連合の組合員、家族を相手に商売した。旅行業も同様、大元の威光で組織の役員を説得しておきさえすれば商売は順調だった。

大元の息子が一社員であるうちはまだよかった。やがて武藤を中心に大元の息子を社長にしようとする動きが出てきた。

「仕事もできるし、何よりも父に似て決断力があります。たいした人物です。誰よりも息子さんが社長にふさわしいと思っています」

武藤は大元に進言した。

労組の関連会社のトップに労組出身でもない息子を社長に据えたのは、公私混同の領域をこえ大元の組織私物化の象徴として組織内外で批判されはじめた〉

## 警視庁捜査の「Xデー」

松崎の組合費横領疑惑は、警視庁公安部が〇三年九月、品川区の銀行にある鉄福の貸し金庫から押収した通帳などから浮上した。そして福原氏は『労働組合』のなかで、この公安部による家宅捜索を受け、動揺する松崎や佐藤の様子も、きわめてリアルに描写している。

〈警察は鉄道連合の関連会社を家宅捜索して得た情報の細部を分析した。

W線の駅近くのH銀行にある武藤名義の金庫もつかんだ。大元が湯水の如く勝手放題に使っていた多額の組織資金は、組織と組合員のためとか日本の平和と民主主義のために使用しているとかの大元や武藤の言と異なり、単なる私的流用にすぎないとの確証を得ていた。私的流用のなかに、最大の眼目にしている労働者党への資金提供もあるだろうと推測した。

警察は「Xデー」を設定する決意を固めはじめた。

大元はもちろん、鉄道連合や関連会社の役員たちは、ことの重大さに頭のなかが真っ白になった。大元は凄まじい形相で武藤を一喝した。

「これまで何をしていたのだ。金庫番の役を果たしてなかったではないか。オレはもちろんだが組織への被害は甚大だぞ」

最も忠誠を尽くしてきたはずの大元に激怒されて武藤は震え上がった。茫然自失の状態になった。

日が暮れても、遂に武藤は事務所に姿を見せなかった。夫人が武藤は自殺するのではないかと心配になり、警察に捜索願を出したのもわかった。

《警察が資金の使途を摑んだとなると厄介なことになる。オレのこの間の労働運動家としての輝かしい人生は台無しになってしまう》

大元は、自分でも、ぞっとする思いにかられた。

《武藤が自殺すれば警察からの被害は、最低限に押さえられる》

武藤が自宅に姿を現したとの報告を受けた時、（大元は）思わず舌打ちをした。

《警察の尋問に武藤は、『一切大元は知らないことだ』と主張し続けられるだろうか》

大元は側近を呼んだ。

「ほとぼりがさめるまで武藤を入院させよう。監視をつけておけばいいだろう。組織も家族も健康診断と休養だといえば納得するはずだ。奴は前から糖尿病を患っていたよな。入院させても、それほど疑問を持たれはしないだろう」」

## ＪＲ東日本社長と「密会」

そして、さらに『労働組合』は驚くべきことに、松崎とＪＲ東日本最高幹部との、「癒着の証拠」ともいえる〝密会〟場面まで詳細に描いているのだ。

〈都内の割烹の奥まった一室で、大元は会社の社長と会っていた。

「社長の主張はわかった。警察はオレをこともあろうに、組織の財産を食い物にしていると疑っているようだ。オレにもしものことがあれば労使一体をつくる前に、労組内は大変なことになるのは必至だ。そうなれば会社にも大きな影響が出る」

《いつもの恫喝と哀願併用の手できたな》と社長は思ったが、おくびにも出さなかった。

「そのことだが、警察の調査はかなり進んでいると聞いている。大元に、いざというようなことにならないようにと思っているのは会社も同じだ。組合の今後の動きにもよるが、努力はしてみたいと思っている」

警察対応に努力するとの社長の言葉に、大元の太い眉が一瞬、ぴくりと動いた。

「社長の気持ちはわかった。とにかく労使一体で、この難局は乗り切っていかなければならない」

二人は顔を見合わせ、ニンマリして互いの杯に酒を注ぎ合った〉

宗形氏が再び語る。

「この密会の時期は、『労働組合』によると〇三年末。当時のJR東日本社長は大塚陸毅氏（現会長・六四歳）です。このころはちょうど、〇二年七月に発生したJR東労組の内部対立が激化し、JR東日本経営陣が頭を悩ませていた時期でした。

また『労働組合』に書かれているとおり、公安部による松崎の捜査も進んでいました。これら二つの難局を打開するために、会社側が大塚氏と松崎との〝密会〟を設定していたとしても不思議ではありません」

それにしても、かつては「松崎の右腕」といわれた福原氏はなぜ、この内部告発本を書くに至ったのか。宗形氏はこう分析する。

「福原氏は、年々、組合私物化の度を増していった松崎にきわめて批判的でした。そして松崎に『引退勧告』すべく、五年前、六五歳を機に、組合の第一線から退くことを表明した。ところがその福原氏に対し、七〇歳を迎えた今なお、組織にしがみつこうとする松崎は激怒。福原氏の引退を待たず追放したのです。しかし福原氏パージ後も、松崎は、組合私物化を改めようとせず、自らに批判的な組合幹部らを次々と放逐していった。それに対し、福原氏が松崎による支配体制を崩壊させるために出したのが、この『労働組合』なのです」

冒頭でも記したが、『労働組合』の作者、福原氏には取材に応じてもらえなかった。しかし実は別れ際、彼は、私にこう告げたのだ。

「お話ができる時が来れば、すべてを話します……」

松崎がJR東日本に築いた〝革マル派帝国〟が崩壊する日も、そう遠くはなさそうだ。

## 「偉大な指導者」の堕落

「国鉄分割民営化後、旧『動労』から、『JR東労組』や、『JR総連』などが引き継いだ不動産などの資産は総額三〇億円ともいわれています。しかしそれが本当は、いくらあったのか、現在、どれくらいなくなってしまったのか、それは彼にしかわからないのです」

ここに出てくる「彼」とは、ほかでもない。JR東日本を牛耳る、松崎明のことだ。

そしてかつては師と仰いだ男を「彼」と呼び、その「犯罪」を告発するのは、五年前までJR東労組副委員長を務めていた嶋田邦彦《しまだくにひこ》氏（六二歳）である。

新潟県出身の嶋田氏は、旧国鉄に就職後、JR東労組の前身である旧「動労」に入り、交渉部長に就任。JR発足後は、JR東労組企画部長や書記長などを歴任し二〇〇〇年、JR東労組副委員長に就いた。〇二年当時、一二人いた副委員長のなかでも嶋田氏は、「委員長代行」を務める筆頭副委員長で、JR東労組No.2の大物幹部だった。そしてJR東労組内部では「次期委員長の最有力候補」と目されていたのだ。

しかし、松崎による独裁的な組合運営や、組合私物化を批判した嶋田氏は、松崎から「組織破壊者」のレッテルを貼られ〇二年一〇月に辞任する。そして嶋田氏は〇六年六月、他のJR東労組元幹部とともに、「JR東労組を良くする会」（賛同人二〇〇〇人、「良くする会」と略）を設立。松崎やJR東労組現執行部との全面戦争に突入するのだ。

私が、彼ら「良くする会」のメンバーと最初に接触したのは、『週刊現代』の連載の第三回（〇六年八月一二日号）が発売された三日後、八月三日のことだった。

〇三年秋から、この「JR革マル派問題」の取材を続けていた私はもちろん、嶋田氏や前出の阿部氏、本間氏らがJR東労組内部からパージされた経緯を把握していた。そして彼らの辞任を引き金に、それまで革マル派支配の下、「鉄の結束」を誇ってきたJR東労組で、過去最大規模の分裂騒動が勃発したことも聞いていた。さらには彼らが、JR東労組から追放された後も、松崎の独裁や私物化を批判し続けていたことも知っていた。

しかしながら、彼らは、ほんの数年前までJR東労組の要職を務めていた幹部たちだ。今ではいくら松崎を激しく批判しているとはいえ、もとは松崎の「側近」と呼ばれていた人物ばかりである。そんな彼らが、簡単にこちらの取材に応じるとは到底思えなかったし、彼らとコンタクトをとることさえ、ままならなかった。

そんな彼らが、自ら都内のホテルで会見を開くと申し入れてきたのだ。この「JR革マル派問題」を追い続けてきた私にとって、かつて松崎の「側近」と呼ばれていた人たちを取材できるのは、またとないチャンスだった。

しかし当時は、私が『週刊現代』誌上で、キャンペーン「テロリストに乗っ取られたJR東日本の真実」を始めたばかりで、JR東労組、JR総連だけでなくJR東日本も、私の記事に神経を最も尖らせていた時期だった。よりにもよってそんな時期になぜ、彼らは自ら、会見を申し入れてきたのか……。私は彼らの意図を量りかねていた。

しかも私は、このキャンペーンに関しては、できるだけ実名で報道することを決めていた。それまでの連載を読んでいた彼らは当然、それを知っていたはずだ。私の記事に実名で証言するということは、松崎やJR東労組だけでなく、彼らと癒着したJR東日本経営側との〝訣別〟をも意味する。果たして、これまで人生の大半を、JR東労組組合員として生きてきた彼らに、それだけの〝覚悟〟があるのか……。私は半信半疑で、会見場となった都内のホテルに向かった。

ホテルの会議室には、既に大手紙やテレビの警視庁詰の公安担当記者らが顔を揃えていた。そして我々記者の正面には、前出の元JR東労組企画局長の阿部克幸氏や、元業務部長の本間雄治氏ら元JR東労組幹部約一〇人がずらりと並び、松崎の組合私物化や組合費横領疑惑の実態を明らかにしたのだ（このときの会見には嶋田氏は出席していない）。

JR東労組幹部でさえ知らなかった松崎の別荘の存在、松崎の〝集金マシーン〟である「さつき企画」の実態、松崎の蓄財の〝隠れ蓑〟となった「鉄福」の資産運用のカラクリ、そして松崎の〝金庫番〟佐藤政雄が果たした役割……。彼らの口から次々と飛び出した証言の内容は、私が予想していたものよりはるかに詳細かつ具体的で、JR東労組の要職を務めてきた、彼らでしか知り得ない事実ばかりだった。

前述した阿部氏や本間氏の証言は、数時間に及んだこの会見で取材したものである。この会見で私は、彼らがすでに、本気で松崎や、革マル派に支配されたJR東労組と訣別しようと腹を括っていることを確信した。

そしてその約二ヵ月後の九月二六日、反松崎のリーダーともいえる前出の嶋田氏がついにメディアの前に姿を現し、松崎の組合私物化、革マル派に支配されたＪＲ東労組の実態を証言した。それは嶋田氏からの松崎に対する「最後通牒」ともいえる、衝撃的な内部告発だった。会見の冒頭、嶋田氏は松崎についてこう語った。

「あえて過去形で言わせていただくと、私にとって松崎明という人物は『偉大な指導者』でした。私が動労の本部役員時代はそれこそ、『雲の上の人』でした。

激動の国鉄改革を切り抜けてきたわけですから、やはり類稀《たぐいまれ》なる人心掌握術とリーダーシップを持った人物です。

しかし、（ＪＲ東労組に）『会長』職を作った時点で、彼の腐敗が始まったのです。つまり、彼は（組合に）院政を敷き始めたわけです。態度も傲慢になり、『ゴルフは平日に行くべきだよ』などと、平気で言うようになった。そしてそのころから、組合の私物化も始まるのです」

'06年9月に開かれた「JR東労組を良くする会」の記者会見。写真右から本間雄治氏、嶋田邦彦氏、阿部克幸氏

九五年にＪＲ東労組委員長を引退した松崎は同年、自らのために、委員長職の上に「会長」ポストを新設し、会長に就任。さらに〇一年に会長職を退くと、「顧問」に就いたのだ。

「ＪＲ東労組顧問だった〇二年七月、ついに彼は暴走しました。かつてJR東労組を分裂させようと画策した組合員を、会社が彼に内緒で昇格させたことを知って激怒。『松田出てこい！　大塚出てこい！』と喚《わめ》いた末に、『順法闘争だ！』と吼《ほ》えたのです」（嶋田氏）

この「松田」とは当時、JR東日本会長だった松田昌士氏。「大塚」とは当時の社長、大塚陸毅氏のことだ。

そして松崎の言う「順法闘争」とは、「規則順守」と称し、意図的に業務を停滞させるサボタージュの一種。運転士がノロノロ運転を繰り返し、列車運行を混乱させるなど、乗客への迷惑を〝人質〟に取ることによって、経営側に無理難題を突きつける行為である。

つまり松崎は、旧国鉄時代に、世論の猛反発を買った順法闘争を復活させ、「山手線をはじめとする首都圏のダイヤをズタズタにしてやる」と、JR東日本経営陣を恫喝したわけだ。

「この松崎の発言に対し、当時、（JR東労組）企画局長だった阿部氏（前出の阿部克幸氏）が『そんなことをすれば世論の猛反発を買い、JR東労組が壊れてしまう』と異を唱えました。彼の発言は至極真っ当なもので、私もそれに賛同した。

しかし、JR東労組内部で松崎の言うことに逆らうことは御法度。その直後から私たちはJR東労組内部で『組織破壊者』のレッテルを貼られ、罵詈雑言《ばりぞうごん》を浴びせられ、さまざまな虚偽の情報を流されました。

そしてこのままでは組合が分裂してしまうと考え、〇二年一〇月末に自ら辞任届を出したのです。

私が勤務していたJR東労組中央本部は、JR東日本本社ビルと隣接するJR新宿ビルの一三階にあります。その『一三階』から地上に降りて初めて、また自らが『組織破壊者』のレッテルを貼られて初めて、それまで『世界に冠たる』などと誇ってきたJR東労組の〝異常性〟に気づいたのです」（嶋田氏）

組合員が、他組合に所属する仲間と交流しただけで、「組織破壊者」のレッテルを貼り、集団で取り囲み、吊るし上げを行うJR東労組。私は『週刊現代』誌上での連載で、革マル派に支配されたJR東労組が、過去に行ってきた〝運転士狩り〟の実態を、実名告発を交えて報じた。

乗務中にプレッシャーをかけ、すれ違いざまにパッシング、挙げ句の果てには信号まで隠す——。実名告発で次々と明るみに出たJR東労組組合員による〝凶行〟は、乗客の命を脅かすもので、連載の中でも、特に大きな反響を呼んだ。

そして、そのJR東労組の〝異常性〟が公になったのが、警視庁公安部が摘発した「浦和電車区組合脱退・退職強要事件」（「浦和事件」）だ。同事件については前章で詳しく述べたが、浦和電車区の若手運転士Y氏（当時二七歳）が、他労組の組合員とキャンプに行っただけで、JR東労組は「組織破壊行為」と断定。Y氏を約六ヵ月にわたって吊るし上げ、組合を脱退させただけでなく、会社を退職するまでに追い込んだのだ。

警視庁公安部は〇二年一一月、強要の容疑で、革マル派幹部で「マングローブ」のメンバーである梁次邦夫・大宮地本副委員長ら七人を逮捕。七人はその後、全員起訴され、現在も公判中だ。前出の嶋田氏が続ける。

「現役時代は私も、他労組と激しく組合員の取り合いをしているなかで、JR東労組組合員が、他労組の組合員と交流すること自体、『組織破壊行為』だと信じて疑いませんでした。しかし、JR東労組を辞めて初めて、自分たちのやっていたことが世間では通用しないと知ったのです。

私がJR東労組に辞任届を提出したのは、〇二年の一〇月三一日のことですが、警視庁公安部が『浦和事件』を摘発したのが、その翌日の一一月一日。これは単なる偶然に過ぎないのですが、松崎は、私や、私と一緒に辞任届を提出したほかの幹部が、『警察と繋がっている』、『権力の手先だ』などと、何の根拠もなく喧伝しはじめたのです。

そもそも（逮捕・起訴された）七人が、Y氏を退職にまで追い込んだのは、松崎の〝指示〟があったからこそ。もっとも彼は巧妙ですから、直接的な指示は出しません。しかし、松崎から『積極攻撃型組織防衛論』を叩き込まれている〝松崎チルドレン〟は、彼の言葉を積極的に解釈し、それを忠実に実行する。

だから松崎は、わが身を守るために、七人の『冤罪』を必死で唱え続けているのです」

「積極攻撃型組織防衛論」とは、内部に敵を作り、その敵を徹底的に叩くことによって組織を強化し、外部の攻撃から組織を守るという理論だ。「行動の中核」に対し、「組織の革マル」といわれる、革マル派ならではのものである。

## 社長人事にまで口出しする

公安当局は今も松崎を「革マル派最高幹部」とみている。これについて嶋田氏はこう証言する。

「少なくとも私が現役時代、（松崎と）革マル派との関係はあったと思います。彼はなにかにつけ『革マル派』には優しかったですから。

もちろん私自身も一時期、『革マル派』といわれたこともあります。しかし、それは違います。私は現役時代に『革マル派』を批判するような文章を書いていたほどですから。ただ、その文章は松崎にはきわめて不評でした」

ハワイのコナ市、沖縄の今帰仁村や宮古島、そして群馬県嬬恋村《つまごい》……。松崎自身や鉄福が所有しているこれらの別荘についても、嶋田氏はこう証言した。

「これらの別荘のなかで、私が行ったことがあるのは嬬恋の別荘だけ。ハワイのコナ市はもちろんのこと、沖縄の別荘も、存在すら知りませんでした」

沖縄・今帰仁村の別荘の土地は〇〇年一月一五日、松崎の妻から鉄福が購入している。また宮古島の別荘は、鉄福が〇二年一〇月四日に新築している。ところが嶋田氏は〇一年六月から、JR東労組副委員長を辞任する〇二年一〇月三一日まで、鉄福の副理事長を務めていたのだ。

副理事長ですら知らない鉄福所有の別荘の存在。これこそ鉄福が、松崎の個人的な蓄財の〝隠れ蓑〟と断定し得る、決定的な証言といえよう。

「松崎が組合のおカネを好き勝手に使っていたのはもちろんですが、私は松崎の金庫番である佐藤（政雄）も、私的流用していたのではないかと推測しています。だから〇三年九月、警視庁に家宅捜索に入られた際、佐藤は失踪したのではないでしょうか。

また分割民営化後、旧動労の清算団体『さつき会』が持っていた不動産などの資産は、三〇億円ともいわれています。その資産はさつき会の解散後、鉄福に引き継がれるのですが、実際にいくらあったのか、そして何に使われたのか、正確な金額は松崎と佐藤にしかわからないのです」（嶋田氏）

そして、「もし、松崎が逮捕されたら？」との質問を受けた嶋田氏はこう語った。

「もし、松崎が逮捕されたら？　公式コメントとしては『偉大な指導者が、こんな事態になり、きわめて残念だ』などと言うのが、ふさわしいのでしょう。

しかし『悪いことをしたなら、捕まるのは仕方がない』というのが本音です。

組合員が、一生懸命積み立てたカネを勝手に使っているということが事実であるのなら、れっきとした犯罪なのですから。

ＪＲ東労組やＪＲ総連はいまだに（警視庁公安部の一連の捜査を）『小泉純一郎やブッシュを批判する松崎に対する政治的弾圧だ』などと言っていますが、もうそんな『松崎神話』とはオサラバしたほうがいい。

こんなことを言うと、現役当時の私を知っている人からすれば、『おまえだって数年前まで〝向こう側〟にいたくせに、そんな格好のいいこと言うな』という話ですが、そのとおりです。そこは真摯《しんし》に反省しなければならないと思っています。

松崎を『神格化』し、組織の私物化を許した最大の責任は、当然ながら、われわれJR東労組にあります。と同時に、一労働組合の幹部にすぎなかった男の権力をここまで〝肥大化〟させた原因は、JR東日本経営陣にもあるのです。

JR東日本経営陣は国鉄時代のトラウマや、JR発足後の労政（労働政策）の失敗などで、完全に松崎に敗北。人事への介入まで許してしまった。私の知る限りでも、松崎は社長の人事にまで介入しようとしていました。

大塚氏は二〇〇〇年六月に社長に就任するのですが、以前から大塚氏を嫌っていた松崎は、その直前まで、当時の社長だった松田氏に『大塚を社長にするな』と迫っていたのです。もっともそのときの松崎の画策は功を奏しませんでしたが……。

松崎という『妖怪』はいわばJR東日本、JR東労組が〝労使協調〟で作り出したものなのです」

かつての側近や腹心たちに次々と反旗を翻され、その〝罪状〟が明るみに出るJRの妖怪、松崎明。それでもまだ、なぜJR東日本経営陣は、この妖怪を守ろうとするのだろうか？

## 第4章　侵蝕の原点

### ダイヤをズタズタにしてやる

「俺は（JR東日本）東京支社なんてチンピラを問題にしていない。松田出てこい！　大塚出てこい！　俺に文句があるなら堂々と来い！」

二〇〇二年七月一〇日、箱根で催されたJR東労組の「本部役員慰労会」で、「鬼」と呼ばれた男はこう吼《ほ》えたという。そして〝鬼の咆哮〟はさらに、こう続く。

「東京地本（地方本部）の（七月）一四日の大会までに、JR本社の幹部が明確な方針を示さないかぎり、俺は東京地本大会でものごとをちゃんと言う。闘う方針を示しますよ。組織がぶっ壊されることを覚悟してやりますよ。（中略）

やくざみたいなものだよ。命なんかとっくの昔に捨てているから、いいじゃないの。かかってこいよ。（中略）なめんじゃないよ。労働者の魂はヒューマニズムなんだよ。階級として組織化された労働者の魂を、支配者が踏みにじろうとするんだったら、命をかけて闘おうじゃないか。だから、こんな状態でいったら、来年の株主総会グチャグチャにするからね。（中略）かかってこいよ。いくらでも受けてたつ。世界に冠たる労働組合なら。それをないがしろにするんだったら。東京支社？　そんなもんじゃないだろう。本社だろう。だから昨日、『大塚に言っておけ』というのはそういう意味だよ。（中略）世界に冠たる労働組合を足蹴にしたな、だったらかかってこいよ。そういう意味ですよ。

悪いけれども、組織がぶっ壊されても、一四日の東京地本大会では会社がそこまで回答を示さなければ俺は闘いを宣言するよ。顧問を下がったんだから、フリーだからね。その後どうするかは東京地本および本部の問題でしょう。でもたぶん俺は順法闘争・ストライキに決起せよと言ったら、俺は従ってくれると信じている。従ってくれなかったら、そこで俺は割腹自殺する」

この松崎明という男、よっぽど時代がかった科白《せりふ》が好きとみえる。ここで出てくる「松田」とは、当時、会長だった松田昌士氏（現JR東日本相談役・七一歳）、そして「大塚」とは当時社長だった大塚陸毅氏（現会長・六四歳）のことである。

そして松崎の言う「順法闘争」とは、列車運行などの業務を停滞させるサボタージュの一種だ。国鉄時代、公労法（公共企業体等労働関係法）でストライキを禁止されていた動労や国労は、この戦術を多用したが、利用者の猛烈な怒りを買い、乗客による暴動が発生したほどだ。

つまり松崎は、国鉄時代に世論の猛反発を買った順法闘争を復活させ、「山手線をはじめとする首都圏のダイヤをズタズタにしてやる」と、ＪＲ東日本経営陣を恫喝したわけである。しかしなぜ、松崎はこれほどまでの憎悪を松田、大塚両氏に燃やしたのか。元ＪＲ東労組幹部が、その理由をこう解説する。

「一九九五年にＪＲ東労組内部で、革マル派支配からの脱却をめざす旧鉄労（鉄道労働組合）系組合員による脱退、新労組結成の秘密会議が開かれたのですが、その動きが東労組と会社側に漏れ、鎮圧された事件があったのです。

そのときの旧鉄労系のメンバーに安達義男（仮名）という組合員がいたのですが、その安達氏は、九八年に管理職であるＪＲ東日本東京支社営業部課長代理に、そして〇二年には営業部担当課長に昇進する。ところが、松崎は過去、自分に反旗を翻そうとした安達氏が出世して管理職になっていることを知り、激怒したのです。

いうまでもなく管理職人事は経営側の専権事項で、本来ならば、組合や松崎にお伺いを立てる筋の話ではない。ところが、ＪＲ東日本はご存知のとおり、世間の常識が通用するカイシャではない。松崎は『会社が俺の知らないうちに人事を決めた。許さん』と喚き続け、それを受けて、ＪＲ東労組と会社がこの問題で揉めに揉めるのです」

このエピソード自体、ＪＲ東日本が日常的に、経営権の根幹を成す人事権に対して労組による介入を許していることを如実に示している。しかし、自分の意のままにならないJR東日本経営陣に対する怒りの余り、「順法闘争」や「ストライキ」まで持ち出した松崎に対し、さすがにJR東労組幹部の間からも異論が出たという。

「あの松崎の発言を聞いて、この人は何を血迷ったのだろうと思いました。『人事問題』を闘争課題にして、順法闘争で闘ったとすれば、それこそ世論の袋叩きにあってJR東労組という組織そのものがぶっ壊れてしまう。

それに『山手線を止める』と言っても当時、山手線に限れば、運転士の七割が平成採用。車掌に至っては八割です。旧動労の組合員が何人もいないところで、『順法だ！』なんて叫ばれても、できるわけがない。だから私はそう言ったんです」

こう語るのは当時、JR東労組の事実上のNo.4で、「企画局長」を務めていた阿部克幸氏(四九歳)だ。前章でも登場した阿部氏はかつて、松崎の側近の一人と呼ばれた大物幹部だった。「ただ……」と阿部氏が続ける。

「松崎の言う『順法闘争』は現実的には可能なんです。もちろんJR東労組という組織としては無理だとしても、ゴリゴリの活動家が数人いれば、十分、ダイヤを乱すことができる仕組みになってますから。

極端な話、松崎の特命を受けた活動家が防護無線を一回、発報してしまえばいいんですよ。それだけで山手線は全部止まりますから。回復するまで三分はかかる。そんな活動家が五人、順番に防護無線を発報していけば、その日の山手線のダイヤはズタズタになります。

実はJR東日本経営陣が最も恐れているのが、この松崎直轄の『順法闘争』なんです。だから会社は、松崎が吼えると大騒ぎするんです」

JR東労組に潜む、少数精鋭の革マル派系活動家による「順法闘争」。これが松崎の最大の武器なのだ。そしてこの〝最終兵器〟をチラつかせ、恫喝することによって、彼はJR東日本を支配してきたのである。だが、当然のことながら、この松崎に対する阿部氏の発言は、JR東労組の絶対権力者の逆鱗に触れた。

「その四日後に開かれた東京地本定期大会の懇親会で、松崎は『阿部の小僧っ子は順法闘争を否定しただって！　阿部の野郎許さねぇ』、『チンピラ阿部め！』と口汚く罵り、その場に居合わせた東京地本執行部の面々に『東京は順法闘争できるよな！』と問いかけたのです。それに対し、当時東京地本の委員長だった石川尚吾《いしかわしょうご》（現JR東労組委員長）は『でっ……できます』と答えたそうです」（前出・元JR東労組幹部）

## 国鉄改革最大の〝負の遺産〟

一連の松崎の言動は、彼が、一日一六〇〇万人が利用する「JR東日本（という公共交通機関）」を、「自分のもの」であるかのように勘違いしていることを、よく表している。しかしなぜ国鉄時代、一介の機関士にすぎなかった男は、ここまで〝肥大化〟したのだろうか。

第1章でJR東日本の実態を告発したJR東日本現役最高幹部のA氏は私にこう語ってい

た。

「労働組合の幹部にすぎなかった松崎の権力を、ここまで肥大化させた『犯人』は国鉄改革から今日に至るまでの一九年間にわたって、彼の持つ『革マル派』という暴力装置に怯え、自己保身に走り続けたＪＲ東日本の経営陣なのです。

松崎、そして革マル派によるＪＲ東日本支配は、国鉄改革の時点ですでにレールが敷かれていたのです。ＪＲ革マル派問題はいわば、国鉄改革の〝負の遺産〟なのです」

「戦後最大の改革」と賞賛され、今も政府の行財政改革のモデルケースとして取り上げられる国鉄改革。

この国鉄改革の〝最大の障害〟だった国労の力を殺《そ》ぎ、改革を加速させるため、当時、「改革三人組」と呼ばれた松田、葛西、井手の三氏ら「国鉄改革派」が当時から「革マル派の最高幹部」といわれてきた松崎率いる旧「動労」とも手を握ったことは第1章でも述べた。

一方、七〇年代後半まで国鉄当局と激しく対立していた松崎も、国鉄改革派の攻勢に「分割民営化は不可避」と判断。「組織防衛」のため、それまでの方針を百八十度転換し、分割民営化賛成に回ったのだ。

## 「松崎のコペ転」

分割民営化前年の八六年七月九日、京都市の「京都国際ホテル」で開かれた鉄労の全国大会。

いわば「敵地」に、単身乗り込んだ松崎は、約六〇〇人の鉄労組合員らの刺すような視線を浴びていた。肩書こそ「来賓」であるものの、彼らが決して自分を歓迎していないことは、松崎自身がいちばんわかっていた。だが、松崎は自ら、「国鉄を悪くした元凶の一人」と認め、自らが率いる組合員がそれまで、鉄労組合員や、鉄労出身の管理職に対して行ってきた数々の暴行、傷害行為について謝罪したうえで、こう語り始めたのだ。

「私らの理念は階級闘争でありました。そして、現実をいかに改革するか、組合員・家族の利益をいかに守るか、この切実な問題よりも、ある意味でイデオロギーを先行させて精一杯闘ってきた歴史を持っております。（中略）

しかし、今、必要な国鉄改革とは、そこに働く労働者とその家族の利益が完全に保証されるものでなければならないのだと、そう思うのであります。その意味で、鉄労の皆さん方が選択してきたこれまでの道筋に則って、私たちはその経験に学びながら一生懸命がんばりたい、そう思っているわけであります」

ここで、会場の鉄労組合員から「『鉄労解体』はどうした！」のヤジが飛ぶ。しかし、動労委員長だった松崎はさらに声を張り上げ、こう続けたのだ。

「もちろん、昨年の大会において『鉄労解体』の方針を掲げてきた私たちは、この大会（同日、箱根で開催中だった動労全国大会）において、鉄労と共に歩もうという方針を掲げているのであります。

皆さん！　もうここまで来た以上、退路はないのであります。松崎は嘘っぱち言っているんじゃねぇかとか、（革マル派をやめたのは）偽装じゃねぇかとか、いろいろ言われます。それは私の人格の然らしむるところでありまして、誰も恨む必要もありませんし、真っ裸で堂々と進んでいきます。皆さん方、これまでいろいろ数々の失礼を、重ねてお許しをいただきたいと思います。動労といたしまして、皆さんと兄弟的な関係をしっかりと結び合ってがんばりぬいていきたいと思います……」

「革マル派」と縁を切り、分割民営化に協力する――これが、松崎が自らこれまでの方針を「百八十度転換」したことを内外に示した「松崎のコペルニクス的転回」と呼ばれる演説内容だ。当時を知る国鉄関係者によると、この松崎の演説の途中から、会場の鉄労組合員による盛大な拍手で、演説が聞き取りにくいほどだったという。つまり、彼はその演説で聴衆の心を摑むことに成功したわけだ。そして現在もこの演説は、旧国鉄、ＪＲ関係者の間で「松崎のコペ転」として伝えられている。

しかし公安当局によると、この「松崎のコペ転」は、決して彼一人の判断でなされたものではなく、その背後には革マル派の遠大な戦略があったというのだ。

「これまで当局が、革マル派の拠点『解放社』（本社は東京都新宿区早稲田。このほかに支社が全国に六社）ならびに非公然アジトを捜索した結果、この『松崎のコペ転』は松崎や動労だけで決定したものではなく、革マル派の党本部の決定だったことが判明しているのです。

革マル派は民営化三年前の八四年ごろ、松崎のほか、党幹部、弁護士も交えた協議の結果、分割民営化は不可避と判断。それを前提に『組織温存・拡大戦略』と『革命戦略』を練り直した。その結果、分割民営化に賛成する方針が決定し、それが『コペ転』に繋がるのです。

さらに恐るべきことに、当局による国労（国鉄労働組合）潰しはもちろん、国労を母体にした総評（日本労働組合総評議会）解体も織り込み済みでした。革マル派は、国鉄分割民営化後のＪＲ各組合を足がかりにして、松崎が日本の労働運動の頂点に立つ青写真まで描いていたのです」（公安当局関係者）

労働組合など既成組織への〝潜り込み〟、それらの組織や運動の〝乗り越え〟、さらにはその組織内部からの〝食い破り〟――。これら一連の革マル派の基本戦略は、「加入戦術」で有名なトロツキズムの影響を色濃く受けたものだといわれている。

そしてこの同派の基本戦略が少なくともＪＲ東日本において、成功を収めていることは、本書を読めば理解していただけるだろう。

前述の「松崎のコペ転」から九日後の七月一八日、分割民営化賛成に転じた動労は、いち早く賛成表明していた鉄労など三労組とともに「改革協」（国鉄改革推進労働組合協議会）を結成。さらには社会党支持を撤回し、総評からの脱退に踏み切った。

八七年二月、「改革協」の四労組は、分割民営化を二ヵ月後に控え、新たに「鉄道労連」（全日本鉄道労働組合総連合会、「ＪＲ総連」の前身）を結成。松崎はその後、この鉄道労連の下部組織である「東鉄労」（東日本旅客鉄道労働組合連合会、ＪＲ東労組の前身）の委員長に就任する。

ＪＲ東日本の最大労組を手中に収め、ひいてはＪＲ各社を支配下に置き、日本の労働運動の頂点に立つ——革マル派の遠大な戦略のスタートだった。

そして八七年四月、ＪＲが発足した。ところがその三ヵ月後の七月、動労と「和解」したはずの鉄労が、突如として鉄道労連からの脱退を表明したのだ。分割民営化を機に、松崎率いる動労と手を握り、ともに鉄道労連を作った鉄労はなぜ、脱退に動いたのか。旧鉄労幹部が語る。

「そもそもわれわれ鉄労と、彼ら動労とは水と油のようなものなのです。思想・信条の違いもさることながら、さまざまな職種の人たちが加入しているいわば『デパート組合』だったわれわれと、エリート意識の高い機関士の職能組合的な性格をもつ彼らとは、組織の性格がまったく違う。

たしかに『一枚岩の結束力』という点では、とても彼らに太刀打ちできませんが、その結束力は、ＪＲ東労組となった今でも、独裁的な組織運営と秘密主義に支えられている。とても民主的な議論や、組合運営を望める相手じゃないんです。

まず第一に彼らは、民主主義の大切な手続きである『選挙』を嫌うんです。『選挙を行うことは不信感の表れ』だというのです。また議事の進行、採決についても、予定された発言者が、与えられた役割を忠実に果たし、発言者は皆、判で押したような同じ内容の発言しかしない。議長は、ほかの人間が挙手しても、あらかじめ定められた発言者にしか、発言の機会を与えない。彼らの独善的な組織運営の例は、枚挙に暇がありません。

しかし、鉄労が当時、鉄道労連を脱退しようと決意した最大の理由は、『革マル派問題』

です。松崎のコペ転以降も、鉄労内部では『松崎は本当に転向したのか』、『動労は本当に革マル派と手を切ったのか』という疑惑が燻《くすぶ》っていました。その疑惑が分割民営化前後に、相次いで発生した内ゲバで、一気に噴出したのです」

## 相次ぐ内ゲバ事件

兵庫県伊丹市の「国鉄北伊丹アパート」——。

そのC棟二階の一室から、窓ガラスが割れる音に続き、闇を切り裂くような女性の悲鳴がアパートじゅうに響き渡ったのは、八六年九月一日未明のことだった。

突然の出来事に、寝巻き姿で飛び出した近所の住民は、ヘルメットにガスマスクという異様な姿をした四、五人の男たちが、白い車に乗って逃げていくのを呆然と見送るだけだった。

この部屋の住人は国鉄大阪保線区員、前田正明氏（当時三七歳）。男たちはアパート二階のベランダにアルミ製ハシゴをかけ、前田氏宅の台所の窓ガラスを叩き割って侵入。寝ていた前田夫妻を鉄パイプで滅多打ちにし、前田氏は約二時間後に脳挫傷で死亡。妻も全治一ヵ月の重傷を負った。男たちは二人に鉄パイプを振り下ろす前、妻に手錠をかけるなどの念の入れようで、夫妻の住む国鉄アパート周囲の電話線はすべて、切断されていたという。

前述の松崎の「コペ転」から、わずか二ヵ月後のことだった。

その年の四月、分割民営化反対の姿勢を崩さなかった国労から、約三〇〇人の組合員が全国各地で脱退し、新組合「真国労」（真国鉄労働組合）を結成。前田氏は、その真国労の大阪地本書記長だった。

さらにこの日は未明から早朝にかけて、大阪や埼玉など他府県の五ヵ所でも、真国労や動労組合員宅に鉄パイプで武装した複数の男たちが押し入り、襲撃。これら計六件の被害者は、死者一人、負傷者八人にのぼった。

そして同日、革マル派と対立する「中核派」は次のような犯行声明を出した。

〈わが革命軍は、本九月一日、午前一時三八分、埼玉、午前四時、大阪、兵庫の三府県、計六ヶ所で一斉に決起し、満身の激怒をもって、中曽根の国鉄分割・民営化攻撃の反革命先兵、松崎明を頭目とするカクマルに対して、正義の鉄槌を打ち降ろし、計11名をせん滅し、多数の重要文書を奪取した。

せん滅したカクマル分子は、左の通りである

前田正明（カクマル真国労大阪地本書記長、完全せん滅）……〉

これら一連の襲撃事件について、警察当局も「中核派の計画的犯行」と断定。新聞各紙は「同時多発の内ゲバ事件」と報じた。

「革マル派は以前から、動労だけでなく、国労にも潜り込んでいた。それら『国労革マル派』が、国鉄改革絶対反対を掲げていた国労との〝心中〟を避けるため、分割民営化直前に国労を脱退し、結成したのが真国労でした。

真国労はその後、改革協にも加わるのですが、中核派は彼らが革マル派だったからこそ、ターゲットにしたのです」（旧国鉄関係者）

さらに鉄道労連が結成された八七年二月、今度は当時の「動労中央本部副委員長」が、ヘルメット姿の六人組に鉄パイプなどで滅多打ちにされ、両手両足を砕かれ、瀕死の重傷を負うのだ。

この「動労中央本部副委員長」とはほかでもない。後にＪＲ総連関連の福利厚生団体「日本鉄道福祉事業協会」（『鉄福』）の理事長を長きにわたって務め、前章でも登場した「松崎の金庫番」、佐藤政雄のことである。

そしてこの佐藤襲撃事件以降も次のように、対立セクトによる、革マル派とみなされた旧動労関係者の襲撃が相次いだのだ。

八七年五月一八日、東鉄労拝島運転区支部委員長・細田智氏が、中核派に襲撃され重傷▽同年八月二九日、東鉄労千葉支部副支部長・嶋田誠氏が、中核派に襲撃され重傷▽同年一〇月三〇日、東鉄労組合員・荒川一夫氏が、革労協に襲撃され三年後に死亡▽八八年三月三日、東鉄労高崎地本委員長・松下勝氏が、中核派に襲撃され死亡▽八九年二月八日、東鉄労水戸地本組織部長・加瀬勝弘氏が、中核派に襲撃され死亡▽同年一二月二日、ＪＲ総連総務部長・田中豊徳氏が、革労協に襲撃され死亡▽九一年五月一日、ＪＲ東労組水戸地本組織部長・湯原正宣氏が、中核派に襲撃され四年後に死亡▽九三年八月二七日、「ＪＲ貨物労組」（日本貨物鉄道労働組合）役員・中村辰夫氏が革労協に襲撃され死亡――。

## 国鉄およびJR関係者・内ゲバ被害者リスト

<table>
<tr><th>日付</th><th>被害者</th><th>役職（当時）</th><th>犯行声明</th></tr>
<tr><td>80年9月22日</td><td>小谷昌幸（重傷）</td><td>動労中央本部教宣部長</td><td>革労協</td></tr>
<tr><td>85年11月11日</td><td>高橋由美子（重傷）</td><td>動労中央本部書記</td><td rowspan="2">中核派</td></tr>
<tr><td>86年9月1日</td><td>前田正明（死亡）</td><td>真国労大阪地本書記長</td></tr>
<tr><td>9月1日</td><td>佐藤 司（重傷）</td><td>真国労東京地本書記長</td><td>中核派（？）</td></tr>
<tr><td>87年2月23日</td><td>佐藤政雄（重傷）</td><td>動労中央本部副委員長</td><td rowspan="3">中核派</td></tr>
<tr><td>5月18日</td><td>細田 智（重傷）</td><td>東鉄労（現JR東労組）拝島運転区支部委員長</td></tr>
<tr><td>8月29日</td><td>嶋田 誠（重傷）</td><td>東鉄労（現JR東労組）千葉支部副支部長</td></tr>
<tr><td>10月30日</td><td>荒川一夫（死亡）</td><td>東鉄労（現JR東労組）田端分会組合員</td><td>革労協</td></tr>
<tr><td>88年3月3日</td><td>松下 勝（死亡）</td><td>東鉄労（現JR東労組）高崎地本委員長</td><td rowspan="2">中核派</td></tr>
<tr><td>89年2月8日</td><td>加瀬勝弘（死亡）</td><td>東鉄労（現JR東労組）水戸地本組織部長</td></tr>
<tr><td>12月2日</td><td>田中豊徳（死亡）</td><td>JR総連総務部長</td><td>革労協</td></tr>
<tr><td>91年5月1日</td><td>湯原正宣（死亡）</td><td>JR東労組水戸地本組織部長</td><td>中核派</td></tr>
<tr><td>93年8月27日</td><td>中村辰夫（死亡）</td><td>JR貨物労組役員</td><td>革労協</td></tr>
<tr><td>95年11月28日</td><td>一石祐三（重傷）</td><td>JR東労組情宣部長</td><td>中核派</td></tr>
</table>

ＪＲ発足前後の八六年から九三年の八年間だけをみても、じつに七人が内ゲバで死亡しているのである。

「その内ゲバの被害者のなかでも、東鉄労高崎地本の委員長を務めていた松下氏は、当時から『松崎の懐刀』と言われ、松崎も弟のように可愛がっていた人物でした。松崎に似て親分肌で、茶目っ気もあった松下氏の、オルガナイザーとしての能力や統率力は、当時の動労幹部のなかでも群を抜いており、ゆくゆくは『松崎の後継者』になるといわれていました。

それだけに松下氏を失ったときの松崎の悲しみは大きく、訃報を聞いて松下氏の自宅に駆けつけた松崎は、人目も憚《はばか》らず、それこそ獣のように、慟哭《どうこく》していました。あんな彼の姿を見たのは後にも先にもあのときだけでした」（ＪＲ東日本高崎支社関係者）

## 内ゲバが生んだ「権力謀略論」

ところが、である。松崎は、その愛弟子だった松下氏の葬儀で、なんとも奇妙な弔辞を述べるのだ。

〈絶対に逮捕されることのない余裕を持った虐殺者たちを、おれは「何者か」と呼ぶ。「何者か」による虐殺をおれたちは許さない……〉（松下氏の葬儀での松崎の弔辞の一節）

松下氏殺害事件では、犯行の翌日、中核派が犯行声明を出している。にもかかわらず、松崎はなぜそれを「何者か」と呼ぶのだろう。

「コペ転以降、革マル派との関係を否定し続けている松崎やJR東労組、JR総連にとって、自らの組合員が、革マル派の対立セクトに殺害された事実を認めるわけにはいかない。だから『絶対に逮捕されることのない何者か』という『権力の謀略論』を展開しはじめたのです」（公安当局関係者）

そして、JR東労組、JR総連以外にまったく同じような「権力謀略論」を好んで展開する団体がある。ほかでもない、松崎が「最高幹部」に就いている革マル派である。

「革マル派は七〇年代前半まで、中核派や革労協などと内ゲバを繰り返していました。ところが七四年四月ごろ、革マル派は、自分たちが壊滅的な打撃を加えたことによって、中核派や革労協など対立セクトには、もはや自分たちを襲撃するための戦力も意思もないと判断。一方的に『勝利宣言』を出したのです。

だが、一方的に革マル派から『勝利宣言』を出されても、中核派などの対立セクトは当然のことながら猛反撃し、革マル派の犠牲者は増える。

しかし革マル派からすれば『勝った』はずのわれわれが、『負けた』はずの対立セクトにやられるわけがない。そこで『勝利宣言』後の内ゲバについて、『戦闘能力のない輩（中核派などの対立セクト）の仕業であるわけがない』、だから『絶対に捕まることのない何者か』、つまりは『国家権力の犯行だ』と、超現実的な権力謀略論を展開していくのです。

たとえ『絶対に捕まることのない何者か』が警察に逮捕されても、革マル派は『その男は

警察のスパイだ』と強弁するのです」（前出・公安当局関係者）

そして内ゲバが沈静化した九〇年代に入ってもなお、革マル派は、この超現実的な権力謀略論を唱え続ける。さらにはこの荒唐無稽な論理を、社会的反響の大きい事件にも当てはめ、展開し始めたのだ。例えば九五年のオウム真理教による「地下鉄サリン事件」や、九七年に神戸で発生した「連続児童殺傷事件」でも、革マル派は「国家権力の謀略」、「ＣＩＡの陰謀だ」と主張したのである。

内ゲバ事件から生まれた荒唐無稽な権力謀略論……。しかし驚くべきことにＪＲ東労組はいまだに、前述の内ゲバ事件の死亡者を〝殉職者〟として奉っているのだ。

〇六年版のＪＲ東労組の組合員手帳。その日付の下にはそれぞれこう印刷されている。〈2月10日「加瀬勝弘氏を偲ぶ日」、2月12日「荒川一夫氏を偲ぶ日」、3月3日「松下勝氏を偲ぶ日」、5月28日「湯原正宣氏を偲ぶ日」、12月2日「田中豊徳氏を偲ぶ日」……〉

さらに驚くべきことにＪＲ東日本の経営側は過去、内ゲバで死亡した革マル派活動家の葬儀を、組合と合同で行っていたのだ。

「松下氏の葬儀には、ＪＲ東日本の経営幹部と東鉄労幹部が発起人となって、ＪＲ各社から弔慰金を募りました。また（八八年）三月六日に渋川市で行われた葬儀には、山之内秀一郎副社長（当時）らＪＲ東日本経営幹部が多数参列しました。

そして四月一〇日に高崎市中央体育館で行われた、ＪＲ東日本高崎支社と東鉄労との合同葬儀には、住田正二社長（当時。現ＪＲ東日本相談役）自らが弔辞を読み上げるなど、異例の

手厚い扱いがなされたのです」（ＪＲ東日本ＯＢ）

内ゲバの死亡者を「絶対に逮捕されることのない何者か」に殺されたと主張して憚らない松崎と、それに追従し、合同葬儀まで開くＪＲ東日本の経営陣。この異常な労使関係を作った〝元凶〟の一人が、前出の「改革三人組」の一人、松田昌士氏である。だが、その松田氏も、ＪＲ発足当初は松崎、そして革マル派排除に動いていたというのだ。

「もちろん、『改革三人組』は松崎が革マルの最高幹部であることは百も承知だったが、国鉄改革を推進する戦略上、取り込まざるを得なかった。しかし改革が成功を収めれば、これほど危険な存在はない。そして三人組のなかで真っ先に、革マル派切りに動いたのが、ＪＲ東日本の労務を担当していた松田氏だったのです」（ＪＲ東日本関係者）

## 松田氏の屈服

私の手元に一通の「手紙」がある。この手紙は、こんな衝撃的な「結論」から始まる。

〈結論から申し上げますと、ＪＲ東日本会社の労働組合が、世上、革マル派最高幹部と言われ、少なくとも本人もそうであった事を認めている、松崎明率いる旧動労に執行部を完全に抑えられている。会社側の労務担当責任者の筆頭である松田副社長（九三年四月当時）は、全面的に松崎の言いなりになっているということなのです。

その結果として、この体制を放置すれば、ＪＲ東日本は極左全体主義労働組合に、会社の経営を牛耳られることになり、革マル派の資金ならびに人材供給の温床になってしまうことが目に見えているということです。

労使で必死になって表面をつくろってはいますが、一皮むいたJR東日本労使関係の実態は、国鉄の悪名高い労使関係すらも色褪せて見えるほどのものであり、しかもそれは単に労使問題の域にとどまらず、治安問題の様相を見せていることをご認識いただきたいと存じます……〉

筆者は、JR発足直前、前出の「鉄道労連」（JR総連の前身）委員長に就任し、鉄労組合長も務めていた故・志摩好達《しまよしたつ》氏。そしてこの手紙は、その後もJR東日本の将来を憂い続けていた志摩氏が九三年四月ごろ、複数の政府関係者宛に出したものだ。

JR発足から三ヵ月後の八七年七月、動労の独善的な組織運営や相次ぐ内ゲバ事件の発生を受け、鉄労が鉄道労連からの脱退を表明したことは前述した。しかしその脱退表明からわずか二週間後、鉄労は白紙撤回を余儀なくされたのだった。

この「脱退騒動」の責任を取って、当時の鉄労組合長だった志摩好達氏ら鉄労系役員九人は、鉄道労連を辞任。志摩氏は労働界からも去るのだが、この志摩氏の背後で、「鉄道労連脱退劇」を画策していたのが、松田氏だったのだ。

私は昨夏、関西で引退生活を送っていた志摩氏にインタビューを申し込んだが、入院中のため、会うことができなかった。その後も彼の回復を祈念していたのだが、○六年九月、残念なことに七三歳で亡くなられた。このため志摩氏に対する取材は叶わなかった。しかし志摩氏からこの手紙を受け取った政府関係者と遺族の了解が得られたので、その内容を公表しよう。

というのも、この手紙には、前述の松田氏が画策した「脱退騒動」の舞台裏が生々しく綴られているからである。手紙はこう続く（カッコ内は筆者注）。

〈JR東日本の松田副社長は「松崎は革マルだ。（旧国鉄）職員局は動労革マルを甘やかして、けしからん」ということを言い続けていました。（中略）

松田副社長とはほとんど毎日のように会って話をしていましたが、話題は、松崎は革マルだということと、旧職員局の悪口でした。

組合（鉄労のこと）を解散しないで（動労との）「緩やか連合」でもう一年いけないかとも思いましたが、結局、時の勢いはとても止められないと知り、それでは解散はするが、松崎グループを排除し、国労の穏健主流派である鉄産労（鉄道産業労働組合）と組むことを思い立ったわけです。松田副社長に話すと直ちに賛成してくれました〉

そして志摩氏は、鉄道労連からの脱退を決意し、具体的な行動に移すのだが、松田氏は自ら、志摩氏に対し、経営側から〝バックアップ〟することを申し出る。しかしこの松田氏の申し出を、志摩氏は断ったのだ。手紙では、そのときの二人のやりとりも再現されている。

〈いよいよ行動を起す決心をし、その打ち合わせのために松田副社長と会ったのは（八七年）6月27日土曜日、浅草のビューホテルでした。9時過ぎ頃から始めて3時間位だったと思います。

松田副社長が「俺は志摩ちゃんの味方だ。何をやればいいんだ。何でもするよ」「会議を開いて俺から言っておく」というので「おまえは経営者だから黙っていろ。会議では『労労問題が起こっても手を出すな』ということだけ言っておいてくれ。あとは何もしなくて良い」と言いました。

「そこまで志摩ちゃんが言うのなら俺が段取りするから社長（住田正二氏。当時）に会ってくれ。その方が俺はやりやすい」と言うので「会わない。お前はもう何もするな」といって別れました〉

だが前述のとおり、志摩氏の鉄道労連脱退計画は頓挫する。ところが、この計画が失敗したと見るや否や松田氏は、志摩氏のもとから遁走するのだ。

〈7月1日の夕方、鉄労が「鉄道労連」から脱退し、鉄産労を含めた非動労グループの大同団結を目指すというニュースがテレビに出てしまいました。

それをたまたま目にした政府筋がスタートしたばかりのJRで、労働組合が再分裂ということにでもなれば、行革の成果に傷がつくということで直ちに、JR東日本にストップの指示が入ったということです。

ここでJR東日本のトップ、特に松田副社長の態度は豹変するわけです。もともとJR西と東海は分裂に反対でしたし、東の松田副社長が態度を変えたとなれば、旧鉄労の（勢力の強い）仙台や新潟まで、経営側の圧力で切り崩されることになり、私達の計画は挫折しました。

そして私は責任を取って、潔くやめようと決心致しました。松田副社長からは一言の挨拶もありませんでした……〉

つまり松田氏は、松崎、そして松崎を頂点とするＪＲ革マル派排除に向けて、志摩氏をけしかけた末、形勢不利と見るや、ハシゴを外したわけである。

志摩氏ら鉄労系役員の辞任後、鉄労、動労など四労組は当初の予定どおり解散し、八月末には組織の完全統一を宣言した。しかし、この〝幻の分裂劇〟を機に、旧鉄労系役員の発言力が急速に弱まる一方で、松崎率いる旧動労系役員の発言力がよりいっそう強まり、現在の「革マル派によるＪＲ東労組支配、ＪＲ総連」の構図が確立していったのである。

「松田さんが志摩さんの背後で、ＪＲ東日本からの革マル派排除に動いていたことを知った松崎は激怒しました。しかし不思議なことに、松崎はその後、松田さんの責任を追及しようとはしなかったのです。おそらく松崎は、松田さんに大きな〝貸し〟を作ることによって、松田さんを屈服させようとしたのでしょう。

しかし松田さんが、ＪＲ東日本に巣食う革マル派に完全に屈服し、果ては癒着するに至った理由は、これだけではないのです。実は、この〝幻の分裂劇〟以降、松田さんの周辺で奇怪な事件が相次ぎ、彼は正体不明の『何者か』の影に怯えるようになっていったのです」

こう語るのは、松田氏をよく知るＪＲ東日本関係者だ。

本書の第1章でも紹介したが、ＪＲ東日本最高幹部のＡ氏は、私にこう証言したことがある。

「あるJR東日本取締役宅のプロパンガスのボンベの周りに、ある日、大量のマッチがばらまかれていました。また、同じ人物のお孫さんが赤ちゃんだったころ、何者かにさらわれ、近くの交通量の多い幹線道路の中央分離帯に置き去りにされていたこともありました……」

前出のJR東日本関係者が続ける。

「実はA氏の言う『あるJR東日本取締役』とは、松田さんのことなのです。松田さんは現在、娘さん夫婦とお孫さんと都内で暮らしているのですが、四年前までさいたま市内の一戸建てに住んでいました。ところが、その自宅のプロパンガスのボンベの周りや玄関先に、大量のマッチがばらまかれるという事件があったそうです。ちょうど松田さんが常務取締役（八七〜九〇年）として、JR東日本の労政（労務政策）、つまりは組合対策を担当していたころの話です。

また、松田さんのお孫さんが赤ちゃんだったころに、何者かに連れ去られて幹線道路の中央分離帯に置き去りにされたのも、同じ時期の話だと聞いています。しかも連れ去られたことは一回だけではなく、何回もあったそうです。かわいそうなことに、お孫さんはその時のショックが大きくて、成長した後も精神的に不安定な状態が続いたようです。当然のことながら、松田さんの娘さん夫婦は、子供が連れ去られるたびに地元の警察に届け、警察も警備を強化したのですが、結局、犯人は分かりませんでした。

しかし松田さんは、これらの犯行を『革マル派の仕業』と思い込み、彼らに対する恐怖をますます募らせていったのです。そしてこの頃から松田さんは自ら、松崎やJR東労組に擦り寄っていったのです」

松田氏が、松崎に屈服し、JR東労組と癒着し、『JR東労組（組合員）ニアラザレバ、人（社員）ニアラズ』という異常な労使関係を作り上げてしまった最大の原因……。それは不気味な事件によって、松田氏が抱いた、革マル派に対する、えもいわれぬ〝恐怖〟だったのか。少くとも民営化以降、松崎によるJR東日本支配は、揺るぎないものになるのである。

## 松崎の「転向キャンペーン」

〈松崎　これまでも申し上げてきたように、以前（筆者注：革マル派と）関係があったが、今は全くない、ということです。

――いつごろその関係は切れたんですか。

松崎　動労が貨物安定化宣言を出した（昭和）五十三年十月以前にもう切れてますよ。誤解する人は何回いっても誤解するし、それでもいいが、そうではないということが、私と行動を共にしてくれれば、わかってもらえるはずですよ〉（『サンデー毎日』八六年八月一七日号）

前出の松崎の「コペ転」を偽装ではないかと疑っていたのは、前出の志摩氏や松田氏らJR関係者だけではなかった。いや、当時の政府、治安当局関係者のほとんどが疑っていたと言っていい。

このため松崎は「コペ転」以降、前述のように積極的にマスコミに登場。「転向宣言」をたびたび行い、〝偽装転向疑惑〟の払拭にこれ、努めるのである。

これらの松崎の「転向宣言」がすべてウソだったことは九六年、革マル派非公然アジトのひとつ、「綾瀬アジト」の摘発で押収された資料から明らかになったことは第1章で述べたとおりだ。しかし、この「転向宣言」と同時に、松崎は政界や財界、そしてマスコミに次々と〝シンパ〟を増やし、さらには故・金丸信《かねまるしん》（一九九六年没。元自民党副総裁）ら、彼からすれば「天敵」ともいえる自民党の大物らに食い込んでいくのだ。

一介の旧国鉄職員にすぎなかった松崎が、今や「日本労働運動史上に名を残す運動家の一人」と称されるまでになりえたのには、陰に陽に革マル派という組織の〝支援〟があったからだろう。

しかし私は、彼の今の〝成功〟は、とても「極左暴力集団の最高幹部」とは思えない、人の心を摑む、天性のキャラクターによるところも大きいと思うのだ。

彼が食い込んだ大物の一人に、故・秦野章《はたのあきら》元法相がいる。

秦野氏は警視総監を退官したあと政界入りし、参議院議員を二期務めた後、八六年に引退。その後もテレビ番組などに出演し、歯に衣着せぬ物言いで「ご意見番」として知られていた。

その秦野氏がホストを務める日本テレビの対談番組に、松崎がゲストとして出演したのは八七年二月のことだった。番組内で松崎は秦野氏相手にこう語っている。

〈本来（列車を）走らせるのが本職なんですから、止めるのが仕事であってはいけない。（中略）スト・順法はやりませんと宣言しましたら、あいつは変節漢だ、堕落している、走狗になったと、国労の皆さんや共産党からね、さんざんたたかれましたよ……〉

この対談番組出演後も、松崎と秦野氏との〝親交〟はしばらく続いたようだ。当時の秦野氏と松崎の親交ぶりを、秦野氏の元側近の警察ＯＢが振り返る。

「松崎が、秦野先生の対談番組に出演した以降のことだったか、ＪＲ東日本が一時期、秦野先生の番組のスポンサーになってくれたことがあった。

その『お礼に』と、私が赤坂の料亭で、秦野先生と、松田（昌士）副社長（当時）との席を設けたのだが、その席に松田副社長が連れてきたのが松崎だった。

私はもちろん警察出身だから、松崎が革マルの頭目ということは知っていたし、警戒もしていた。しかし松崎という男はなかなか愛嬌のある奴でね。松田氏なんかよりずっと座持ちもよく、相手を飽きさせない。

そのうち調子に乗って、秦野先生を『オヤジ、オヤジ』と呼び始めたものだから、さすがに頭にきてね。先生が席を外した隙に、松崎を呼んで『てめえ、勘違いすんじゃねぇぞ』って注意したことがあった。『すみません』って謝っていたよ（笑）。

それから後も、松崎とは銀座で何回か飲んだ。そのたびに彼は、子分の組合幹部を引き連れてきてね。ハイヤーで銀座に乗りつけてきていた。その姿を見て『なんだ、革マルの頭目といったって、ただの〝労働貴族〟じゃねぇか』って思ったね」

松崎の人となりが垣間見えるエピソードだが、このころすでに松田氏は、松崎の転向キャンペーンの片棒を担ぐまでに、落ちぶれていたのである。

## パージされた〝良識派〟

しかし松田氏が、松崎に完全屈服した後も、当時のJR東日本にはまだ〝良識派幹部〟がいたという。ここで紹介する二人は、JR東日本で松田―松崎路線に異を唱えた幹部だが、二人とも失意のうちに故人となった。その一人が、JR東日本発足当時、「松田氏の片腕」といわれた初代勤労課長の故・野宮一樹《のみやかずき》氏だ。勤労課とはまさに組合と相対するセクションである。

「野宮さんは、松田さんが『鉄労脱退工作』に失敗した後も、松田さんが近いうちに松崎、革マル派排除に動いてくれるものと信じていました。仙台支社の総務部長に就任した九〇年、側近の部下たちを鄙《ひな》びた温泉旅館に呼び出し、『山は必ず動く。覚悟はいいな』と檄を飛ばしていたほどです。しかし、九一年のあの松田さんの挨拶を聞いて、野宮さんは心底落胆。『これで、この会社ももう終わりだ……』と漏らしていました。そして心労がたたってその四年後、失意のなかで病死されたのです」（野宮氏の元部下）

「あの挨拶」とは、九一年九月、当時、副社長だった松田氏が、山形県にある「天童ホテル」で開かれたJR東労組「ユニオンスクール」で、松崎をはじめとするJR東労組幹部を前にしたスピーチのことだ。松田氏はここで、JR東海やJR西日本の労務政策を批判したうえで、こう発言するのだ。

「我々は『経営協議会』で、会社の基本的な政策をパートナーである皆さんと議論し合意に達したあと、労働条件を団体交渉で決める。山形新幹線であろうと、やるかやらないかということから、投資問題に至るまで、議論させていただいている。（中略）そうであれば、松崎委員長と私だけじゃなくて、皆さん方と会社全員が、経営陣がもっと癒着していいはずであります」（傍点は筆者）

「経営協議会」とは、設備投資などさまざまな事業について、経営側と組合幹部が話し合う労使会議のことで、「JR東日本労使の癒着の温床」（JR関係者）といわれている。

前述の故・野宮氏以外にもう一人、経営側としての〝筋〟を通し続けた人物がいる。JR東日本初代人事課長だった故・内田重行氏である。

松田昌士・JR東日本相談役

「内田さんは旧国鉄時代、『総裁候補』の一人に数えられたキャリア組のエースでした。ところが、JR発足直後の八七年、当時、常務だった松田さんが『全社総務部長会議』に松崎を呼ぼうとしたのです。

全社総務部長会議といえば、JR東日本の労務政策を決める非常に重要な会議で、組合の委員長が出席する筋のものではない。よって内田さんは松崎の出席に頑として反対した。

このため当然、会議に参加するつもりで来た松崎は結局、会議終了後の懇親会だけの参加になったのです」（JR東日本関係者）

内田氏に完全にメンツを潰された松崎は、その〝素顔〟を覗かせる。

「松崎はその後、『内田の小僧っ子野郎め！　絶対許さん！』と激怒。松崎の逆鱗に触れた内田さんは一年足らずで人事課長から外され、その後は関連会社をたらい回しにされたのです」（前出・JR東日本関係者）

## 仙台で開かれた「極秘会議」

また現在のJR東日本経営陣の最高幹部である大塚陸毅会長（六四歳）や、清野智社長（五九歳）も、JR東日本発足当初は、松崎によるJR東日本の経営権への介入に強い危機感を覚えていた。野宮氏の元部下が証言する。

「九〇年のことです。仙台のメトロポリタンホテルに当時、人事部長だった大塚さんと、総務課長だった清野さん、野宮さんら人事・労政関係の幹部が極秘に集まり、今後のJR東労組対策について話し合ったことがありました。

その席で大塚さんは『せめて仙台（支社）だけでも、われわれが望む（松崎に支配されない）労使関係を維持してほしい』と話していました。

そして（組合から革マル派を排除した）JR東海やJR西日本の労政に触れ、『あのような単純な手法は少なくとも、ＪＲ東日本にとっては愚の骨頂だ。あの連中（革マル派）にはアメ玉を食わせ、時間を十分にかけ、次第に牙がなくなるように対応し、ついには牙がなくなってしまう——というような遠大な計画が、ＪＲ東日本の革マル派戦略だ』と強調していました。清野さんは『社員教育をしっかりやれば（革マル派による支配は）、必ず防げる』と語っていました。極秘会議に出席した若手幹部からは『いつこの異常な労使関係から抜け出せるんですか』との悲痛な声も出ていましたが、清野さんは『なんとか軟着陸をめざすしかない。時機を待つことだ』と答えるのが精一杯でした。

大塚さんも清野さんも、少なくとも九〇年時点までは、松崎とベッタリと癒着した住田―松田体制の見直しを図らなければ、と真剣に考えていたのです」

ところが、前述の松田氏の『癒着発言』以降、大塚、清野両氏も労政改革に及び腰になりはじめたという。野宮氏の元部下がさらに続ける。

大塚陸毅・JR東日本会長

「清野さんに至っては『異常な労使関係の軟着陸をめざすことは大切だが、正直、その時機がいつになるのかわからない。あるいはそういう時機は来ないかもしれない』とトーンダウン。

果ては、再び若手幹部から『本当にこの労使関係を変えるつもりはあるのですか』と詰め寄られた清野さんは苦渋の表情を浮かべ、こう答えたのです。

『今のJR東日本には、旧国鉄時代の本社採用（いわゆる〝キャリア組〟）のような使命感はないんだ。もう〝松崎体制〟を前提にしてすべてを考えるしか、われわれが生き残れる道はないんだよ。これは本社幹部の共通認識だ。たしかに君の考えはそのとおりだし、まったく同じ思いだが、もう、どうすることもできないんだ……』

これを聞いたわれわれは皆、目の前が真っ暗になりました」

## 全国制覇へ乗り出した松崎明

松田氏を籠絡し、その威を借って、内田氏ら、自らになびかない社員を次々とパージ、JR東日本をほぼ掌握した松崎明。そして彼はついに、「すべてのJRの労組を支配し、それを足がかりに日本の労働運動の頂点に立つ」という革マル派の組織戦略に基づき、全国制覇へと乗り出したのだ。

きっかけは、後に「１０４７人問題」と呼ばれる国労組合員の再就職問題だった。

国鉄からJRへの移行に伴い、旧国鉄の資産や負債などを引き継いだ特殊法人「国鉄清算事業団」。事業団ではこれらの資産の売却や、負債の処理を進めると同時に、JR発足後、JR各社に採用されなかった旧国鉄職員を、事業団職員として九〇年三月末の期限付きで引き取り、再就職を斡旋していた。

旧国鉄職員の追加採用は、JR発足から三回にわたってJR東日本、JR東海、JR西日

清野智・JR東日本社長

本の本州三社を中心に行われたが、それでもなお、約一五〇〇人の再就職が決まらないまま、九〇年三月末の期限を迎えようとしていた。その大半が、分割民営化に最後まで反対した国労組合員だった。

そこで運輸省は九〇年三月末までに、四回目の追加採用を行うよう、本州三社とJR四国、JR貨物に要請。これに対しJR東海、西日本、四国は応じたが、主要組合の執行部を松崎率いる旧動労勢力が支配していたJR東日本とJR貨物は猛反発したのだ。

松崎が委員長を務めていたJR東労組は、四回目の追加採用を要請した運輸省や、受け入れを決定したJR各社を非難。九〇年三月に開かれた臨時大会で「ここまで築き上げてきたJR東日本の労使関係を破壊するような政治的介入に対しては、スト権の行使をも含む断固たる態度でこれを阻止する」と表明した。JR発足以降、「労使協調」を謳《うた》っていた松崎が、初めて、〝衣の下の鎧〟を見せた瞬間だった。

「JR東労組は『なぜ国鉄改革に反対した者（国労の組合員）を、JRで再雇用する必要があるのか』と強硬に主張していました。実は、その主張の裏には、職場に国労組合員が戻り、国労の勢力が拡大することへの危機感があったのです。彼らを指導する革マル派と同様、『組織防衛・拡大』が至上命題のJR東労組にとって、他労組組合員の再雇用なども

ってのほか。この論理にＪＲ東日本経営陣は引きずられていったのです」（ＪＲ関係者）

そしてこのＪＲ東労組の強硬姿勢を受け、ＪＲ総連は、九〇年六月に開かれた定期大会で、「加盟各単組におけるスト権の早期確立」と「ＪＲ総連へのスト指令権の委譲」を提議したのだ。

「ＪＲ総連が提議した『スト指令権の委譲』とはつまり、ＪＲ各社の労組が打つストライキは全て、上部団体であるＪＲ総連が指令できるよう、権力の一極集中を図ることでした。これが実現されればＪＲ総連は、ＪＲ東海やＪＲ西日本、ＪＲ九州など全国のＪＲでいつでもストが打てるわけです。このスト指令権の委譲によって松崎は、ＪＲ東日本だけでなく、ＪＲ各社を支配下に置こうとしたのです」（前出・ＪＲ関係者）

しかし、このＪＲ総連が提議した「スト指令権の委譲」は、ＪＲ東海やＪＲ西日本の経営陣だけでなく、それまで「革マル派＝旧動労によるＪＲ総連支配」に不満を募らせてきた両社の主力労組の猛反発をも招いた。これをきっかけに、ＪＲ東海やＪＲ西日本だけでなく、ＪＲ九州などの主要組合も次々とＪＲ総連から脱退し、九二年五月に新たにＪＲ連合を結成したのだ。

かくして松崎の全国制覇の野望は潰えたわけだが、このＪＲ連合結成を機にＪＲの組合は、「箱根の関」を境にＪＲ総連約七万人、ＪＲ連合約七万人とその勢力を二分。それは現在も続いているのだ。

## 頻発する怪奇事件と列車妨害

「この分裂劇の前後から、JR東海とJR西日本の会社側は、JR総連傘下労組との対決姿勢をより一層鮮明にしていきました。一方、全国支配の目論見を阻まれた松崎も、当時のJR東海やJR西日本の経営陣に憎悪の念を募らせていくのです。

その中でも松崎が目の敵にしたのが、かつてはともに国鉄改革を先頭に立って推進したJR東海副社長（当時）の葛西敬之《かさいよしゆき》氏でした。

松田昌士、井手正敬、葛西氏の『国鉄改革三人組』の中でも、民営化に向けて、国鉄の職員局次長として『組合問題』に取り組み、松崎と直接、対峙していたのが葛西氏でした。それだけに憎しみも大きくなったのでしょう」（前出・JR関係者）

実はJR総連の分裂が始まる直前の九一年七月、松崎はJR総連の集会で、葛西氏にこう〝宣戦布告〟している。

「言っておく。君と闘う。堂々と闘う。そして、必ず勝つ。そのことを今、宣言しておく」

そしてこの一ヵ月後から「何者か」によって、葛西氏の女性スキャンダルを書きたてた怪文書がJR各社、マスコミなどにばらまかれる。さらに九二年には全紙面を葛西氏に対する個人攻撃やJR東海批判に費やした『JR東海新聞』などという出所不明のタブロイド紙が大量に配布されたのだ。

そして九三年六月一〇日には、JR東海管内である岐阜県関ケ原町のJR東海道新幹線上り線レールに、ワイヤロープが巻かれるという列車妨害事件が発生。さらに六月二九日には、信州大学経済学部の特別講座の講師に招かれた葛西氏が、学生風の男性三、四人から、生卵やペンキを頭から浴びせられるという事件が発生した。

その二ヵ月後の八月二八日には、滋賀県彦根市のJR東海道新幹線下り線レールに、チェーンが巻かれるという列車妨害事件が再び発生。またその直前の八月二四日には、新幹線車内で置き針が発見されたのだが、この置き針事件はその後五ヵ月にも及び、発見された針の数は約一五〇〇本にも達したのだ。

ところが、これらの列車妨害事件や、信州大での葛西氏襲撃事件について、じつに奇妙な〝自説〟を展開していた人物がいる。葛西氏に対し〝宣戦布告〟を行った「革マル派最高幹部」、松崎明である。これらの事件が相次いだ翌年の九四年一月、松崎は、JR東労組主催の「新春セミナー」で次のように語るのだ。

〈私がどうして、のぞみをひっくり返さなきゃならないんですか。どうして卵をぶっかけなきゃならないんですか。(中略)そんなね、自作自演をやっておいて、かわいらしい卵とペンキだけだっていうのは、自分や身内でなきゃやんないでしょ。(中略)まさに自作自演の何ものでもないんじゃないですか〉

この男が滔々と披露した自説は、第2章、そして次章でふれる「置き石事件」の際の、JR東労組の言動と瓜二つだ。そして実はこの「新春セミナー」には、当時の住田正二JR東日本会長や松田昌士社長（ともに現相談役）ら最高幹部も列席していたというのだ。

ところが誰もこの松崎の〝珍説〟に異議を唱えることなく、「お説ごもっとも」と拝聴していたというのだから驚くほかはない。ＪＲ東日本関係者が語る。

「たしかにこれらの奇怪な事件は、いずれも未解決のままで、犯人はわかっていません。しかし松崎の〝宣戦布告〟後に起こった葛西氏に対する執拗な個人攻撃や、ＪＲ東海を標的とした列車妨害事件に、当事者以上の恐怖を抱いたのは、住田氏や松田氏ら、ＪＲ東日本の経営陣だったのです」

そしてこのＪＲ総連の分裂後、ＪＲ東日本経営陣は、革マル派に支配された自社の異常な労使関係をことあるごとに批判する、ＪＲ東海やＪＲ西日本の経営陣に憎悪の念を募らせていくのである。

# 第5章 恐るべき「革マル支配」

## 危機一髪で列車は無事通過

彼女がもし、その踏切を通ることがなかったら、未曾有の大惨事が起こっていたことだろう……。

埼玉県本庄市、JR本庄駅から北へ約一キロの住宅街にあるJR高崎線の「中学校通り踏切」。この踏切内の線路上に、縦三〇センチ、横四〇センチ、高さ二二センチのコンクリート塊が置かれているのを、散歩中の主婦（六三歳）が見つけたのは、二〇〇六年八月一四日午前四時四〇分ごろのことだった。

主婦は急いでコンクリート塊を退《ど》かそうとしたが、その重さは三四キロ。とても一人では運べず、たまたま通りかかった男性の手を借り、踏切の外に運び出した。そのとき、置き石の発見からすでに一〇分が経過していた。

そして現場の踏切を、金沢発上野行きの夜行急行「能登」が通過したのは、主婦らがコンクリート塊を退かせたわずか三分後、午前四時五三分のことだった。

事件発生直後、埼玉県警本庄署の副署長は、『週刊現代』の取材班にこう語った。

「もし主婦が通らなかったら、脱線にも繋がりかねなかった悪質な置き石事件でした。また現場は住宅街で、一歩間違えば大惨事を引き起こす可能性もありました。

置かれていたコンクリート塊の大きさは、通常の置き石に比べ、かなり大きいことから、ただのいたずらではない。再発防止のため、事件後は一〇日間、鉄道警察隊と合同で毎晩張り込みました。また同時に付近一帯の聞き込み捜査なども行いましたが、現時点で、目撃証言など有力な手がかりは得られていません。

最近、JR東日本管内で続発している列車妨害事件との関連も含めて、現在も『往来危険罪』（刑法一二五条）の疑いで捜査を進めています。JR東日本はまだ、被害届を出していません」

埼玉県警も指摘するとおり、『週刊現代』での私の連載が始まって以降、JR東日本管内では、奇怪な列車妨害事件が多発した。

七月二四日から二六日にかけて、JR埼京線や中央線、山手線の各駅で、発車ベルのボタンや、電車のドアが接着剤で固められ、運行に支障をきたすなど悪質ないたずらが頻発。特に七月二五日には▽JR中央線三鷹駅で、快速電車のドアが接着剤で開かなくなる▽新宿駅で発車ベルのボタンが押した状態で固められ、鳴りっぱなしになる――など接着剤を使った列車妨害事件がわずか四時間に四件連続で発生したのだ。

そして七月三〇日、JR八高線箱根ケ崎—金子間の線路上で六〇個もの置き石が発見された。さらに八月八日には、JR中央線松本発新宿行き特急「スーパーあずさ30号」のドアが走行中に開く事件が二度も発生した。JR東日本関係者が語る。

「いずれの列車妨害も、埼玉県警や警視庁が『往来危険罪』や『傷害罪』の疑いで捜査していますが、置き石はふだん人通りの少ない踏切や、早朝や深夜など、人気《ひとけ》のない時間帯を選んで行われるため、犯人の特定がきわめて難しい。

ただ七月三〇日に発生したJR八高線の置き石事件では、『障害物検知装置』の向きを変えるなどして、わざと検知装置を作動させ、列車に危険を知らせ、事故が起こらないように細工している。また八月八日には『スーパーあずさ30号』のドアが走行中に開閉した事件が起こっていますが、これも非常用ドアコックの動かし方に慣れていなければ、なかなかできない犯行です。

また発車ベルのボタンを固定したり、列車のドアが開かなくなるほどの量の接着剤を、一般人が持っているとはとうてい思えません。このため犯人は間違いなく『列車の専門的な知識を持つ者』で、かつその目的は、事故を起こすことではなく、JR東日本に対して何らかの『警告』を与えることだと思うのです」

このＪＲ東日本関係者の指摘する「列車の専門的な知識を持つ者」がいったい、何のために、どのような「警告」をＪＲ東日本に与えようとしているのか。私には知る由もない。だが、同一グループの犯行だとすれば、〝彼ら〟は乗客の生命を「人質」に取り、かつその犯行をエスカレートさせていったことだけは確かだった。

ところがこれらの列車妨害事件について、とんでもない「謀略論」を展開する集団があった。「革マル派最高幹部」松崎明が支配するＪＲ東日本の最大・主要労組「ＪＲ東労組」と、その上部団体「ＪＲ総連」だ。

彼らは驚くべきことに、これらの列車妨害事件の〝原因〟が、あたかも『週刊現代』の連載にあるかのような主張を展開しはじめたのだ。

## 同じ主張をする二つの団体

私の手元に『コンパス』という小冊子がある。ＪＲ東労組の東京、横浜、八王子、大宮の四地本（地方本部）が発行している機関誌だ。この四地本は、ＪＲ東労組のなかでも特に〝松崎信奉者〟が多い組織だ。

その〝松崎信奉者〟が、〇六年九月一一日付で発行した『コンパス』（№44）は、「『週刊現代』発行と同時期に発生する列車妨害」と題して、私の連載と、列車妨害事件を組み合わせた一覧表を掲載。次のような〝解説〟がなされている。

〈「週刊現代」が発刊され、テロリストキャンペーンをはじめるのが7月15日です。

7月3日、4日、11日、12日と座席に針がおかれ、入区電車（筆者注：車庫に入る回送電車）で発見されるということが起きています。これがひとつの特徴です。

7月20日、23日には山手線・秋葉原駅で、ペットボトルの表面のシールをはがし、ふたの所にサランラップをゴムで締めた、中は水なんですが、不審物を置くということが発生しています。

7月24・25日になりますと、接着剤が使われます。ドアに接着剤がつけられ、ドアが開かない。あるいは車掌の発車ベルに接着剤がつけられ、ベルが鳴りやまないということがあったわけです。

それから7月21日からは、落書きです。北朝霞駅から始まりまして、川越、大宮そして28日には上野駅の中央改札口で20台中9台のタッチパネルに、「しゃらく」と金属で傷つけられました。〉

『週刊現代』誌上での連載開始前に発生した「置き針」や駅での不審物、さらには落書きまで連載のせいにされては、私もたまったものではない。また、こんなものを読まされる読者も、さぞかし苦痛だろうが、彼らの思考回路が、いかに一般社会の常識から逸脱しているかが、よくわかる内容なので、もうしばらくお付き合いいただきたい。

〈「週刊現代」第三弾が発行されますが、8月に入ってから「爆破予告」が続きます。続いて「置き石」が発生します。八高線で60個の石がおかれました。（中略）8月8日には、「ス

ーパーあずさ」走行中のドアコックが扱われ、停止するということが起きています〉

『コンパス』はさらに、これらの列車妨害の〝犯人の目的〟と〝犯人像〟について、このような、訳のわからない謀略史観を唱えはじめるのだ。そう、まるで呪詛《じゅそ》のように……。

〈何でそのようなことをしているのかということです。〝いろいろなことが起きてるよ〟ということを醸し出すためではないかと考えられます。

要するに「不安な空気」を、組織内、そして社内においてもつくり出す。あるいはまた、社会的にも醸しだそうとしています。ですから、乗客にも目につき、聞こえるようなことも意図してやっていると思います。

例えば、「しゃらく」という落書きがあちこちに書かれていますが、〝何を意味しているんだろう？〟と我々も考えます。（中略）〝どういう意味だろう〟と考え、そういうものが意識に残っていきます。そういうものが社内のなかに「不安な空気」として漂ってきます。そういうことをこの「落書き」は、意図しているように思えてなりません。

いずれにしても、一定の部隊が背後で動いていると見てまちがいありません。そうでないと急激に7月だけ見ても、これほどのことは起きません〉

「JR革マル派問題」を追及する私の記事がなぜ、列車妨害に繋がるのか？　さらに何をもって彼らは、『週刊現代』の連載の〈背後で〉、〈一定の部隊が動いていると見てまちがいありません〉と断言するのか？

彼らの荒唐無稽な論理展開にはとてもついていけないが、彼らはその後も、「戦後の三大鉄道謀略事件」といわれる下山、三鷹、松川事件まで持ち出し、『週刊現代』の連載を「謀略だ」と決めつけるのである。

「実はこの『謀略論』は、いわばJR東労組、JR総連の〝お家芸〟なのです。JR総連が分裂し、JR連合（日本鉄道労働組合連合会）が結成された翌年、東海道新幹線のレールにワイヤロープやチェーンが巻かれるなどの悪質な列車妨害事件が頻発しました。『内部犯行』説も取り沙汰されたのですが、このときもJR総連は『われわれを弾圧することを目的とした謀略だ』などと主張していました」（元JR東労組役員）

余談だが、「しゃらく落書き事件」の犯人は、その後判明している。埼玉県警大宮署は〇六年一〇月一三日までに、器物損壊の容疑で、さいたま市内の無職の男（二〇歳）を逮捕した。同署の調べによると、この男、〇六年七月下旬から八月下旬にかけて東京、神奈川、埼玉、群馬の一都三県の計四四のJR東日本の駅の券売機など計約三五〇台のタッチパネルに「しゃらく」と落書きしていたという。

この逮捕を報じた『日刊スポーツ』（〇六年一〇月一四日付）によると、この「しゃらく」男は調べに対し、動機をこう供述している。

〈海外の雑誌で、路上に画家の名前が落書きされているのを見て、浮世絵師の名を書こうと思った。自分も自己表現をしたかった。券売機に落書きすると、多くの人に見てもらえると思った〉

さらになぜ平仮名で「しゃらく」とこの男は書いたのか。その理由はこうだ。

〈漢字は画数が多くて見つかりやすく、葛飾北斎は平仮名では文字数が多くて格好悪かったので「しゃらく」にした〉

私はこの記事を見て、失笑を禁じ得なかった。だが、それと同時に、何とも言えない薄ら寒いものも感じたのだ。こんな落書きについてまで、大真面目に「謀略論」を唱えている組合員たちが、一日一六〇〇万人が利用する首都圏の列車を運行していることに、である。

そして、この謀略論の〝本家本元〟が松崎なのだ。JR東労組、JR総連ではJR発足前後に、七人の組合員が、革マル派の対立セクトである中核派（革命的共産主義者同盟全国委員会）や革労協（革命的労働者協会）などによる内ゲバで殺害されている。ところが対立セクトが「犯行声明」を出しているにもかかわらず、松崎は自らや、内ゲバの犠牲者が革マル派であることを否定するため、事件の〝犯人〟を「絶対に逮捕されることのない何者か」と呼び、いまだに「権力謀略論」を展開しているのだ。

## 常軌を逸した論理展開

『週刊現代』誌上での連載開始から一ヵ月が経った〇六年八月二九日、JR東労組とJR総連らが私と『週刊現代』出版元の講談社を相手取り、計四四〇〇万円の損害賠償を求め、東京地裁に提訴した。原告には「マングローブ」のメンバーの革マル派幹部、梁次邦夫・JR東労組大宮地本副委員長も名を連ねている。彼らは訴状で「自分たちは革マル派とは関係がない」などと主張している。

そして彼らはこの提訴後に東京地裁の司法記者クラブで行った記者会見でも、前出の『コンパス』で掲載したものと同様の一覧表を配布。集まった新聞やテレビの司法担当記者の前で、「『週刊現代』の連載記事が掲載されて以降、悪質な列車妨害が発生しました」などと、彼らの〝お家芸〟を、恥ずかしげもなく披露したのだ。

「会見にはJR東労組やJR総連の副委員長のほか、梁次被告ら浦和事件の被告も同席していました。彼らは延々と『「週刊現代」に書かれたことは事実無根だ』、『明らかに政治的意図に基づいている』などと主張していました。しかし駅や車内で見つかった不審物や、乗務員と乗客とのトラブルまで『週刊現代』の連載が原因だとする、彼らの荒唐無稽な論理をそのまま報じたメディアは一社もありませんでした」（大手紙司法担当記者）

だが実は、彼らと同じ特異な「謀略論」を振りかざす団体がもう一つある。ほかでもない、松崎が「最高幹部」を務め、JR東労組・JR総連を支配するテロリスト集団、革マル派だ。

JR東労組・JR総連による提訴から六日後の〇六年九月四日、革マル派は機関紙『解放』で、ほぼ一面を使って、〈『週刊現代』を広報役とした　鉄道謀略・フレームアップ攻撃を断固粉砕せよ！〉との記事を掲載。『週刊現代』と、私に対する徹底した批判を展開するのだが、前出の列車妨害事件にも触れ、〝独自の理論〟を展開するのだ。

〈明らかに、アメリカ権力者とその意を受けた日本国家権力内謀略グループは、配下の謀略部隊を突き動かして列車妨害を頻発させ、これらを革マル派の「仕業」であるかのように宣伝するという一大フレームアップ攻撃を開始したのだ。（中略）また「革マル派＝テロリスト」によって「列車妨害が必ず引き起こされる」というデマ宣伝を流布し、国家権力内謀略グループがたくらむ一大鉄道謀略の片棒を公然と担ぐにいたった『週刊現代』・西岡研介を弾劾せよ！

これら一連の列車妨害事件は、従来から鉄道謀略を実行してきた国家権力内謀略グループ配下の特殊的専門部隊による、組織的かつ計画的な犯行にほかならない。（中略）『週刊現代』＝西岡はこうした一連の列車妨害事件が仕組まれることをあらかじめ知らされており、この列車妨害事件が「革マル派の仕業」でもあるかのように見せかけ社会的耳目を集めるために、オドロオドロしい宣伝をくりひろげる役目を担っているのだ。

（中略）わが同盟の闘いにたいして、ブッシュ帝国（および小泉政権）は階級的憎悪をたぎらせながら「テロリスト＝革マル派」、日本で唯一の「過激派」と烙印せざるをえなかったのだ。（中略）まさしくこうしたブッシュ政権および属国たる日本国家権力の意志を体して、『週刊現代』は「テロリスト集団＝革マル派」と叫びはじめたのだ。（中略）これこそ、彼らがブッシュ帝国の脅しにちぢみあがり、米ＣＩＡの手先に転落したことの宣言以外のなにものでもない〉

一連の列車妨害事件に対する革マル派の「謀略史観」がいかに、ＪＲ東労組・ＪＲ総連のそれと酷似しているか、おわかりだろう。ＪＲ東日本は、こんな「謀略史観」に凝り固まった連中に支配されているのである。

## 専門家が見ても「これはおかしい」

「京葉線の火災の報道を見て、『これは、おかしい』と思いました。これまで架線に流れる電流が、信号ケーブルに逆流するケースなど、聞いたことがありませんでした。どう考えても、不審な事故ですね」

こう語るのは『電気車の科学』の元編集者で、鉄道評論家の川島令三《りようぞう》氏だ。

〇六年九月二八日に発生した京葉線の全線不通事故——。

午前四時一七分、JR東京駅地下二階の変電所の配電盤から出火し、さらに地下一階の「信号通信機器室」からも火が出た。この火災で、京葉線東京—蘇我間全線が八時間以上、ストップしたのだ。

京葉線がほぼ平常運行に戻ったのは、翌二九日の午前一一時。二日間で運休した電車は四四〇本で、約二一万六〇〇〇人に影響した。JR東日本側の説明によると、火災の原因は、地下変電所の配電盤の漏電だという。

電車は、線路の上を通っている架線から、車両についているパンタグラフを通じて流れてくる電気で、モーターを駆動して動く仕組みになっている。架線には、変電所の配電盤を通じて、一五〇〇ボルトの電流が流れている。

これとは別に、信号通信機器室の配電盤を通し、信号ケーブルに二四ボルトの電流が流れる電気系統がある。

この二つの電気系統は、まったく別のものであり、通常、架線の電流が、信号ケーブルに逆流することはあり得ないという。

「ところが、JR東日本によると、変電所の配電盤が何らかの理由で燃え、電気の逆流が発生。一五〇〇ボルトの負荷を受けた信号通信機器室もショートして火が出た。そのため東京駅の信号が制御できなくなり、京葉線全線を止めたというのです。(警視庁)丸の内署やJR東日本が調査中ですが、なぜ変電所の配電盤から火が出たのか。これについてJR東日本は『ブレーカーの不具合が原因』と説明するだけで、詳しい原因はわかっていません」(大手紙社会部記者)

## 乗客不在の「自社の安全」

以上のようなJR東日本側の説明に首を傾げるのが、前出の川島氏だ。同氏が語る。

「JR東日本の説明どおり、ブレーカーが何らかの故障を起こしていたとすれば、架線に流れるはずの電流が、地面などを通して、信号通信機器室に流れ込んで出火することもあり得る。

しかし通常ブレーカーの耐用年数は三〇年です。燃えたブレーカーの使用期間は一七年。

定期的に整備・点検されていたはずですし、なぜ突然壊れたのかが腑《ふ》に落ちない。整備ミスということも考えられますが、何者かが故意に故障させた可能性も十分考えられます」

川島氏が指摘するように、そのときの火災が、人為的に引き起こされていたとすれば〝内部犯行〟の可能性がきわめて高い。というのも、現場は、部外者立ち入り禁止の場所だからだ。

しかもJR東日本が、火災を消防に通報したのは、発生から一時間以上も経った午前五時二五分だった。

「この〝謎の一時間〟も内部犯行説に、拍車をかけました。JR東日本のマニュアルでは、火災報知機が作動した場合、すぐに通報することになっている。この疑問に対するJR東日本側の答えは『なぜ遅れたのかは、わからない』という曖昧なものでした」（前出・大手紙社会部記者）

それだけではない。日本鉄道技術協会の副会長で、列車運行システムに詳しい曽根悟・工学院大学教授は、火災発生後、JR東日本が長時間にわたって京葉線を全面運休したことについて、こう批判する。

「JR東日本の後手後手の処置が、ラッシュ時の大混乱を引き起こしました。本来の信号が制御できなくても、手信号などを活用すれば、一〇分に一本くらいの間隔で走らせることは可能でした。

おそらく、列車運行を継続しようという意識の高い民間の鉄道会社であれば、他の路線に乗り換え可能な新木場駅や西船橋駅へ列車を送り込むことができたと思います。それで、多くの乗客の通勤が可能になったことでしょう」

そして曽根教授は、今回の事故が大混乱を招いた背景に、「JR東日本の体質がある」と指摘する。曽根教授が続ける。

「実はJR東日本という会社は、何か事故が発生したとき、中途半端に輸送を継続するより、全部止めてしまおうという発想をする会社なのです。

旧国鉄時代、労使問題から頻発したストライキに、不満を爆発させた乗客が、埼玉県の上尾駅で暴徒化。駅員を襲い、駅施設や車両を破壊したのが『上尾事件』（一九七三年三月）です。このような事件が頻発したため、国鉄は一ヵ所に多くの乗客が集まることを非常に恐れるようになったのです」

その結果、国鉄は「公共の利益」よりも「自社の安全」を大切にするようになってしまったという。そんな体質が、JR東日本にも受け継がれているわけだ。

## 「安定輸送」に反対する労働組合

京葉線が三〇時間ぶりに全面復旧した二九日、国土交通省はJR東日本の清野智社長（五九歳）を呼び、原因究明と再発防止を徹底するよう「警告書」を手渡した。

しかし、実はJR東日本が国交省から苦言を呈されるのは、〇六年だけでも四回にのぼっている。取材班の調査によると〇六年に入って、ＪＲ東日本では主なものだけでも二四件の列車事故が発生した。そしてこれらの列車事故に加え、私が連載を開始した〇六年七月一五日以降から九月末までに発生した、置き石や接着剤を使った列車妨害の発生状況をまとめたものが一八三〜一八五ページの図と表だ。

いかにおびただしい数の列車事故や列車妨害が発生しているかが、一目瞭然だろう。いずれの事故でも、ＪＲ東日本では復旧までに約一〜七時間を要している。この復旧の遅れが、影響を受ける乗客の数を大幅に増加させているのである。

前出の川島氏が語る。

「ＪＲ東日本では、ここ五年で急速なリストラを進めてきた。このため架線の安全を確保する土木など保全技術の継承ができておらず、作業に手間取るというのが大きな要因です。また現場の修復作業を、グループ企業に〝丸投げ〟しているため、緊急時の要員確保に時間がかかるのも、原因の一つ。

そもそもＪＲ東日本は鉄道事業という〝本業〟より、エキナカビジネスなどの〝副業〟に力を入れすぎです。つまり『公共の利益』より『自社の利益』を優先している。まずは本業に立ち返るべきなのです。

また副業で目覚ましい業績を上げているなら、なぜこれ以上、リストラを進める必要があるのか。いやしくも公共交通機関ならば、自社の利益追求も大切でしょうが、列車の安全・安定運行にカネをかけろと言いたいですね」

# '06年発生・首都圏（JR東日本管内）列車事故&妨害マップ

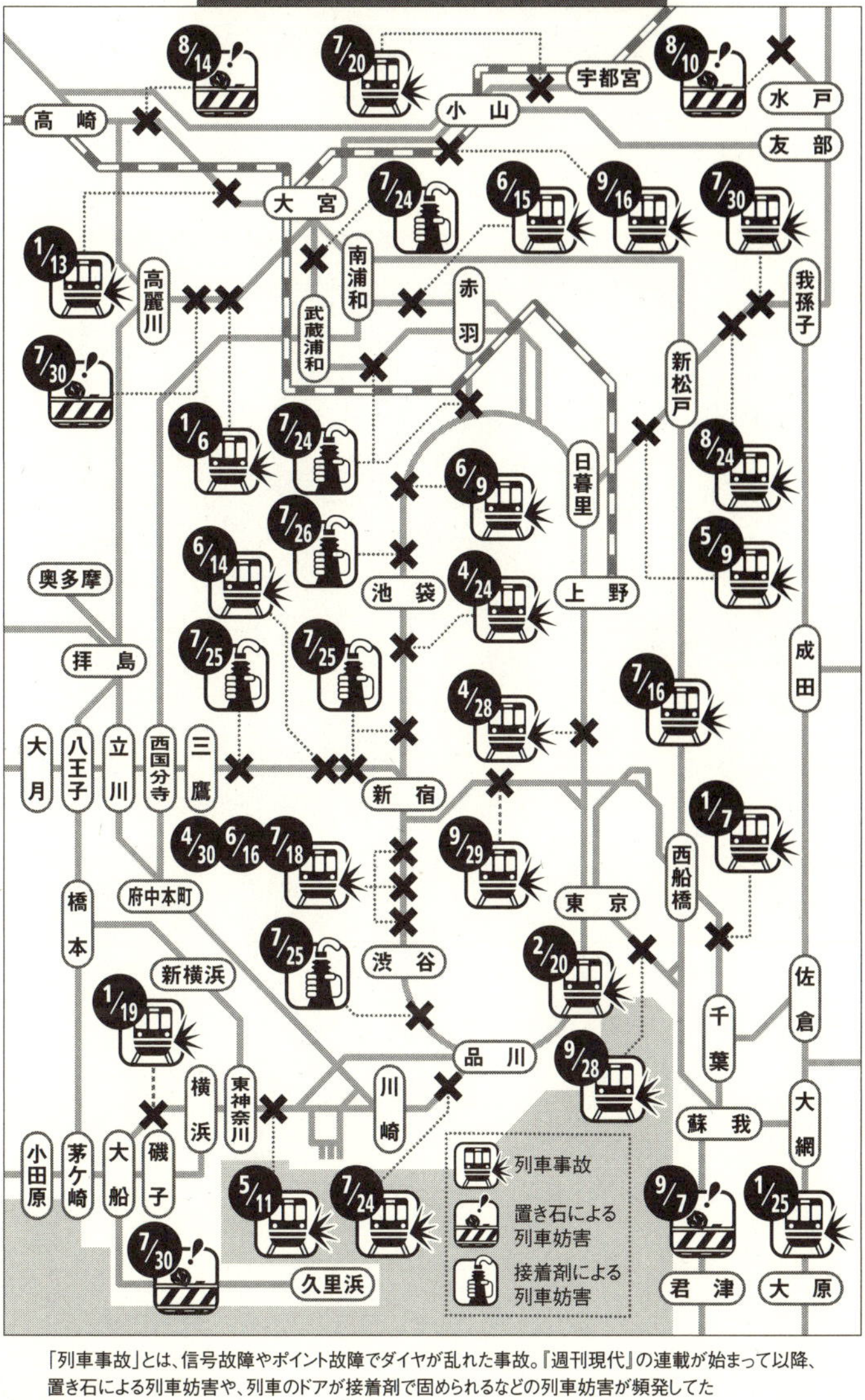


「列車事故」とは、信号故障やポイント故障でダイヤが乱れた事故。『週刊現代』の連載が始まって以降、置き石による列車妨害や、列車のドアが接着剤で固められるなどの列車妨害が頻発してた

## '06年発生・首都圏（JR東日本管内）列車事故＆妨害一覧

| | | | |
|---|---|---|---|
| 1月6日 | 川越線 | 川越—南古谷 | レールにひび |
| 1月7日 | 総武線 | 稲毛—西千葉 | レールにひび |
| 1月13日 | 高崎線 | 宮原駅 | 信号故障 |
| 1月19日 | 横須賀線 | 戸塚駅 | ブレーキ故障 |
| 1月25日 | 外房線 | 茂原駅付近 | 架線切断およびパンタグラフ故障 |
| 2月20日 | 山手線 | 新橋—浜松町 | 線路が沈下 |
| 4月24日 | 山手線／埼京線 | 高田馬場駅付近 | 線路が隆起 |
| 4月28日 | 京浜東北線 | 御徒町—上野 | 信号故障 |
| 4月30日 | 中央線 | 新宿駅付近 | ポイント故障 |
| 5月9日 | 常磐線 | 馬橋—金町 | 停電 |
| 5月11日 | 京浜東北線 | 川崎—鶴見 | ATC故障 |
| 6月9日 | 埼京線 | 大宮—大崎 | 信号故障 |
| 6月14日 | 中央線 | 中野駅付近 | 信号故障 |
| 6月15日 | 京浜東北線 | 西川口—川口 | ブレーキ故障 |
| 6月16日 | 中央線 | 新宿駅付近 | 信号故障 |
| 7月16日 | 武蔵野線 | 西船橋駅付近 | 信号故障 |
| 7月18日 | 埼京線 | 原宿—渋谷 | 線路の砂利部分が陥没 |
| 7月20日 | 東北線 | 小山—小金井 | 線路の砂利部分が陥没 |

| | | | |
|---|---|---|---|
| 7月24日 | 横須賀線 | 品川駅付近 | 線路脇にくぼみ |
| | 埼京線 | 池袋駅 | 新宿発川越行き列車のドアが接着剤で固定 |
| | 埼京線 | 武蔵浦和駅 | 発車ベルのボタンが接着剤で固定 |
| | 埼京線 | 戸田駅 | 発車ベルのボタンが接着剤で固定 |
| 7月25日 | 中央線 | 三鷹駅 | 到着した列車のドアが接着剤で固定 |
| | 中央線 | 中野駅 | 三鷹発千葉行き列車のドアが接着剤で固定 |
| | 山手線 | 目黒駅 | 発車ベルのボタンが接着剤で固定 |
| | 中央線 | 新宿駅 | 発車ベルのボタンが押した状態で固められ鳴りっぱなし |
| 7月26日 | 埼京線 | 十条駅 | 新宿発川越行き列車のドアが接着剤で固定 |
| 7月30日 | 常磐線 | 松戸—柏 | 架線が垂れ下がる |
| | 八高線 | 箱根ケ崎—金子 | 線路に約60個の置き石 |
| | 横須賀線 | 田浦駅付近 | 線路に置き石 |
| 8月10日 | 水郡線 | 泉郷駅付近 | 線路に置き石 |
| 8月14日 | 高崎線 | 本庄駅付近 | 線路にコンクリートの塊が置かれる |
| 8月24日 | 常磐線 | 松戸—柏 | レールにひび |
| 9月7日 | 内房線 | 姉ケ崎—五井 | 線路に数個の置き石 |
| 9月16日 | 東北新幹線 | 大宮—宇都宮 | 停電 |
| 9月28日 | 京葉線 | 東京—蘇我 | 変電所で出火、全線不通 |
| 9月29日 | 中央線 | 御茶ノ水駅 | ポイント故障 |

そして川島氏は、前出の曽根教授とは別のJR東日本の〝体質〟を指摘する。

「JR東日本は何かにつけて秘密主義、隠蔽体質なんです。JR東日本の広報は全般的に対応が悪く、人を見下すような態度をとることさえあるのです」

そのJR東日本の〝秘密主義〟や〝隠蔽体質〟がもろに露呈したのが、続発する悪質な列車妨害において、である。

私が『週刊現代』で連載を開始した○六年七月一五日以降、JR東日本管内では、置き石や投石、接着剤を使った列車妨害事件が連続して発生。一歩間違えれば、大惨事にも繋がりかねない置き石事件も、八高線や高崎線で発生したことは前述した。

ところがJR東日本は、八高線の事件では、私が取材して初めて警察に被害届を提出。くだんの高崎線の事件では発生から二ヵ月が経った一〇月の段階でも被害届を出していなかったのだ。

しかし、さすがのJR東日本も、相次ぐ列車トラブルやダイヤの乱れに対する利用客の不満が爆発するのが怖いのか、「安全運行」とともに、公共交通機関の必要最低条件である「安定輸送」の確保に動き始めた。

ところが、その試みはある組織によって、瞬く間に潰されたのだ。その組織とは、JR東日本の最大・主要労組「JR東労組」である。

〈5月22日、7時30分頃、旅客一斉情報から各線区運転状況が告げられた後「今後とも定時運転の確保に努めてください」と流れてきました。（中略）私はその時、耳を疑いました

……〉

『怒りと不安　耳を疑った「迅速なドア扱いで定時運転確保に努めて下さい」の指令』と題されたこの文章は、前述の『コンパス』（九月一一日発行）に掲載されたものだ。

ＪＲ東労組機関紙誌のなかでも『コンパス』は、内部で「組合役員に、松崎の教えを叩き込む『教科書』の一つ」（元ＪＲ東労組幹部）といわれている。

その「ＪＲ革マル派の教科書」のなかで、ＪＲ東日本が「定時運転確保」のために乗務員に向けて行った一斉放送を激しく批難しているわけだ。

ＪＲ東日本では昨年来、列車事故が相次いだ。このため国土交通省はＪＲ東日本に対し、すでに四件もの「警告書」や「注意文書」を発しているのだ。

そこで、ＪＲ東日本当局は、五月末、利用客の信頼を取り戻すべく、ある「打開策」を打ち出していたのだ。

それが前出の『コンパス』で述べられている「定時運転確保」を指示する旅客一斉情報だった。旅客一斉情報とは、鉄道無線で、列車の遅延などの情報を運転士や車掌に一斉に流す無線システムのことである。ＪＲ東日本の現役社員が語る。

「相次ぐ列車トラブルを受け、ＪＲ東日本本社では五月一二日、『首都圏輸送障害対策プロジェクト』を立ち上げました。それを受けた東京支社が一〇日後に打ち出したのが、定時運転確保のため、ダイヤの遅れを取り戻す『回復運転』（制限速度内で通常より速度を上げたり、乗客の安全や利便を損なわない範囲で駅での停車時間を短くする運転）を指示する放送でした」

公共交通機関、なかでも鉄道会社に与えられた至上命題は「安全運行」と「安定輸送」である。その安定輸送に乱れが生じたなら、それを少しでも回復しようというのは鉄道会社として当然のことだ。ところが、JR東労組がそれに〝待った〟をかけたのだ。

「この回復運転を指示する一斉情報は、組合内部で〝大問題〟になりました。一〇七人が死亡、五六二人が負傷したJR西日本の脱線事故を引き合いに出し、JR東労組は『福知山線事故の教訓は（事故で問題になった）一分三〇秒の遅れ（を取り戻すこと）より命を守ることだ』、『運転士は常に命を運んでいることを忘れるな』などと主張。一斉情報のあった五月二二日の四日後に、会社に対して緊急申し入れを行い、二九日には労使間で団体交渉が行われたのです」（元JR東労組幹部）

JR東労組の主張は一見、きわめて真っ当なものに見える。が、はたして彼らに「安全」を語る資格はあるのか……。

私は第2章で、JR東日本現役社員の佐藤久雄氏の実名告発を紹介した。

佐藤氏は、七年前まで三鷹電車区で中央線のハンドルを握る運転士だった。しかし他組合に所属する仲間と「芋煮会」に参加しただけで、JR東労組から「組織破壊者」のレッテルを貼られ、徹底したいじめや嫌がらせを受け、JR東労組からの脱退に追い込まれた。

ところが、JR東労組組合員による陰惨ないじめや嫌がらせは、佐藤氏の組合脱退後、さらにエスカレートする。佐藤氏の乗務中に運転席の後ろの窓に張りついてプレッシャーをかけるだけでなく、対向列車からすれ違いざまにパッシング。集団で信号機を隠すなどの行為で、佐藤氏のミスを誘発し、退社にまで追い込もうとしたのである。

## しどろもどろの清野社長

こうしたJR東労組組合員の行為が、「往来危険罪」に相当する犯罪行為であることは、それに手を染めていたJR東労組組合員がいちばんよく知っているはずだ。なぜなら彼らのほとんどが現職の運転士だったのだから。

「組織防衛」のためには乗客の「安全」まで脅かすJR東労組。そんな彼らが、「運転士は常に命を運んでいることを忘れるな」などと、よく言えたものである。前出の元JR東労組幹部が再び語る。

「彼らは、しょせん旧『動労』（国鉄動力車労働組合）なんです。運転士や車掌の既得権益さえ守れればいい。営業職場や架線の保守点検をする部署など、運転職場以外の組合員がどれだけリストラされようと、ほとんど異を唱えない一方で、『回復運転』など、こと運転士や車掌の仕事に関することには過剰に反応する。今回の一斉情報に異常に反発したのも、運転士や車掌の労働強化に繋がるからなのです」

繰り返すが「安定輸送」は、鉄道会社にとって「安全運行」とともに乗客（顧客）のために順守すべき倫理だろう。

しかしJR東労組の主張からは、相次ぐ列車トラブルで、実害を蒙《こうむ》った利用客の立場に立った視点はまったく見えてこない。

だが驚くべきことに、JR東日本経営陣は、JR東労組との団交の席で「決して回復運転をあおるつもりではなかった」などと釈明。しまいには「適切な時期に取りやめる」と腰砕けになり、開始からわずか一〇日後の六月一日、ついにこの旅客一斉情報を中止したのだ。

JR東日本現役社員がため息混じりに語る。

「相次ぐ列車トラブルで、定時運転の確保ができていなかったのですから、それを回復すべく業務命令を出すのは、鉄道経営者として当然のこと。さらにこの業務命令は、経営側の専権事項で、いわば『経営権』に属すること。つまり今回のケースは明らかに組合に、経営権への介入を許したと言わざるを得ません。

しかも、この回復運転の指示は、清野さんが社長に就任してから初めて打ち出した『JR東労組対策』でした。われわれも清野さんが、どう彼らと対峙するのか期待していたのですが、あえなく返り討ちにあった形です。これではいつまで経っても山手線や中央線を、ダイヤどおり運行することなど、できるはずがありません」

「安全」を金科玉条とした手前勝手なJR東労組の主張に、膝を屈した清野社長。

その清野社長は〇六年一〇月三日に開かれた定例会見で、私の連載について、大手紙記者から厳しく問い質《ただ》された。会見に出席した大手紙記者が語る。

「記者から『(『週刊現代』の)記事は事実無根なのか?』、『JR東労組という組合に問題はないのか?』と立て続けに追及された清野社長は、まさにしどろもどろ。答えのほとんどが意味不明で、『JR東日本はテロリストに乗っ取られていない』と繰り返すのが精一杯の様子でした」

JR東日本という会社が過去、革マル派に支配された組合による経営権への容喙を、いかにやすやすと許してきたかは、これまでに述べたとおりだ。にもかかわらず「テロリストに乗っ取られていない」とは、笑止千万というほかないだろう。

# 第6章 摘発「非公然アジト」

## 独善と屁理屈の自己弁護

ＪＲ東日本の最大・主要労組「ＪＲ東労組」と、上部団体「ＪＲ総連」。彼らは、私の連載開始直後から、『週刊現代』の記事はでっちあげ！」、「国家権力、ＪＲ連合と三位一体となった組織弾圧だ！」、「ブラックジャーナリスト、西岡研介を許さない！」などと一斉に反発した。ちなみに、自らに都合の悪い事実を指摘されると、必ず「でっちあげ」と強弁するのは、彼らの〝習性〟の一つだが、この習性は革マル派のそれと酷似している。

しかし連載が回を重ねるごとに、さすがに彼らも「でっちあげ」の一言では、一般組合員の理解が得られないと思ったのだろう。連載開始から約一ヵ月後の二〇〇六年八月二九日、

「記事の内容は事実無根で、名誉を毀損された」などとして、私と講談社を相手取り、計四四〇〇〇万円の損害賠償を求め、東京地裁に提訴してきた。原告は二団体と一個人。つまりJR東労組とJR総連、そして第2章でも登場した「浦和事件」の被告人で、「マングローブ」のメンバーである梁次邦夫・JR東労組大宮地本副委員長の三者だ。

さらに約二ヵ月後の一〇月一九日、ついに松崎本人が、私の連載で名誉を傷つけられたとして、私と講談社を相手取り、一億一〇〇〇万円を求める損害賠償請求訴訟を起こしてきた。そしてこの松崎の提訴の前後から、北は北海道から南は山口県まで、ほぼ全国のJR総連傘下の組合員四七人が、私と講談社を相手取り、次々と提訴してきたのだ（「訴訟乱発」については、次章で詳述する）。

訴状のなかで松崎は▽（自分は）テロリストではない▽列車妨害などの犯罪行為を領導していない▽JR東労組を私物化して、組合員らの組合財産を横領して私腹を肥やしていない▽JR東日本を不当に支配したことはない――などと主張している。しかし元JR労組副委員長の嶋田邦彦氏（六二歳）はこう断じるのだ。

「提訴することで、自己防衛を考えているのだろうと思いますが、彼の論理は一般社会はもちろんのこと、もはやJR東日本社員や、JR東労組組合員にすら通用しません。『週刊現代』の記事がウソだというなら、提訴する前にまず、組合員に事実を明らかにするのが筋ではないでしょうか」

私は『週刊現代』での連載のなかで、松崎が、JR総連関連の福利厚生団体「日本鉄道福祉事業協会」（「鉄福」）を〝隠れ蓑〟に、ハワイ・コナ市や沖縄・今帰仁村、群馬・嬬恋村などに高級コンドミニアムや豪華別荘を次々と購入した事実を報じてきた。さらには、それらの別荘で、ゴルフに興じ、釣りを楽しむという、とても階級闘争を党是とする「革マル派」の最高幹部とは思えない、富豪のような暮らしぶりをレポートしてきた。また、彼がJR東労組が購入したベンツやボルボなどの高級車を九一年から一〇年以上、「専用車」として乗り回してきた事実も明らかにした。これら高級車は、松崎がJR東労組のすべての役職を退任し、組合員資格を失った〇三年以降も専用車として利用され続けてきたのだ。

つまり私は一連の記事のなかで、松崎による組合費の横領疑惑と、組合私物化の実態を、包括的に報じてきたわけである。ところが、松崎は訴状のなかで、自らにかけられた横領疑惑を、警視庁公安部が追及しているハワイ・コナ市の高級コンドミニアムの事件のみに矮小化。次のような詭弁《きべん》を弄するのだ。

〈たとえば、被告西岡は、二〇〇五年一二月、警視庁公安部が、原告が組合費を横領したとして、原告方やJR総連事務所などを家宅捜索をしたことをもって、あたかも原告が組合費を横領したことの証左であるかのように記述する。（中略）しかし、これは、JR総連の国際交流基金口座から三〇〇〇万円が引き出され、原告のハワイのマンションの購入代金として送金されたことをもって、公安部が、業務上横領と問擬し、捜索等を行ったものであるが、この三〇〇〇万円は、原告が、それより前に、同口座に一時的に預けていた金員を払い戻したものに過ぎず、何ら業務上横領に該当しないものである〉

提訴会見に出席した大手紙社会部記者が語る。

「松崎の代理人である弁護士も、会見で『松崎が国際交流基金の口座から三〇〇〇万円を引き出し、送金したのは事実だ。しかしその前に松崎が、沖縄・今帰仁村の土地を鉄福に売却した際に得た三八〇〇万円を、この口座に一時、預け入れていた。それを引き出しただけで、業務上横領ではない』などと主張していました。

だが、そもそも個人のカネ、それも三八〇〇万円という大金を、組織の口座に預けること自体が、不自然極まりない。記者の質問もこの点に集中し、最後には弁護士もしどろもどろになっていました」

こんな屁理屈が、一般社会で通用しないのは当然だが、JR東労組やJR総連では、〇五年一二月七日の公安部による家宅捜索以来、お題目のように、この屁理屈を唱え続けているのだ。そして松崎自身も、訴状のなかで、私がこれまでレポートしてきた数々の指摘に対してなんら満足な反論をすることなく、ただただ、こう述べるのである。

〈あろうことか、組合財産を横領して私的に費消し、私腹を肥やしているかのように強く印象付けられた。原告は、その名誉を甚だしく傷つけられた……〉

## 組合名義の「ゴールドカード」

この松崎の主張に対し、「理解に苦しむ」と語るのは、元JR東労組長野地本委員長の峰《みね》田《た》尚《ひさお》男氏（四七歳）である。峰田氏も前出の嶋田氏と同様、松崎の組合私物化に異を唱えたため、ＪＲ東労組からパージされた一人だ。峰田氏が語る。

「松崎氏は、いまだに組合員に対し、『私が、横領はないと言ってるんだから、ないんです』と、強弁しているようですが、いつまでそんな詭弁が通用すると思っているんでしょうか。

すべての役職を退任し、組合員資格すら持たない方が、組合費で買った高級車を乗り回し、さらには『ボディーガード』を二人付け、諸経費はすべて、組合の総務で落としていたんです。ちなみにこの『ボディーガード』の給料も組合費から出ていました。

まさにこれこそ、松崎氏を含むＪＲ東労組の一部の幹部が、『横領』を組織ぐるみでやっていたということにほかなりません。

私はそばでちゃんと見ていました。当時は私も、それが当たり前だと思ってました。しかし今は、松崎氏を信じてきて、残念な気持ちでいっぱいです。

さらに、これは現役の（ＪＲ東労組）中央本部の幹部が教えてくれたことですが、『今回の裁判費用も、組合がすべて払うことになっている』と……。彼はどれだけ、われわれ労働者を喰いモノにするつもりなのでしょうか？」

そして松崎の「犯罪」を告発するのは、前出の嶋田氏や、峰田氏だけではない。

元ＪＲ東労組副委員長で、千葉地本の委員長も務めていた小林克也《こばやしかつや》氏（四八歳）もその一人だ。

国鉄分割民営化翌年の八八年三月、当時、東鉄労（東日本旅客鉄道労働組合連合会、ＪＲ東労組

JR東日本を牛耳る、松崎明・
元JR東労組会長

の前身）高崎地本の委員長で、松崎が弟のように可愛がっていた松下勝氏（当時四五歳）が、中核派の内ゲバで殺害された。その故・松下氏を兄のように慕っていたのが、同じく高崎地本出身の小林氏で、松下氏亡き後、松崎に最も可愛がられたのも彼だった。

しかし小林氏は、〇二年七月にＪＲ東労組本部の顧問から退いた松崎が、東京・横浜・八王子・大宮の四地本の顧問に自ら〝立候補〟し、他の地本の承認も待たずに就任しようとする際、異議を唱えたため、千葉地本委員長を解任され、除名されたのだ。

その小林氏が、松崎に対する「最後通牒」ともいえる証言をした。

「かつて、私は松崎さんの言うことを、本気で信じてきました。彼は私に常々こう言っていました。『人間は間違える生きものだ。間違えたら素直に反省すればいいのだ』と……。

しかし、今、彼は自らが犯した罪を反省するどころか認めすらしません。さらには自らを正当化するため『黒』を『白』と言いくるめています。私は、松崎さんの持つ別荘のいくつかの存在は知っていました。しかし（動労の）先輩たちからはずっとこう言われてきたのです。

『（松崎は）革マル派と言われ、国家権力からも、他党派からも、命を狙われているから定住できない。そんな生活を強いられるキャップ（松崎のこと）はかわいそうなんだ』と。

その先輩たちの言葉をまともに信じ、（松崎が）

別荘をいくつも所有していることも、仕方ないとも思っていました。後輩たちにも、そう言ってきました。そして命をかけて松崎さんを守ろうとしてきたのです。

しかし、今、そのことがじつに馬鹿馬鹿しいことであったということ、そして松崎さんに裏切られていたのだという現実を痛感しています。彼が別荘を持つのは他党派からの『防衛』のためでもなんでもなく、ただただ、自らの『欲望』のためだったのです。

今から考えれば、松崎さんのカネの使い方は、労働者のそれではありませんでした。私の目の前でＪＲ東労組名義のクレジットカード、それもゴールドカードを使っていたこともありました。彼こそ、除名に相当する悪行を重ねていることを自覚し、素直に組合員に謝罪すべきなのです」

嶋田氏や峰田氏、そして小林氏らは〇二年、松崎の独善的な組合運営や、私物化の実態を批判したため、それぞれ辞職や除名に追い込まれた。また彼らに同調した一〇人以上のＪＲ東労組役員らには、松崎信奉者で固められたＪＲ東労組本部から、除名や権利停止など、次々と制裁措置が下ったのだ。そして、これまで革マル派支配の下、「鉄の結束」を誇っていたＪＲ東労組は今、結成以来最大の「内部分裂の危機」に見舞われているのだ。

〇二年までＪＲ東労組中央本部で業務部長を務めていた本間雄治氏はこう語る。

「この組織混乱の元凶が松崎なのです。ＪＲ東日本社員の七割が所属するＪＲ東労組でこれ以上、組織混乱が拡大すると、ＪＲ東日本のお客様の安全が保たれない。そう考えて私たちは〇六年六月、『ＪＲ東労組を良くする会』を作ったのです。

私たちは今後、ＪＲ東労組の『革マル派支配からの脱却』をめざすとともに、それを作り上げてきた松崎の〝犯罪〟を徹底的に追及し、一般社会の人たちや、ＪＲ東日本のお客様に理解される『まともな労働組合』を作っていきたいと考えているのです」

## 犯罪的な大ウソを暴く証拠

「われわれは革マル派＝テロリストではない」などと主張し、連載中、私の記事に対し訴訟を乱発してきた、「ＪＲ東労組」と、その上部団体「ＪＲ総連」。

しかし彼らが国鉄分割民営化以降、約二〇年にわたって、ＪＲ利用客や、国民につき続けてきた、この犯罪的な大ウソを暴く〝証拠〟が私の手元にある。

Ａ四判・六枚からなる「ＪＲ革マル派43人リスト」と、革マル派の秘密組織による、ＪＲ東労組支配の実態を明らかにした「革マル派のＪＲ支配」図（二〇六ページ）が、それだ。

リストにはＪＲ東労組やＪＲ総連などの現役幹部二七人のほか、元幹部や書記などの実名が記され、それぞれに詳細な「解説」がつけられている。

そして「革マル派のＪＲ支配」図は、変形ピラミッドの上部に革マル派が位置し、その底辺にＪＲ東労組の最小単位である、組合員の「分会」、つまりはＪＲ東日本社員が働く職場があるという構図になっている。このリストと図こそ、「テロリストに支配されたＪＲ東日本」の決定的証拠といえよう。

リストと図の作成者は「ＪＲ東労組を良くする会」（以下「良くする会」と略称）。

この会は、「革マル派最高幹部」の松崎明によるＪＲ東労組・ＪＲ総連の私物化や、独善的な組合運営を批判したため、組合からパージされた元幹部や組合員が、「革マル派支配からの脱却」を掲げ、〇六年六月に立ち上げた団体だ。

その「良くする会」が作成した「ＪＲ革マル派43人リスト」にはＪＲ東労組・ＪＲ総連幹部の名前が実名で記されている。

しかし私の目的は、松崎に支配されたＪＲ東労組・ＪＲ総連の異常な体質を告発することにある。さらには松崎らとベッタリ癒着し、人事権への介入まで許したＪＲ東日本の松田昌士相談役ら旧・現経営陣の姿勢を問うことにある。よって、たとえＪＲ東労組やＪＲ総連の幹部であろうと、個人攻撃をするつもりはなく、あえて匿名で報じることとする。

例えば、リストにはこのようにある。

〈A＝（リストでは実名。以下同）旧動労本部●●部長などを歴任。首なし専従として君臨。ＪＲ移行時に、職業革命家として革マル派に。通称「トラジャ」のメンバー。現在は、目黒さつき会館におり、ＪＲ東労組所属で、ＪＲ総連の●●（筆者注：役職名）に就任〉（●印は個人が特定されないよう伏せ字にした。以下同）

〈B＝「マングローブ」の一員。目黒さつき会館4階に常駐。ＪＲ東労組●●、●●などを歴任。旧国鉄を解雇。首なし専従として組合を食い物にしてきた。妻は元教師（革マル派）で現在はさつき企画に勤務。子供なし。革マル派と数度の接触を行った〉

前出の元ＪＲ東労組幹部の本間氏は、私の取材に、これら「トラジャ」や「マングローブ」などの実態についてこう証言した。

「トラジャは、国鉄分割民営化直前の八六年、松崎を中心とした旧『動労』（国鉄動力車労働組合）革マル派が、組合活動家を抜擢し、革マル派〝本体〟に送り込み、『職業革命家』としての訓練を受けさせたグループ。ＪＲ革マル派組織のトップで、マングローブの指導などに当たる組織です。

一方のマングローブは、分割民営化後のＪＲ各社の労働組合における革マル派の組織防衛と拡大を目的に、ＪＲ革マル派内部で作られた組織なのです。目黒さつき会館（ＪＲ総連本部や関連団体などが本部を置き、〝ＪＲ革マル派の牙城〟といわれている）の四階に常駐しているメンバーを頂点に、組合員に革マル派思想を浸透させると同時に、組合員からのカンパを革マル派党本部に上納しているのです。

ただトラジャもマングローブも『組織防衛』の観点から、組織実態はもちろんのこと、その存在さえ、一般組合員に秘匿されているのが実態なのです。マングローブのメンバーには、もともと旧国鉄やＪＲの職員でない、東大や早稲田、日大など『学生革マル派』出身の組合プロパーの書記も含まれているのです」

その「学生革マル派」出身の書記らを中心に、ＪＲ革マル派のなかでも、革マル派党本部との関係がきわめて深いと思われる一〇人をピックアップしたのが二〇八ページの表だ。この表で特徴的なのは、やはり夫婦とも革マル派で〈子供なし〉という記載だろう。

公安当局関係者がこう解説する。

「革マル派活動家は、自党派の活動家としか結婚しません。そして『子供は革命の妨げになる』としている。だから革マル派活動家のほとんどが子供をつくっていません。ところが、松崎は子供どころか、孫までいる。これで、松崎が革マル派内部でどれだけ〝破格〟の扱いを受けているかがわかるでしょう」

## 組合を裏で操る「労研」の存在

そしてこの表には前述のトラジャやマングローブ以外に〈Aメンバー〉などの秘密組織も登場するのだ。

本間氏が再び語る。

「Aメンバーは革マル派シンパで『ハイスクールメンバー』とも呼ばれています。約一〇～二〇人で『A会議』を作り、『A会議』は各地方に一～十数個あるといわれています。このAメンバーを指導するのがマングローブ。『ユニバーシティー』はマングローブの別名です。

マングローブは各地方のA会議に出向き指導する。Aメンバーとの個別学習会や議論を通じて、松崎や革マル派の思想を叩き込む。

さらにそのAメンバーが今度は『Lメンバー』と呼ばれる組合員を指導する。『L』とは革マル派の機関紙『解放』(Liberation)の頭文字。

Aメンバーは組合活動に熱心な組合員のなかから、Lメンバーをピックアップし、革命を意識的に考える学習会『L会議』を作るのです。『L会議』では、『解放』など革マル派の文献などを使って学習し、組合員の指導や、運動上の問題点を議論します。

『L会議』も各地方に数十個存在するといわれているのですが、お互いをペンネームで呼び合うなど秘匿性が高く、会議に参加している者しか『Lメンバー』はわからない。そして、この『Aメンバー』や『Lメンバー』も毎月、革マル派にカンパを上納しているのです」

そしてさらにJR東労組には、組合を裏で操る『労研』という組織も存在するという。

本間氏が続ける。

「実はJR東労組は二重構造になっていて、JR東労組を実質的に支配しているのが、この『労研』なのです。『Aメンバー』、『Lメンバー』たちが組合活動に熱心な組合役員をピックアップし、『労研』への入会の決意を促すのです。実際、この『労研』から多くの幹部が輩出されています。

また労研は『中央労研』、『地方労研』、『支部労研』と縦組織になっており、中央会費、地方会費、支部会費などが定期的に集められ革マル派に上納される。

この労研は『革マル派のフラクション(細胞)の一つ』といわれているのです。当然のことながら革マル派の影響を色濃く受けており、松崎の著書などを教材に学ぶのです」

そして、本間氏ら元JR東労組幹部が、自らの実体験に基づいて作成したのが二〇六ページの「革マル派のJR支配」図である。

## 東大革マル派のJR総連幹部を直撃

本間氏がこう語る。

「革マル派とJR東労組との関係が現在もこの変形型ピラミッドの形を維持しているかどうか、また『トラジャ』や『マングローブ』、『A会議』や『L会議』がその呼称のまま残っているかはわかりません。ただ、今なお、このピラミッドの頂点に君臨している人物が、松崎明だということだけは、間違いありません。

そしてこのリストや、現在のJR東労組・JR総連本部の役員名簿から言えることは、JR東労組やJR総連が、JRの社員でもない、学生革マル派出身の組合プロパー職員や、首なし専従に喰いモノにされているということなのです」

取材班は、「JR革マル派43人リスト」で、実際に革マル派と指摘された数人の取材を試みたが、自宅に不在の人物が多かった。

しかしそんななか、〈東京大学革マル派出身、マングローブの一員。妻も、旧動労時代からの学生革マル派出身でJR貨物の書記などを歴任した革マル派同盟員。子供なし……〉と指摘されたJR総連幹部夫妻（二〇八ページの表最上段の人物）に接触できた。

ちなみにこのJR総連幹部夫妻が住んでいるのは、前述の〝JR革マル派の牙城〟といわ

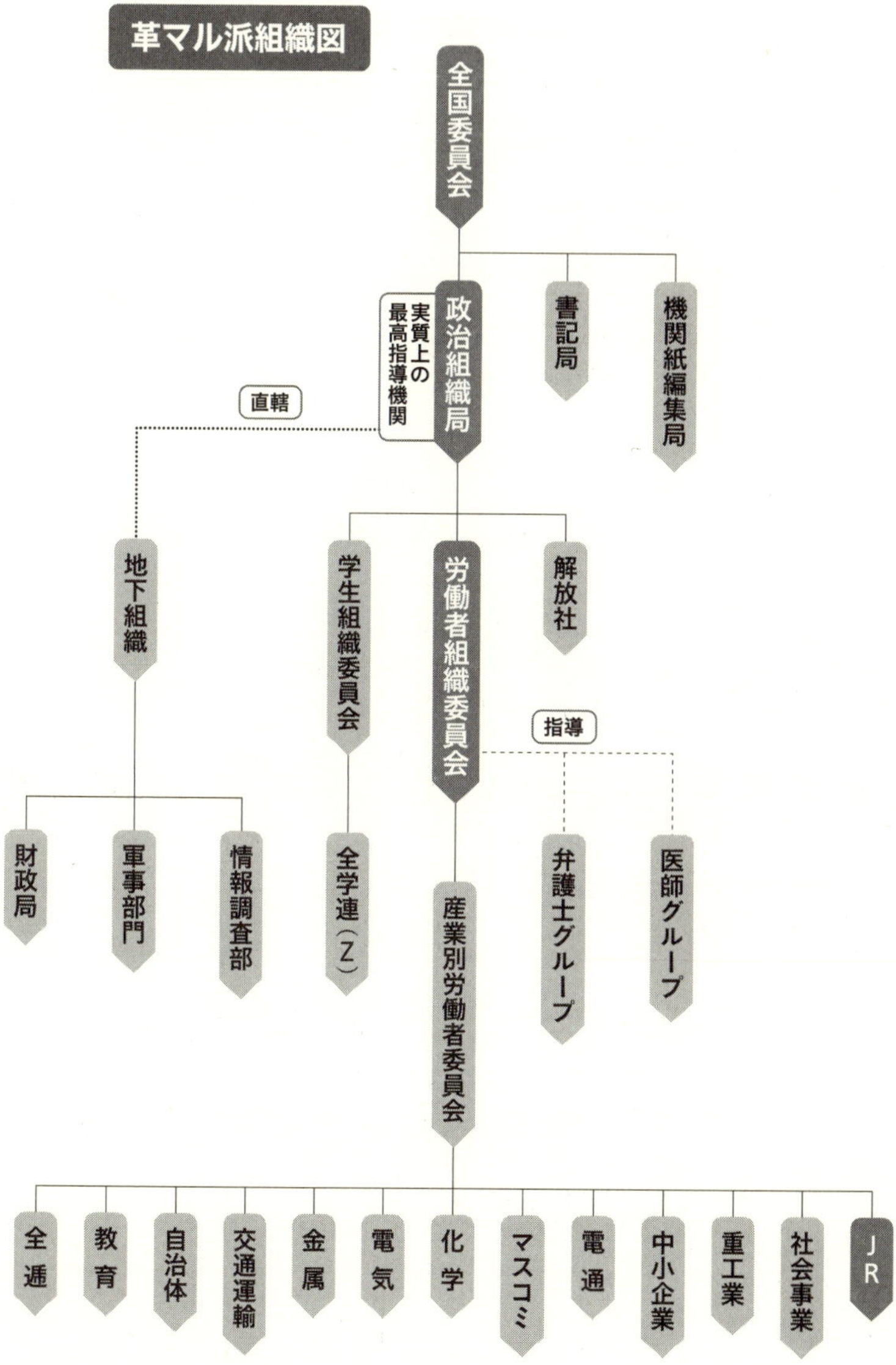
革マル派組織図
全国委員会
政治組織局
実質上の最高指導機関
書記局
機関紙編集局
直轄
地下組織
学生組織委員会
労働者組織委員会
解放社
指導
財政局
軍事部門
情報調査部
全学連（Z）
産業別労働者委員会
弁護士グループ
医師グループ
全逓
教育
自治体
交通運輸
金属
電気
化学
マスコミ
電通
中小企業
重工業
社会事業
JR

## 革マル派のJR支配

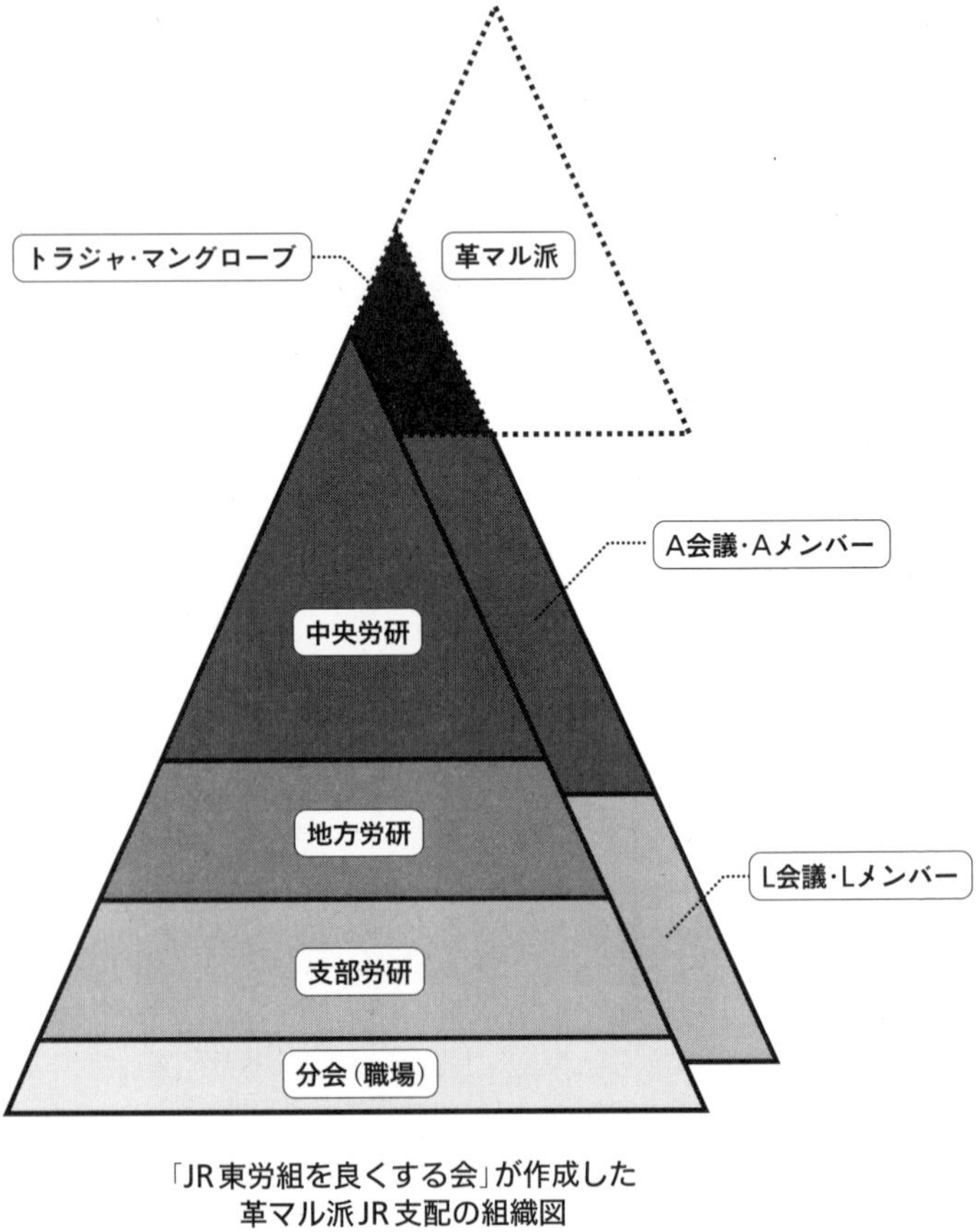


「JR東労組を良くする会」が作成した
革マル派JR支配の組織図

こうした構造（労研）が各単組で作られており、これらの上部組織として「全国労研」が存在する。この他に、職能別の労研も存在するれる「目黒さつき会館」から徒歩数分の東京都品川区の高級マンション。松崎が過去、同じマンションの一室を購入し、かつては長男の松崎篤（四五歳）もここに住んでいた。また今も複数のJR総連関係者が部屋を所有している。

取材班から直撃されたJR総連幹部の妻は、インターフォン越しに「なんなんですか？そんな話、失礼ですね！」と取材拒否。幹部本人も「あなたにお話しすることは何もありません。お帰りください」とインターフォンを切った。

JR東労組、JR総連にも、この「JR革マル派43人リスト」について質《ただ》したところ、それぞれ次のように回答してきた。

〈貴殿よりいただいた「質問」には回答しません〉（斉藤弘敦・JR東労組広報部長）

〈貴殿からの質問について、回答しません〉（湯谷邦彦・JR総連広報部長）

一方、JR東労組を抱えるJR東日本も連載開始以降、一貫して〈貴殿には回答いたしません〉と取材を拒否し続けている。

かつてはJR東労組の中枢にいた幹部たちが、その実態を初めて明らかにした、JR内の革マル派秘密組織「トラジャ」、「マングローブ」――。

しかし警察当局がこれらの組織の存在を把握できたのは、警視庁公安部が革マル派の非公然アジト「綾瀬アジト」を摘発した九六年のことだった。松崎が、これらの秘密組織を作ってからすでに一〇年もの歳月が経っていた。

「七〇年代後半から内ゲバをやめ、ゲリラ活動もしなくなった革マル派に対し、中核派は八

## JR革マル派リスト（一部抜粋）

| | |
|---|---|
| JR総連<br>●●●委員長（男） | 東京大学革マル派出身、「マングローブ」（JR革マル派の指導組織）の一員。旧動労時代からのプロパー書記。JR移行後は、JR東労組●●部長などを歴任。妻も、学生革マル派出身で、JR貨物の書記などを歴任した革マル派同盟員。子供なし |
| JR東労組<br>●●担当部長（女） | 早稲田大学革マル派出身。旧動労時代からのプロパー書記（JR東労組では、総務財政部、組織部、教宣部などに所属）。松崎に憧れて独身を貫いている。かつて豊玉のマンションに居住。現在は、品川区の松崎のマンションを妹と共同名義で購入し居住 |
| JR東労組<br>●●担当部長（女） | 国学院大学革マル派出身。中核派に襲撃され、瀕死の重傷を負う。旧動労時代からのプロパー書記で、松崎の秘書も務める。夫は、●●●●（大手運送会社）内の革マル派の責任者とされる。「鉄福」（JR総連の福利厚生団体）所有のマンションに居住。子供なし |
| JR東労組<br>●●●部員（男） | 日本大学革マル派出身、「マングローブ」の一員。永くJR東労組●●部員（●●担当部長）の肩書で松崎の運転手兼ボディーガードを務めていた。日本大学時代、内ゲバ事件に関与、凶器準備集合、傷害容疑などで逮捕され、新聞にも掲載された |
| JR東労組<br>●●地本書記長（男） | 中央大学革マル派出身。旧動労時代からのプロパー書記。その後、JR東労組●●地本業務部長、本部●●委員を歴任。●●地本における「Aメンバー」（革マル派シンパ）の責任者と言われている。「鉄福」所有のマンションに居住。子供なし |
| JR東労組<br>●●担当部長（女） | 東京女子大学革マル派出身。旧動労時代からのプロパー書記。かつては松崎の秘書を務めていたこともある。夫は「トラジャ」（「マングローブ」を指導する職業革命家）で、JR総連●●●執行委員。子供なし |
| JR総連<br>●●●●委員（男） | 「トラジャ」のメンバー。旧動労本部●●●部長などを歴任。JR移行時に、職業革命家として革マル派の活動家になった。妻は上記の東京女子大学革マル派出身者。現在は、目黒さつき会館（JR総連本部が入る建物）にいる |
| JR東労組<br>●●書記長（男） | 「マングローブ」の一員。松崎のボディーガードを務め、その後旧動労本部●●部長などを歴任。●●車掌区主任車掌。妻は「鉄道ファミリー」（JR総連の関連法人）勤務から、JR貨物労組の書記に栄転。子供なし |
| JR東労組<br>●●部長（男） | 「マングローブ」の一員。旧国鉄時代は国労に所属。群馬県嬬恋に松崎と共に別荘を所有。松崎に取り入るため、マスコミと松崎との定期的な懇親の場をセットした。妻は元教師（革マル派）で、現在は「さつき企画」（JR総連の関連法人）に勤務。子供なし |
| JR総連<br>●●（男） | 「マングローブ」の一員。「ユニバーシティー」（「マングローブ」の別名）の校長先生と呼ばれ、「マングローブ」の責任者。JR東海労●●委員長などを歴任。目黒さつき会館4階に常駐 |

**表の見方**：上の表は、「JR東労組を良くする会」が作成した43人の「JR革マル派リスト」から、革マル派との関係が深いとされる10人について抜粋したものである。なお、個人が特定される可能性がある箇所は●印で伏せ字とした

〇年代に入ってもゲリラ活動を積極的に展開していた。このため警察は『中核派と比べ、革マル派に、当面の危険性は少ない』と判断し、警視庁公安部の革マル派担当捜査員を管理官以下三〇人に縮小した。

これに対し中核派担当捜査員は二五〇人もいたのだが、昭和六一（一九八六）年に東京サミットが開かれた際、サミット開催に反対する中核派が、会場となった迎賓館付近にロケット弾を打ち込むという事件があった。この事件を受け、中核派を担当する公安一課は、一挙に六〇〇人体制にまで拡充された。一方の革マル派担当捜査員はさらに縮小され、ほんの数人になってしまった」（警察庁関係者）

つまり綾瀬アジトが摘発されるまでの一〇年間、警察当局には、革マル派捜査における〝空白期間〟が生じたというのである。

「今から考えるとまさに『失われた一〇年』だった。しかしある事件を機に警察は、その『一〇年』の大きさを思い知らされることとなった……」（同前）

## 〝オウム警戒中〟のハプニング

九五年一二月一三日の深夜、東京都北区の路上に、複数の男女を乗せた一台の車が止まっていた。

その年の三月、カルト集団「オウム真理教」が死者一二人、負傷者五五一〇人という日本犯罪史上最悪のテロ事件「地下鉄サリン事件」を起こし、五月には〝教祖〟の麻原彰晃《あさはらしょうこう》こと松本智津夫《まつもとちづお》（当時四〇歳）が逮捕された。

しかし麻原逮捕後もまだ、一連のテロ事件に関わったとされる平田信や高橋克也、菊地直子ら教団幹部が逃亡を続けていた（現在も逃亡中）。また残された信者が「教祖奪還」をめざし、新たなテロを準備しているのではないか、との懸念も払拭できなかった。

警察庁は、警視庁をはじめとする各道府県警に、引き続きオウム警戒を指示。それを受けた各警察が巡回警備を強化する――。九五年一二月といえば、そんな時期だった。

そんな折も折、深夜にもかかわらず、複数の男女が乗ったままの車が、何時間も路上に停車していれば、誰もが不審に思っただろう。パトカーで巡回中だった二人の警察官は、迷うことなく、車内の男女三人に職務質問をしたという。

「その際、車の中から録音機のようなものが見つかったため、警察官が滝野川署まで任意同行を求め、滝野川署で車の中を調べたところ、車の中から盗聴道具一式が見つかったのです。

結局、その日はブツだけ押収し、彼らを釈放せざるを得ませんでした。しかし翌日、滝野川署からの連絡を受けた警視庁公安部が、付近を捜索したところ、現場近くで、盗聴用の発信機が見つかった。しかもそれは、電柱と電柱との間の電線のちょうど中央部にかけられていた、塩化ビニール製のカバーの中から見つかったのです」（捜査関係者）

一般的に電話の盗聴には、電話機に盗聴用の発信機を仕掛けるという手法が多用される。

しかしこの犯人グループは電話線に直接、発信機を仕掛けていたのだ。この手法は、彼らがきわめて高度な技術力を有していることを示していた。

その発信機が仕掛けられていた電話線は、電柱からさらに数十メートル離れた豊島区駒込のマンションの一室に繋がっていた。その部屋は、当時、「鉄労友愛会議」議長を務めていた瀬藤功氏（当時五九歳）の自宅だった。

## 「鉄労友愛会議議長宅盗聴事件」

八七年のJR発足を前に、それまで激しく対立してきた動労と鉄労が和解し、JR総連の前身「鉄道労連」が結成された。「鉄労友愛会議」は、鉄道労連結成に伴い解散した鉄労の清算団体で、当然のことながら旧鉄労組合員で組織されている。

だが、JR東日本では九〇年代に入って、旧鉄労系組合員による〝反乱〟が相次いでいた。

九三年一二月には東北の要所・仙台で、約一〇〇人の旧鉄労組合員が、松崎ら旧動労幹部による「独善的な組織運営」に反発し、JR東労組仙台地本を脱退。新組合「JR東新労」を結成した。

二年後の九五年一二月二三日には「革マル派による非民主的な組織運営」に反発した、JR東労組の約八〇〇人の旧鉄労系組合員が、新潟支社を中心に集団脱退し、新組合「JRグリーンユニオン」（後にJR東新労と合併し、「JR東日本ユニオン」となる）を立ち上げたのだ。

　これら新組合立ち上げの動きに対し、JR東労組と癒着していたJR東日本経営側は、新組合の役員に対し、突然の遠隔地への異動や出向命令を下すなど、不当労働行為を乱発。徹底した〝組合潰し〟を行うのである。

　特に新潟での会社側の組合潰しは熾烈《しれつ》を極めた。本社役員と新潟支社幹部、JR東労組新潟地本の三役が合同会議を開催し、「新組合結成阻止」で一致。労使共同で徹底した「グリーンユニオン潰し」を行い、結成当初は約八〇〇人だったJRグリーンユニオンの組合員は二〇〇人まで切り崩されたのだ。

　そして、JR東日本とJR東労組による労使一体となったこの「グリーンユニオン潰し」に多大な〝貢献〟をした組織があった。松崎が最高幹部を務める革マル派である。

　実はJRグリーンユニオン結成の際、旧鉄労系組合員を支援していた中心人物の一人が、前出の「鉄労友愛会議」議長の瀬藤氏だった。瀬藤氏宅の盗聴が発覚したのはJRグリーンユニオンが結成される一〇日前のことだった。

　新潟出身の瀬藤氏は、地元の国鉄に就職後、鉄労入りし、鉄労役員を歴任。そして八七年、前述の鉄労の解散に伴い、発足した鉄労友愛会議議長に就任した。それと同時に、旧鉄労の拠点である「友愛会館」（東京都港区）で勤務するため、新潟から単身赴任していた。現在は現役を退き、新潟で暮らす瀬藤氏が当時を振り返る。

「いやぁ、驚きましたよ。会議中に娘から『うちの電話が盗聴されている』っていう電話が入りましてね。ちょうどそのころ、娘が東京の大学に通っていて、あのマンションで二人で暮らしていたんです。

はじめは『何をバカなこと言ってるんだ。うちが盗聴されるわけないだろう』って、まともに取り合わなかったんですが、娘は真剣そのもので、その様子からこれはただごとではないな、と思いました。当日、私はあいにく泊まり込みの会議が入っていたもので、家内に新潟から来てもらいました。あとから家内に聞いた話だと、その日は警察のクレーン車は登場するわ、おまわりさんはたくさん来るわで、かなり大掛かりな現場検証が行われたそうです」

それから二週間後の一二月二七日、警視庁公安部は「鉄労友愛会議議長宅盗聴事件」の容疑者として、革マル派の非公然活動家（当時三二歳）を逮捕した。

実は犯人はその三日前の二四日、群馬県高崎市のビジネスホテルに、同じく革マル派活動家二人と宿泊していた際、偽名を使ったとして有印私文書偽造の疑いで、群馬県警に逮捕されていた。

「当時は各都道府県警で、オウムを対象にした『旅舎検』（旅館や駅などの一斉捜索を指す警察用語）が行われており、群馬県警の旅舎検に引っかかったのです」（前出・捜査関係者）

その後の調べで、この革マル派非公然活動家らが九五年一〇月ごろから一二月中旬にかけて、議長宅につながる電話線に盗聴用発信機を仕掛け、電話の内容を盗聴していたことが判明したのだ。つまり革マル派の非公然部隊は、ＪＲグリーンユニオンが結成される二ヵ月前から、分裂の動きを察知していたのである。

「公安部がその後、犯人が持っていたテープを分析したところ、高崎市内に住む旧鉄労関係者宅も盗聴していたことがわかったのです。彼らの狙いはやはり、旧鉄労グループの動きを探ることでした」（同前）

その後、警視庁の捜査によって革マル派の非公然部隊が、ＪＲ東労組やＪＲ総連と対立するＪＲ連合や国労幹部宅を組織的に盗聴していたことが明らかになるのだが、この事件をきっかけに警視庁公安部、警察庁警備局幹部の間でこんな言葉が囁かれるのだ。

「オウムの次はＺ……」

ちなみに「Ｚ」とは革マル派系の学生組織「全学連（全日本学生自治会総連合）」（ただし中核派系や革労協系など他セクトの「全学連」も存在する）の頭文字で、革マル派の活動家たちがデモなどで被るヘルメットには「Ｚ」と記されていることからこう呼ばれる。

「この鉄労友愛会議議長宅盗聴事件で、革マル派が我々の想像をはるかに凌ぐレベルの情報収集能力と技術力を有していることが判明した。と同時に、革マル派が、ＪＲの労働問題に極めて深くコミットしていることも明らかになった。

このため、オウム捜査が終結すれば、すぐさま革マル派（Ｚ）の捜査に取り掛からなければならないという意味で、『オウムの次はＺ』という言葉が囁かれ始めた」（警察庁関係者）

## 「豊玉アジト」

「なんなんだ、これは……」

九八年一月七日、東京都練馬区豊玉の六階建て雑居ビル。その最上階に踏み込んだ警視庁公安部の捜査員は、部屋の中から約一万四〇〇〇本もの鍵の束を見つけ、思わずうめき声を上げたという。

後に「豊玉アジト」と呼ばれるこの革マル派の非公然アジトからは、この約一万四〇〇〇本の鍵以外に▽広島県警の警察手帳二冊と公安調査庁の調査官証票四通▽印鑑約四〇〇個▽革マル派担当捜査員の住民票や住宅地図をはさんだファイル▽無線機やイヤホンマイク▽偽装カメラ▽五〇〇〇本を超えるカセットテープとビデオテープ——などが見つかった。

「約一万四〇〇〇本の鍵のうち、半数の七〇〇〇本ほどが、使用可能な状態に加工されていました。それらのなかには警察庁、警視庁幹部をはじめ、革マル派担当の捜査員の自宅の鍵まであったのです。

しかも、実際に使われた形跡のある鍵も多い。驚くべきことに、その後の捜査の結果、革マル派が元警察庁長官宅に侵入し、資料や写真を盗み出していたことまで判明したのです」

（捜査関係者）

豊玉アジトからはこのほかにも、鍵を作るための金属の板や研磨器などの鍵製作工具、金庫を開ける際に使用する聴診器や、鍵穴に詰めて合い鍵を作るための型を取るシリコン工具など約六〇〇点が見つかっている。

「過激派のアジトから警察手帳などが見つかったのは初めてのことでした。警察手帳のうち一冊は、広島県警捜査二課の捜査員の名前、また調査官証票は、公安調査庁関東公安調査局の職員名で、いずれも架空の人物でした。手帳や証票はいずれも、一般の人には見分けのつかない精巧なものでした。彼らが、警察官や公安調査官を装って活動していたのは間違いないでしょう。

また約四〇〇個の印鑑は、革マル派が、警視庁公安部の捜査員らの住民票を取得する際に、使ったものとみられています」(前出・捜査関係者)

この豊玉アジトからの押収物は計約一万五〇〇〇点、段ボール箱にして約一二〇個分にものぼったという。公安部は、これらの押収物から同アジトを、公安当局や対立組織の情報を収集する拠点とみて特別捜査本部を設置。押収資料の分析を始めた。

この豊玉アジトについて公安当局関係者はこう解説する。

「革マル派の非公然部隊は、その組織内での正式名称を『情報調査部』といい、通称『INF(インフォ)』と呼ばれています。また当時は『日立』というコードネームで呼ばれていました。

そしてこの豊玉アジトは、『日立』がさまざまな非合法活動で入手したさまざまな情報が集約されるセンターアジトで、『石ノ森』というコードネームで呼ばれていたのです。

さらに、この『石ノ森』のほかにも、『東海林』や『鳥山』、『園山』や『不二夫』など漫画家の名前が冠された複数の非公然アジトが一〇ヵ所近く存在することがわかったのですが、これらの所在地はいまだにわかっていません」

## 「少年A事件」への異常な関心

九七年五月に神戸市で発生した「連続児童殺傷事件」。

小学六年生の男児を殺害し、その首を中学校の正門前に置くという猟奇性もさることながら、犯人が当時一四歳の少年だったことに、まさしく日本中が震撼した。

後に「少年A事件」と呼ばれるこの事件の発生当時、私は地元紙『神戸新聞』の記者だった。発生から少年Aの逮捕、そして家裁送致に至るまでの約二ヵ月間、現場での取材に携わった私にとっても、この事件はあらゆる意味で、生涯忘れられないものとなった。

ところが、この少年Aの逮捕後、この事件に深くコミットしていった集団があった。ほかでもない「革マル派」である。

警視庁公安部は九八年四月七日、この少年A事件に絡み、革マル派の非公然活動家の塩田明男（当時五一歳・以下敬称略）ら六人を住居侵入や窃盗などの容疑で指名手配したのだ。

ちなみに塩田は前述の革マル派「情報調査部《INF》」のリーダーで、松崎に次いで革マル派No.3といわれる大物幹部である。

革マル派は、この事件が発生した直後から、「日本政府が危機管理体制を構築させるため、謀略グループが社会を恐慌状態に陥れるため起こした」などと主張。少年Aの逮捕後も「事件は国家権力の謀略的犯罪で、（少年Aの）調書は捏造《ねつぞう》された」、「国家権力やCIAによる謀略だ」などと、お得意の「権力謀略論」を展開していた。

その一方で、複数の報道機関に、少年Aの検面調書（検察官が、被疑者や参考人の供述を、面前で録取した調書）などが〝何者か〟によって送りつけられるという奇怪な事件も発生。またそれらの検面調書の内容を九八年二月一〇日発売の『文藝春秋』（三月号）が掲載し、その是非を巡る議論が起こっていた。

「公安部は、豊玉アジトを捜索した際、数百枚のフロッピーディスク（FD）を押収していたのですが、そのなかに医療少年院送致となった少年Aの検面調書などの内容が記録されたFDがあったのです。

そのFDの中には検面調書のほか、兵庫県警の員面調書（警察官が、被疑者や参考人の供述を、面前で録取した調書）や捜査報告書の内容も含まれていました。

また押収資料の中には、少年Aの両親の自宅の見取り図や、殺害された小学生の司法解剖を行った神戸大医学部に侵入したことを示す、非公然活動家の行動記録などもありました。

それらの行動記録はすべて、暗号化されていたのですが、詳細に分析した結果、実行グループを特定できたのです」（捜査関係者）

公安部によると、塩田ら革マル派の非公然活動家ら六人は九七年九月、夜間に少年Aの精神鑑定を担当していた医師が勤務する兵庫県立光風病院（神戸市北区）の院長室に侵入。ここから検面調書や捜査報告書などを持ち出し、コピー機で内容を複写したというのだ。

「少年Aが逮捕された九七年の秋以降、共同通信社やTBS、産経新聞社など複数の報道機関に検面調書の写しが郵送されました。このうち七通の検面調書が『文藝春秋』に、そして『A少年の犯行ノート』が『FOCUS』（九八年三月一一日号）に掲載されたのですが、公安部ではこれも革マル派の仕掛けだと断定しています。

革マル派はまず光風病院に侵入し、検面調書のコピーを入手した後、これらをどう扱うかを、組織内で検討したようです。その後、実際に、複数の報道機関に調書の一部を郵送したのです。一部の報道機関にはその後、『フリーライター』などと名乗って電話し、郵送したもの以外の調書についても提供を申し入れていました。これら革マル派と報道機関との具体的なやりとりを記録した資料もすべて、豊玉アジトから押収されたのです」（前出・捜査関係者）

## 謀略論が生んだ「少年A冤罪説」

塩田ら六人はその後、それぞれ逮捕、起訴された。そして〇六年一二月四日、東京地裁は塩田に対し懲役五年（求刑懲役八年）、他の五被告にも懲役二年八ヵ月〜一年一〇ヵ月の実刑判決を言い渡した。

しかしなぜ革マル派は、これほどまでに「少年A事件」に異常な関心を示し、非合法な手段を使ってまで調書を入手し、報道機関に送りつけるという奇怪な行動に出たのか。

革マル派が七四年に、中核派や革労協など対立セクトに対し、一方的に『勝利宣言』した以降、対立セクトによる内ゲバで、自党派に犠牲者が出ても、「絶対に捕まることのない何者かの犯行」などと、超現実的な「権力謀略論」を展開していたことはすでに説明した。「それ以降、革マル派は自ら、この『権力謀略論』に拘泥《こうでい》していったのです。しかしここ十数年は内ゲバによる被害もないことから、彼らはありとあらゆる社会的反響の大きい事件へと、この権力謀略論を適用していく。

オウム真理教による地下鉄サリン事件しかり、O－157による食中毒騒動しかり、そしてこの少年A事件もまた、しかり。すべてを『国家権力内謀略グループの犯行』か『CIAの自作自演』などと主張するのです。

じつに荒唐無稽極まりない論理なのですが、それを革マル派の党員たちは正しいと信じ、さらにはそれを、真面目に証明しようとするのです」（公安当局関係者）

革マル派の超現実的な論理と、一般常識では理解しがたい行動。それは結党から四〇年を経た彼らがもはや、革命をめざす「前衛党派」から、きわめて宗派性の強い「カルト集団」へと変質したことを如実に物語っているのではないだろうか……。少なくとも私にはそう思えてならない。

「神戸の連続児童殺傷事件でも革マル派は、事件発生直後から『国家権力内謀略グループの犯行』などと主張していたのですが、少年Aが逮捕されて、引っ込みがつかなくなった。そこで今度は、『少年Aは冤罪だ。なぜなら調書は捏造されたものだからだ』などと主張するのです。

しかし『捏造』と主張するにしても、肝心の調書がないと、どの部分が『捏造』なのかを指摘できない。さらにはその調書の内容が、世間に広く知られていなければならない。

そこで彼らは、住居侵入というリスクを冒してまで、調書を入手しようとし、さらにはその内容をマスコミにばらまいたのです。

そして社会的影響力の大きい『文藝春秋』が調書の内容を掲載するに至って、革マル派は『解放』で、その掲載内容を取り上げ、『検面調書はねつ造』とキャンペーンを張った。それによって彼らは『権力と闘う革命党派』としての自らの存在を、広く社会にアピールできると考えたのでしょう」（前出・公安当局関係者）

その「アピール」がどれだけ奏功したかは定かではないが、驚くべきことに革マル派が唱えた「少年A冤罪説」を追認していた集団がある。ほかでもない、松崎に支配されたJR東労組だ。JR東労組の若手組合員が証言する。

「あれは私がまだJR東日本に入社して、すなわちJR東労組の組合員になって間もないころでした。JR東労組が主催した広島での『平和学習』に参加したことがあったのです。

参加者が東京に集まって、バスで広島に向かったのですが、そのバスに乗っていたJR東労組の〝偉い人〟がバスの中で演説中、『少年Aは冤罪だ。あの事件は国家権力の謀略だ』

などと言い出したのです。それを聞いて私は『この組合、マトモじゃないな』ってゾッとしたことを覚えてます」

話を公安部の捜査に戻そう。

その後の調べで、革マル派が前述の神戸大学や、少年Aの両親宅だけでなく、少年Aが当時収容されていた関東医療少年院（東京都府中市）にまで侵入していたことが判明。公安部は七月一七日、女性一人を含む非公然活動家計五人を指名手配したのだ。

「当時、少年Aの両親は、マスコミの目から逃れるため、神戸市の自宅から引っ越して、ある地方都市のマンションに身を潜めていました。

ところが、革マル派はまず、光風病院から入手した資料から、少年Aが逮捕され、引っ越した後も、両親が連絡を取り続けていた親類の住所を特定。そして、その親類宅に盗聴器を仕掛け、両親の転居先を割り出したのです。

両親の転居先を割り出した革マル派はさらに、両親宅を盗聴し、両親の行動パターンを把握しようとしたのです」（前出・捜査関係者）

## 「盗聴の革マル派」

「奴らいったい、どこに隠してあるんだ……」

警視庁公安部の捜査員が、少年Aの両親の転居先のマンションの検証を始めてから数時間が経過していた。しかし、仕掛けられているはずの盗聴器はまだ、見つからなかった。豊玉アジトの押収資料から、革マル派の非公然部隊が、少年Aの両親宅を盗聴していたことは間違いなかった。しかし、肝心の盗聴器が見つからないのだ。

当然のことながら、マンション周辺の電話線や電柱は一本残らず調査した。さらに部屋の中も隅々まで調べたが、見つからない。もちろん、この検証に際し、両親の許可は得ている。だが、夕方になれば何も知らない、少年Aの弟が学校から帰宅する。

弟は兄が起こした事件で、心に深い傷を負っていた。事件後は両親とともに名前を変え、ひっそりと暮らしている。何の罪もない弟に、誰も知らないはずの自宅を捜索している刑事の姿は絶対に見せたくない。捜査員らの顔にはありありと焦りの色が浮かんでいた。

タイムリミットまであと二時間もない。スウーッと壁を撫でた。すると、小さな突起に当たった感触が、手袋を通して伝わった。捜査員らが急いで壁紙を剝がしたところ、出てきたのだ。クモの巣のように張りついた盗聴器のマイクが……。

「そのマイクは壁に埋め込まれていたのです。なんと革マル派は、両親が留守のときを見計らって、両親宅の壁紙をすべて張り替えていたのです。さらに盗聴器の本体は、衣装ダンスの本体と引き出しの隙間に仕掛けられていました。単三電池三六個で稼動し、一度仕掛ければ、半年間は機能するタイプのものでした」（前出・捜査関係者）

公安関係者の間で、さすがは「盗聴の革マル派」といわれるだけのことはある。その技術と〝情熱〟には驚かざるを得ない。

「革マル派は、この盗聴器で両親の行動を把握。両親が、少年Aとの面会のため関東医療少年院に行く日程を割り出し、新幹線に一緒に乗り込んだのです。そしてグリーン車に少年の両親を呼び込み、『犯人はお子さんではありません。事件は権力による謀略なんです』などと説得したのです。もちろん彼らの説得工作は失敗するのですが、驚くのは彼らの資金力です。

まず彼らは両親の親類宅を盗聴するために、その近くに月十数万円の家賃の賃貸マンションを借りる。そこで数ヵ月盗聴し、両親宅の所在地がわかった時点で解約する。そして今度は両親宅の近くに、同様に月十数万円の家賃のマンションを借り、これも数ヵ月で解約している。これら二つのマンションを借りるのには当然、敷金、礼金も必要なわけで、これだけみても非合法活動に投じられる彼らの資金がいかに潤沢かわかります」（同前）

ちなみに第1章でも触れた、九六年に警視庁が摘発した綾瀬アジトは3LDKで、家賃は当時で月額、管理費込みで九万八〇〇〇円だった。豊玉アジトでは、練馬区の六階建て雑居ビルのうち、五階の一室と六階のワンフロアーを使用。五階は宿泊用兼事務室、六階は事務所として使用していたのだが、それぞれの家賃は月額九万三〇〇〇円と、二三万八〇〇〇円だった。

しかも革マル派はこの二室を八六年から、つまりは摘発される一〇年以上も前からアジトとして使用していたのである。いったい、これらの潤沢な資金はどこから出ているのだろうか……。

「警視庁公安部が、綾瀬アジトからの押収物を分析した結果、松崎が昭和六二（一九八七）年ごろから平成五（一九九三）年にかけて、数千万円を活動費として革マル派党本部にカンパしていたことが分かりました。さらには松崎が過去、『必要な金は作るから、とにかく組織を作れ』などと指示していたことも判明しました。このため公安部では、かなりの額の金が、ＪＲ東労組やＪＲ総連の組合費などから、革マル派に流出したとみているのです」（公安当局関係者）

ちなみに前述の豊玉アジトが入っていた練馬区の六階建て雑居ビルには、「松崎の側近」といわれる、ＪＲ東労組の女性幹部（六〇歳）の名義で借りている部屋があったことが、公安部の調べで判明している。

## 明らかになったＪＲへの非公然活動

そして実はこの豊玉アジトからは、ＪＲ関連の資料も多数押収されている。いや、「多数」などというレベルではない。押収された段ボール箱約一二〇個分のうちＪＲ関連の資料は、その三分の一に相当する約四〇個分に達していた。つまりこのアジトは、ＪＲ東労組やＪＲ総連と対立する、国労やＪＲ連合の動きを探る拠点でもあったのだ。

国労書記長の電子手帳の内容を書き記したメモ▽ＪＲ西日本労組委員長宅にあった文書の

コピー▽国労幹部の電話での会話が録音されたテープ▽JR連合系労組幹部宅の室内での会話が録音されたテープや、室内の様子を映したビデオテープ……。

これら豊玉アジトからの押収資料で、革マル派の非公然部隊が、住居侵入や盗聴などあらゆる非合法手段を駆使し、国労やJR連合の情報収集を行っていた実態が明らかになった。

押収資料の分析を終えた公安部は九八年一〇月一二日、革マル派非公然活動家七人が、当時の国労書記長だった宮坂義久氏（当時五〇歳）の自宅マンションに侵入したと断定。彼らを住居侵入の疑いで指名手配した。調べによると、七人は九六年八月ごろ、東京都港区の宮坂氏の自宅マンションに侵入したという。

「目的は当時、国労の企画部長などを務めていた宮坂氏の電子手帳の内容を入手することでした。彼らが宮坂氏の自宅に侵入した時期はちょうど、国労が、国鉄分割民営化に最後まで反対した国労組合員の不採用問題などについて、JR各社や永井孝信労働大臣（当時）らに対し、協力を要請したころでした。

革マル派は、こうした動きについて『解放』などで国労とJR、運輸省の交渉過程を暴露。『裏取引』と国労を繰り返し批判していましたが、新たな攻撃材料を見つけるため宮坂氏宅に侵入したのでしょう」（公安当局関係者）

そして公安部は九八年一一月五日、前述の少年A事件に絡む革マル派非公然部隊の住居侵入事件の関係先として、神奈川県厚木市の「厚木アジト」を摘発した。この「厚木アジト」はこれまでの綾瀬、豊玉アジトと違い、一戸建てのバラックで、「アベ製作所」の看板を出し、板金や塗装を行う製作所を装っていたが、その実態は革マル派の「軍事基地」だった。「厚木アジトには、旋盤機、万力などの大型工作機械が備えつけられており、約一五〇本にものぼる鉄パイプのほかに、約六〇本の鉄芯入り竹刀が発見されました。それ以外にも手製のなたやスタンガン、サバイバルナイフやヌンチャクなど、物騒な道具が計一八〇〇点も保管されていました。

このアジトの摘発で、七〇年代後半以降、武力闘争を控えていた彼らが、それを決して放棄していないことが判明したのです」(捜査関係者)

そして、この「厚木アジト」からはこう書かれた模造紙も押収されたという。

〈社員をナメルナ　JR東海経営陣は辞任せよ!〉

九一年のJR総連の分裂以降、松崎や、JR総連傘下単組である「JR東海労」は、葛西敬之氏(現会長)をはじめとしたJR東海経営陣を憎悪し、激しく攻撃していた。そのJR東海経営陣の辞任を求める内容の模造紙がなぜ、革マル派の「軍事基地」にあったのか。もはやこれ以上の説明は要しないだろう。

翌年の九九年七月八日、公安部は矢後希悦《やごきえつ》・JR西労組委員長(当時六一歳)の自宅に侵入したとして、革マル派非公然活動家(当時五〇歳)を住居侵入の容疑で逮捕。ほかに同派非公然活動家二人を指名手配した。

調べによると三人は、九六年一一月中旬ごろ、他の非公然部隊のメンバーとともに労組の資料などをコピーする目的で、兵庫県尼崎市の矢後氏宅に合い鍵で、数回にわたり侵入したという。

ＪＲ西労組は、ＪＲ西日本の最大・主要労組で、九一年のＪＲ総連分裂では、最初にＪＲ総連から離脱した組合でもある。その後、ＪＲ西労組は、ＪＲ西日本のＪＲ総連系単組、つまりは旧動労＝革マル派系単組である「ＪＲ西労」と激しく対立する。矢後氏は六年にわたって、ＪＲ西労組委員長を務め、九二年から一年間、ＪＲ連合の初代会長を務めていた。

## 「ＮＴＴ顧客データ漏洩事件」

この公安部の一連の捜査では、ＮＴＴ（日本電信電話株式会社）の驚くべき不祥事も発覚した。豊玉アジトから、革マル派と対立する中核派幹部に関するＮＴＴの「顧客データ」が見つかったのだ。つまりＮＴＴの社員が、革マル派に個人情報を横流ししていたわけである。さらにはこれらのＮＴＴ社員にデータの盗み出しを指示する暗号文書も押収されたという。

革マル派に、顧客データを流していた社員二人を特定した公安部は九九年一一月二日、ＮＴＴドコモの社員だったＹ（当時三九歳）とＮＴＴ東日本の社員だったＩ（当時四二歳）を窃盗の疑いで逮捕した。調べによると、ＹとＩは九七年一二月下旬、当時勤めていた職場で、それぞれ顧客データを盗み出し、豊玉アジトに出入りする革マル派の非公然活動家に渡していたという。

「二人が盗み出した顧客データは、記録紙数十枚に及び、中核派幹部ら十数人の氏名が書かれていました。さらにこの顧客データには、彼らの住所だけでなく、携帯電話の発信記録や通話場所、そして約一ヵ月間にかけた先の電話番号や発信地域まで記載されていたのです。逮捕に伴い、彼らの自宅を家宅捜索したところ、数年分の『解放』や、革マル派関連の書籍などが押収され、彼らが非公然活動家であることが判明したのです」（前出・捜査関係者）

実はこの二人は、八七年の国鉄分割民営化に伴い国鉄を退職し、翌年、NTTに就職した元動労組合員だった。

国鉄改革では当時、二七万八〇〇〇人いた国鉄職員のうち、約九万三〇〇〇人が「余剰人員」と見なされ、そのうち約七万一〇〇〇人が公共機関や民間企業への再就職や自主退職を余儀なくされた。この国鉄当局の余剰人員の整理削減に、旧鉄労とともに積極的に応じていたのが松崎率いる旧動労だった。

「それまで国鉄当局と激しく対立していた動労が、それまでの方針を百八十度転換し、分割民営化賛成に回って以降、他労組よりも積極的に、自主退職や広域異動に応じたのは事実です。しかし、この余剰人員の整理削減を、組織防衛や組織拡大のために利用したのが、動労に浸透していた革マル派だったのです。

余剰人員の『再雇用問題』は、国鉄改革のなかでも最大の難関でした。だからこそ全官公庁や地方自治体だけでなく、民間企業までもが協力してくれたのですが、革マル派はこれを利用し、動労革マル派の非公然活動家を、公共機関や基幹産業に潜り込ませたのです。その実態が初めて明らかになったのがこの『NTT顧客データ漏洩事件』だったのです」

こう語るのは、元国鉄清算事業団新潟支社長の宗形明氏（七二歳）だ。

〇一年一二月一四日、東京地裁で、この事件の論告求刑公判が行われた。公判で、検察側はYに懲役四年、Iに懲役三年をそれぞれ求刑し、理由を次のように述べた。

〈革マル派の非公然活動家である被告両名が、同派の独善的主義に基づき、内ゲバ等に備えるため、対立する中核派構成員の氏名、行動情報等を調査した行為は、極めて反社会的である。（中略）革マル派の電通労働者委員会の「パラソル会議」では、盗聴等の犯罪行為が報告されており、今回と同様の行為が全国的に行われてきたと考えられる。これは氷山の一角である。（中略）今回の犯罪は革マル派による計画的犯行である。NTTの信用にとどまらず、国民の通信に対する信頼を侵す行為であり、社会的にも責任は非常に重い。重要な個人情報が革マル派に知られることは由々しき事態である。（中略）両名に反省の情はまったくない。今後も革マル派の利益のために行動することは必至である。

Y被告（筆者注：論告では実名。以下同）は、国鉄から昭和六三年にNTTドコモに就職したが、革マル派組織のための非合法活動を続け、「パラソル会議」でも主賓の扱いだった。I被告に電話番号のメモを渡して情報漏洩を依頼しており、責任はより重大である。I被告は国鉄から昭和六三年にNTTに就職したが、同様に革マル派組織のための非合法活動を続け、同派の電通労働者委員会の責任者として重要な役割を担ってきた〉

そして翌〇二年四月三〇日、東京地裁は二人に執行猶予付きの有罪判決を言い渡した。

九五年一二月の「鉄労友愛会議議長宅盗聴事件」を機に、革マル派非公然活動の全容解明に乗り出した警察当局にとって、段ボール箱にして約一二〇個分の豊玉アジトからの押収物は、まさに「宝の山」(前出・捜査関係者)だったといえよう。しかし同時に、これらの大量の段ボール箱は警察組織にとって、「パンドラの箱」でもあったのだ——。

## 開かれた「パンドラの箱」

豊玉アジトからの押収物のなかには、国労幹部やJR連合系労組幹部の電話や室内での会話を盗聴した録音テープがあった。

だが、押収されたテープ数千本のなかには、驚くべきことに、警察内部の電話を傍受したものも含まれていたというのだ。警察当局関係者が語る。

「豊玉から押収されたテープのなかには、警視庁の幹部同士の電話での会話や、警察庁と警視庁とのやりとりが傍受されていた。幹部の不祥事に絡む会話や、幹部同士の悪口まで録音されていた。

過去に『解放』などの機関紙や、革マル派が発行したと見られる冊子に、警察庁や警視庁の〝派閥抗争図〟が何回か掲載されたことがあったが、それらはきわめて正確だった。彼らがなぜあれほど、警察庁や警視庁の派閥や、対立の構図に詳しいのか不思議で仕方なかったのだが、豊玉を開けて(家宅捜索して)初めてわかった。彼らは盗聴した、警察庁や警視庁幹部の会話を元に、あの〝派閥抗争図〟を作成していた」

さらに驚くべきことに革マル派は警察無線まで傍受していたという。

「彼らは昭和五〇年代前半（一九七〇年代後半）、ちょうど武力闘争を控えはじめたころから、『組織防衛』のために警察無線を傍受しはじめたようだが、当初の目的は、自分たちの集会が、対立セクトの中核派や革労協に襲撃されるのを警戒して、対立セクトの動きを探るためだった。その証拠にテープの内容の大部分は、彼らが集会を開催した日に交わされた警察無線を傍受し、録音したものだった。

しかしそのうちに、無線を聞くことによって、革マル派担当捜査員の動きも把握できるようになった。このため公安の監視や尾行の動きによって、非公然活動家やアジトが摘発されるのを防ぐ意味でも、傍受し続けていたのだろう。

ただ警察にとって救いだったのは、それらの大半がアナログ時代、つまり警察がまだアナログ無線を使っていた時代の古いものだった。アナログ無線は、警察が使用する周波数帯さえ割り出せば、市販されている無線機を使って誰でも傍受可能だった。だから、革マル派に警察無線を傍受されていたことがわかっても、当初はさほど、ショックは受けなかった。しかしテープの分析を進めるうちに、衝撃的な事実が明らかになった……」警察当局関係者が続ける。

ギリシャ神話に登場する、神々が作った女性パンドラが、忠告を守らず開けてしまった贈り物の箱。疫病や悲嘆、犯罪などさまざまな災いが飛び出した後、その箱に一つだけ残ったものは、希望とも、あるいは絶望ともいわれている。しかし、警視庁公安部が開けた豊玉アジトという「パンドラの箱」に最後に残ったものは、警察組織にとっては間違いなく「絶望」だったようだ。警察当局関係者がさらに続ける。

「分析を進めるうちに、テープの一部に、昭和五九（一九八四）年以降の無線の内容、つまりは警察がそれまで傍受可能だったアナログからデジタルに切り替えた後のものが含まれていた。このため『もしかしたら革マル派はデジタル無線まで傍受しているのではないか』という嫌な予感はあった」

そして、この警察当局関係者の「嫌な予感」は、残念ながら的中した。

## 警察デジタル無線まで傍受

「そんなバカな……」

豊玉アジトの摘発から三ヵ月後の九八年四月九日早朝、警視庁公安部の家宅捜索に同行した警察庁情報通信局の技官は、マンションの一室に所狭しと並べられた無線機や再生機、そしてその前にヘッドホンをかけた女性が並んでいる光景を見て、絶句したという。

豊玉アジトから押収された暗号文書などから、革マル派の「傍受・盗聴基地」が、千葉県浦安市に存在することを摑んだ公安部はその後の内偵捜査を経て、同市内のマンションにある「浦安アジト」を特定。家宅捜索に踏み切ったのだ。

「豊玉（アジト）の押収資料の分析結果から、警視庁公安部は、警察庁警備局に対して『デジタル無線も（革マル派に）傍受されている可能性がある』という報告を上げた。

しかし警察庁、特にデジタル無線を開発・管理する情報通信局は、頑として『そんなはずはない。デジタル無線が傍受されるわけがない』と言い張った。ならば、と公安部は、警察庁の担当技官を、家宅捜索に同行させた。

革マル派は、浦安市内の同じマンションの八階と一一階にアジトを持っていたが、一一階の部屋に踏み込んだときは、まさに六人の女性活動家がデジタル無線を傍受している最中だった。彼女らは無線傍受を担当する専門要員で、彼女らがヘッドホンをかけ、再生機や録音機を操作している姿を見て、技官は言葉を失っていた」（前出・警察当局関係者）

警察庁情報通信局が「傍受されるわけがない」と言い張ったのも無理はない。デジタル無線は警察庁が威信をかけて開発した「世界でも屈指の傍受困難な通信手段」だったからだ。八四年に発生した「グリコ・森永事件」や、中核派による「自民党本部放火事件」では、犯行グループによる無線の傍受や妨害によって、捜査に多大な支障が出た。この苦い経験から警察庁は同年以降、全国の警察無線を順次、従来のアナログ方式からデジタル方式に切り替えていったのだ。

音声をそのまま送るアナログ方式に対し、デジタル方式では音声に一度、暗号（コード）をかけ、記号化して送信する。受信側は、それらの記号を、解読機によって再び音声に戻して初めて、聞くことができる。傍受すれば、そのまま音声として聞くことが可能なアナログ方式に比して、デジタル方式では途中でキャッチしても、そのままでは音声として聞くことができず、解読には、膨大な時間と高度なコンピューター技術が必要とされていた。

警察デジタル無線では、解読に必要なコードが年に数回、定期的に更新されており、警察庁が従来「二重、三重の防護措置が施されている」と誇っていたシステムだった。それだけに革マル派がデジタル無線を傍受していたという事実が、警察庁に与えた衝撃は、計り知れないものがあった。

浦安アジトには、警察無線を傍受するため、市販のものを改造した無線機一二台、デジタル無線にかけられた暗号を解読し、再生する機器一一台、そして解読された無線の内容を記録する録音機二〇台が置かれていた。マンションのベランダに設置された無線機のアンテナ一三本は、一見してそれとわからないよう、植木のつるを絡ませるなどの偽装が施されていたという。

しかも、盗聴していたのは警視庁や千葉県警だけでなく、神奈川県警や埼玉県警など約二〇都道府県の警察無線を、二四時間態勢で傍受していたというのだ。

「無線機や再生機などはすべて、市販の製品を改造したものだった。あれでどうやってデジタル無線が傍受できたのか、われわれ素人にはまったくわからない。ただ、技官の話によると、暗号を解読するプログラムがあれば、音声化が可能だという。では、彼らがどうやってその暗号プログラムを開発、または入手することができたのか、現段階では明らかになっていない」

というのも実は、この革マル派の『傍受・盗聴基地』であるアジトが入っていた浦安市のマンションの近くにはもう一つ、彼らがデジタル無線を解読する暗号プログラムを作った『開発基地』に相当するアジトがあった。浦安アジトからの押収資料を分析した結果、その存在がわかったのだが、踏み込んだときはすでに、もぬけの殻だった。あの開発基地さえ摘発できていれば、あるいは、彼らがどうやって暗号を解読したかがわかったかもしれない」(同前)

## 革マル派「INF(インフォ)」の実態

この浦安アジトも前述の革マル派の「情報調査部」、通称「INF(インフォ)」が使用していたアジトだった。

公安当局関係者によると、情報調査部は、革マル派の実質上の最高指導機関「政治組織局(POB)」の直轄部隊で、五〇人以上の非公然活動家で構成されているという。

その中身は▽警察無線の傍受を行う部隊▽電話盗聴・室内盗聴の傍受を行う部隊▽電話盗聴器・室内盗聴器を実際に仕掛ける部隊▽侵入用の鍵の開発と開錠を行う専門部隊▽写真・ビデオの盗撮と現像などを行う部隊▽尾行、張り込みや住民票などの入手を行う部隊——に分かれており、それぞれの部隊に五〜一〇人が配置されているというのだ。

「これらの部隊の運用や配置は、塩田(明男)ら情報調査部のヘッドが、調査対象やその目的などに応じて、各部隊から一、二人をピックアップし、その時々に応じてチームを編成するという形でなされていたようです。

浦安アジトは、情報調査部のなかでも、警察無線の傍受を行っている部隊が使用していたアジトで、『小島』というコードネームで呼ばれていました。

このアジトでは、調査チームが実際に非合法活動に及ぶ際に、無線を傍受することによって警察の動向を把握。さらには現地と連絡を取りながら、部隊の行動を背後からサポートするといった役割を果たしていたようです。

警察、とりわけ公安警察に関する組織や人事のデータが膨大に蓄積され、分析も行われていたことから、公安捜査員に関する『照会センター』的な役割も果たしていたようです」(前出・公安当局関係者)

公安部は、浦安アジトから傍受用の無線機や再生機をはじめ、傍受した無線を録音したカセットテープや、それらの内容を起こした文書など約五〇〇〇点を押収。分析の結果、革マル派が一般の警察無線だけでなく、公安警察の専用無線、さらには、警視庁内部の不祥事を調査する人事一課監察分室の無線までも傍受していたことが判明した。

「押収したテープのなかには、皇族警備の際に使用される『警衛・警護無線』のやりとりや、調査対象の警察官を車で追尾(尾行)する監分(人事一課監察分室)チームの無線での会話まで録音されていた。革マル派がデジタル無線まで傍受していたという事実に震撼した警察庁は、全国の警察無線通信の盗聴、傍受を防ぐための抜本的対策を迫られた。つまり浦安アジトを開いてようやく、警察組織全体が『失われた一〇年』の重大さに気づいたんだ」(前

出・警察当局関係者）

## 情報収集にかける〝情熱〟

　ところが驚くべきことに、警察庁が警察デジタル無線のシステムを変更し、傍受対策を強化した後も、革マル派が傍受し続けていた可能性がきわめて高いことがわかったのだ。

　〇二年一二月、北海道警は、札幌市中央区のマンションの一室に、革マル派がアジトを構えていることを割り出した。しかし非公然活動家の顔がわからない道警は、警視庁公安部に協力を要請。革マル派担当捜査員が〝面割り〟に飛んだという。

　そして道警と警視庁による合同捜査の結果、マンションの一室が革マル派の非公然アジトであることが判明。一二月二六日、家宅捜索に入ったところ、その「札幌アジト」には思わぬ〝大物〟が潜伏していたという。革マル派「情報調査部」のリーダーで革マル派№３といわれる非公然活動家、塩田明男である。

　塩田は当時、前述の神戸の連続児童殺傷事件に絡み、神戸市の病院や神戸大学、少年Ａの両親宅に侵入した事件で指名手配中だった。道警と警視庁はこの日、塩田を含む革マル派非公然活動家四人を逮捕するのだが、四人のなかには、九六年の国労書記長宅侵入事件でも指名手配されていた情報調査部のメンバー、井澤健（当時四六歳・以下敬称略）も含まれていた。

「道警と警視庁が、思わぬ大物の逮捕に喜んだのも束の間、マンションの部屋の中からデジタル無線を解読するための暗号プログラムが入ったＲＯＭ（読み出し専用メモリー）が大量に見つかった。つまり革マル派は浦安アジトが摘発された後も、デジタル無線を傍受していた可能性がきわめて高い」（前出・警察当局関係者）

警視庁公安部によって浦安アジトを摘発された際、革マル派は、警察デジタル無線を傍受していたことについて、機関紙『解放』（九八年四月三〇日号）で次のような緊急声明を出している。

〈これは、国家権力の種々の攻撃から、われわれの組織を守り、人命を守るために、絶対に必要なものなのである。（中略）われわれは、謀略グループや警察権力による攻撃をはねかえすために、われわれの智力と技術力を発揮してこの無線の傍受を可能にしたのである……〉

革マル派の情報収集にかける〈智力と技術力〉、そして〝情熱〟はどうやら、われわれの想像をはるかに超えているようである。

そして綾瀬、豊玉、浦安という三大非公然アジトの捜索で、革マル派という組織が「世界最大級の公共交通機関」ＪＲ東日本に想像以上に浸透し、ＪＲの組合問題に関与し、さまざまな非合法活動にまで及んでいることを知った警察当局はついに、松崎を頂点とする「ＪＲ革マル派」の摘発に乗り出すのである。

# 第7章

# 未曾有の言論弾圧

## 編集部に届いた山のような訴状

『週刊現代』編集部の机の上に、うずたかく積まれた書類の山。私が「テロリストに乗っ取られたJR東日本の真実」の連載を始めて以降、北は札幌地裁から、南は山口地裁に至るまで、全国の裁判所から送られてきた訴状だ。

連載開始以降、私の手元に届いた訴状は四九通にものぼる。被告は私と講談社。そして原告は松崎を除いてすべて、JR東日本の最大・主要労組「JR東労組」と、その上部団体「JR総連」の組合員である。

連載開始から約一ヵ月後の二〇〇六年八月、JR東労組とJR総連、そして「マングローブ」のメンバーの梁次邦夫・JR東労組大宮地本副委員長（五七歳）の三者が、私と講談社を相手取り提訴。さらに約二ヵ月後の一〇月には、松崎本人が、私の連載で名誉を傷つけられたとして、損害賠償請求訴訟を起こしてきた。ところが、この松崎本人による提訴と前後し、JR東労組をはじめJR総連傘下単組に所属する全国の組合員が、私の記事で「精神的苦痛」を被ったなどとして、各地の裁判所に次々と訴えを起こしてきたのだ。

ここで二四二～二四三ページの図をご覧いただきたい。私を訴えてきた組合員の肩書と、提訴日をまとめたものだ。いかに彼らが短期間で、膨大な数の訴訟を起こしているか、ひとめで理解していただけると思う。

JR東労組・JR総連や松崎本人からの訴訟には弁護士がついているが、その他四七件の訴訟は、弁護士などの代理人を立てない「本人訴訟」だ。この中に登場する「JR北海道労組」（北海道旅客鉄道労働組合、約六二〇〇人）、「JR東海労」（JR東海労働組合、約五〇〇人）、「JR西労」（JR西日本労働組合、約一一〇〇人）、「JR貨物労組」（日本貨物鉄道労働組合、約四七〇〇人）は、JR総連傘下の組合である。

「本人訴訟」を起こしてきた四七人について、私は彼らの顔はもちろんのこと、その名前すら知らない。したがって、当然のことながら、二四回の連載で一度たりとも取り上げたこともない。記事で触れていない人の名誉が、その記事によって毀損《きそん》されることなどあり得ないということは、子供でもわかる理屈だ。にもかかわらず、「名誉を傷つけられた」などと主張し、全国の裁判所で訴訟を起こし、一人当たり一〇〇万円の慰謝料を払え、と求める彼ら

## JR総連からの提訴一覧

'07年5月31日現在

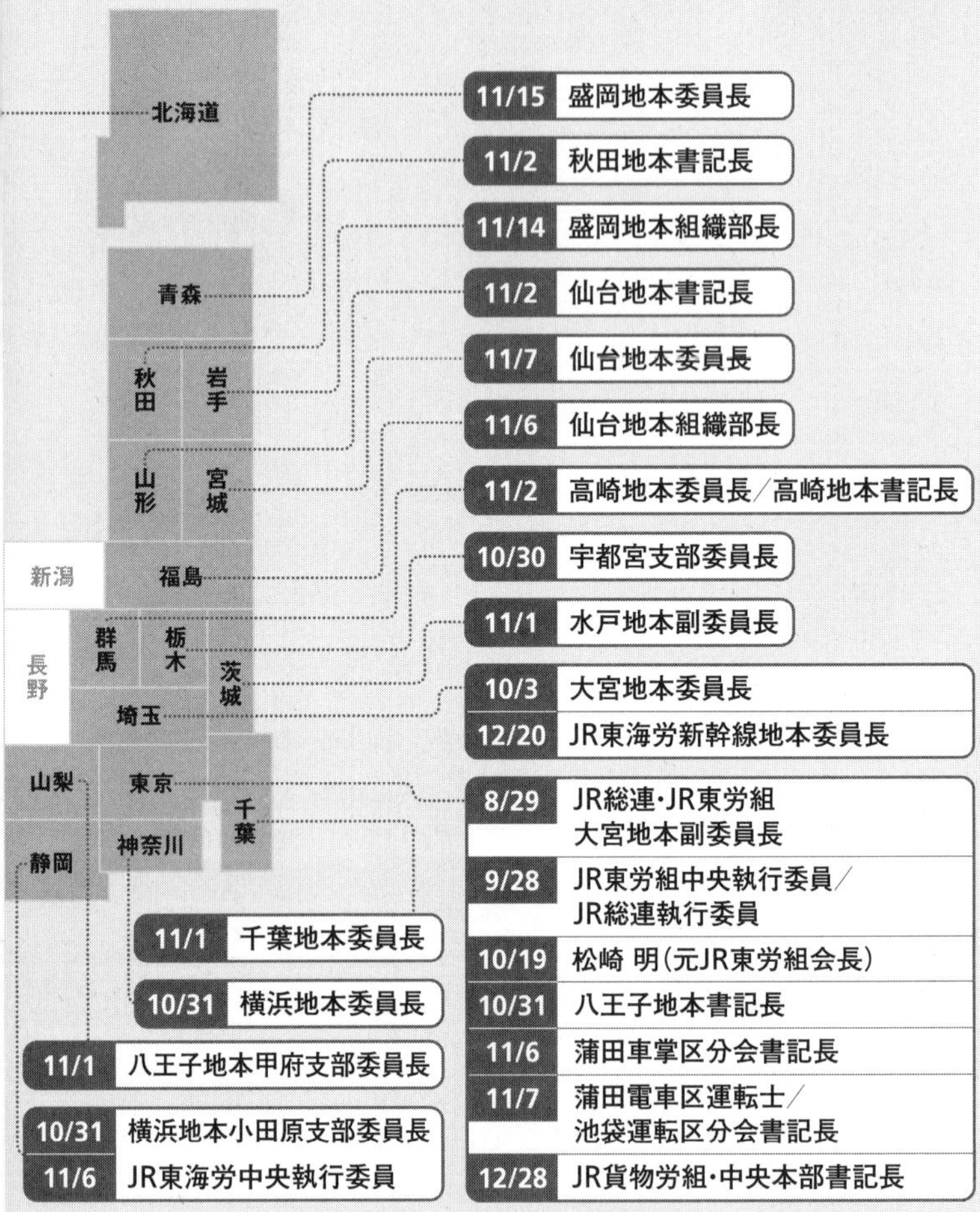
北海道
青森
秋田
岩手
山形
宮城
新潟
福島
群馬
栃木
長野
茨城
埼玉
山梨
東京
千葉
静岡
神奈川
11/15 盛岡地本委員長
11/2 秋田地本書記長
11/14 盛岡地本組織部長
11/2 仙台地本書記長
11/7 仙台地本委員長
11/6 仙台地本組織部長
11/2 高崎地本委員長／高崎地本書記長
10/30 宇都宮支部委員長
11/1 水戸地本副委員長
10/3 大宮地本委員長
12/20 JR東海労新幹線地本委員長
8/29 JR総連・JR東労組 大宮地本副委員長
9/28 JR東労組中央執行委員／JR総連執行委員
10/19 松崎 明(元JR東労組会長)
10/31 八王子地本書記長
11/6 蒲田車掌区分会書記長
11/7 蒲田電車区運転士／池袋運転区分会書記長
12/28 JR貨物労組・中央本部書記長
11/1 千葉地本委員長
10/31 横浜地本委員長
11/1 八王子地本甲府支部委員長
10/31 横浜地本小田原支部委員長
11/6 JR東海労中央執行委員

JR総連の組合員による提訴（著者と講談社が被告）は、日本各地の裁判所で同時多発的に行われた。

図中の日付は提訴日、肩書は原告の組合内での立場（肩書のない者は、その職種）

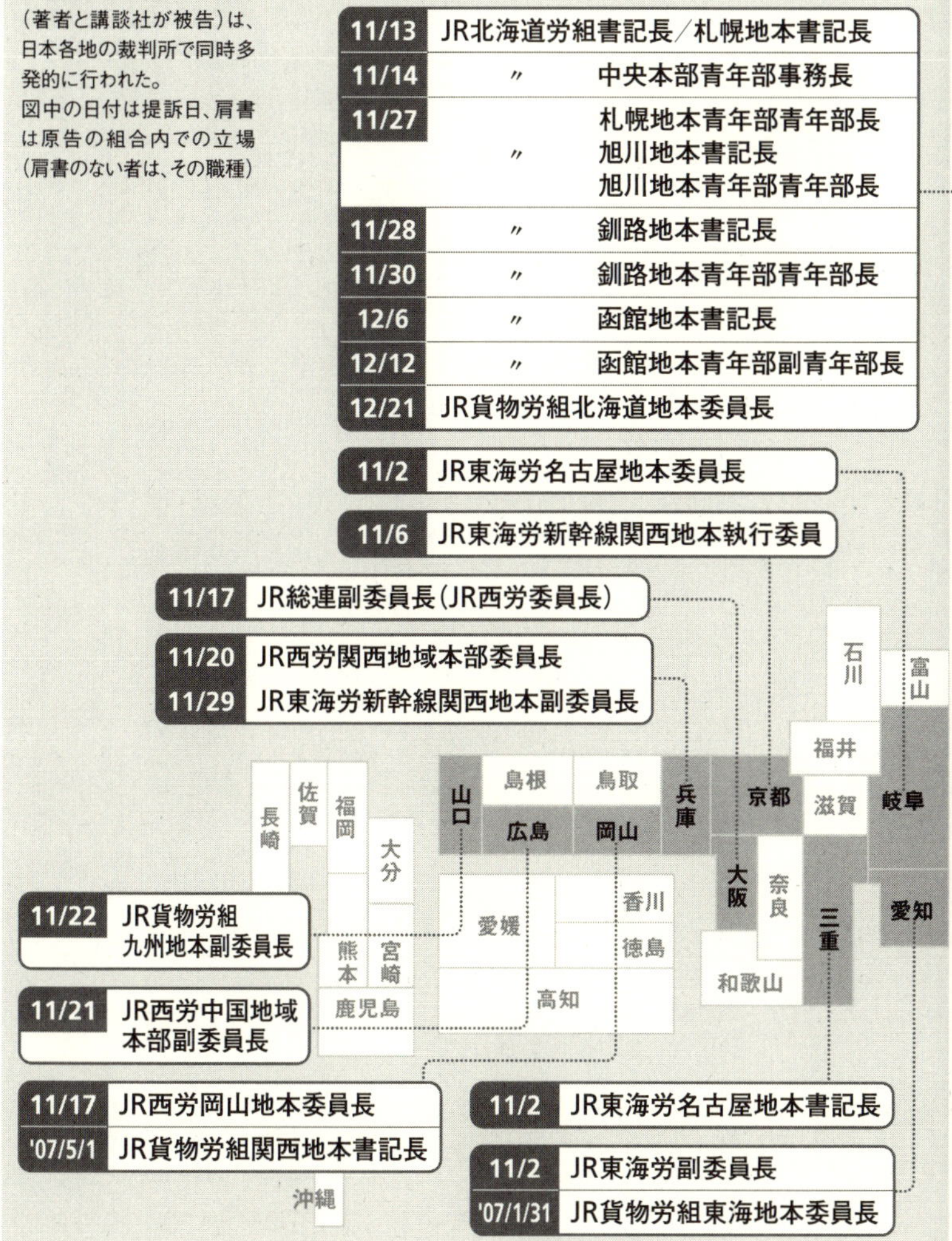

の行動は常軌を逸している。しかも四七通の訴状の内容は、ほんの一部分を除いて、誤記の箇所に至るまで、判で押したように同じで、〝雛形〟があるとしか思えないのだ。

実は前掲の「提訴一覧」の図を作成するにあたって、参考にした一枚の資料がある。

それには「『週刊現代』訴訟一覧」というタイトルがついていて、前掲の図と同様に日本地図が描かれ、それを囲むように、前述のJR総連傘下単組の組合員の氏名と〝提訴予定日〟が記されている。

この資料の作成者は「JR総連」。しかもご丁寧に「2006年11月1日」と作成期日まで記されている。そして前述の組合員は、この資料に記載された〝提訴予定日〟どおりに、私を訴えてきているのである。つまりJR総連は、組織として訴訟を乱発しているのだ。裁判制度を悪用し、自らに都合の悪い私の記事に圧力をかけようとしているのである。なるほど、訴状の内容が一言一句同じなのも、うなずける。

これらの訴訟にまともに対応するなら、私は全国の裁判所に出廷しなければならず、連載の取材、執筆活動に著しく支障をきたすことは必至だ。彼らの狙いはまさにここにあり、明らかに「JR革マル派問題」の追及を封じ込めることを目的に、訴訟を乱発しているのである。これほどあからさまな言論弾圧を行って、恥じることのない団体を、私は知らない。

オウム真理教や統一教会など、反社会的なカルト教団や新興宗教に詳しいジャーナリストの有田《ありた》芳生《よしふ》氏はこう語る。

「ある団体の構成員が、週刊誌の一つの連載に対し、個人レベルで、しかも全国各地で、四

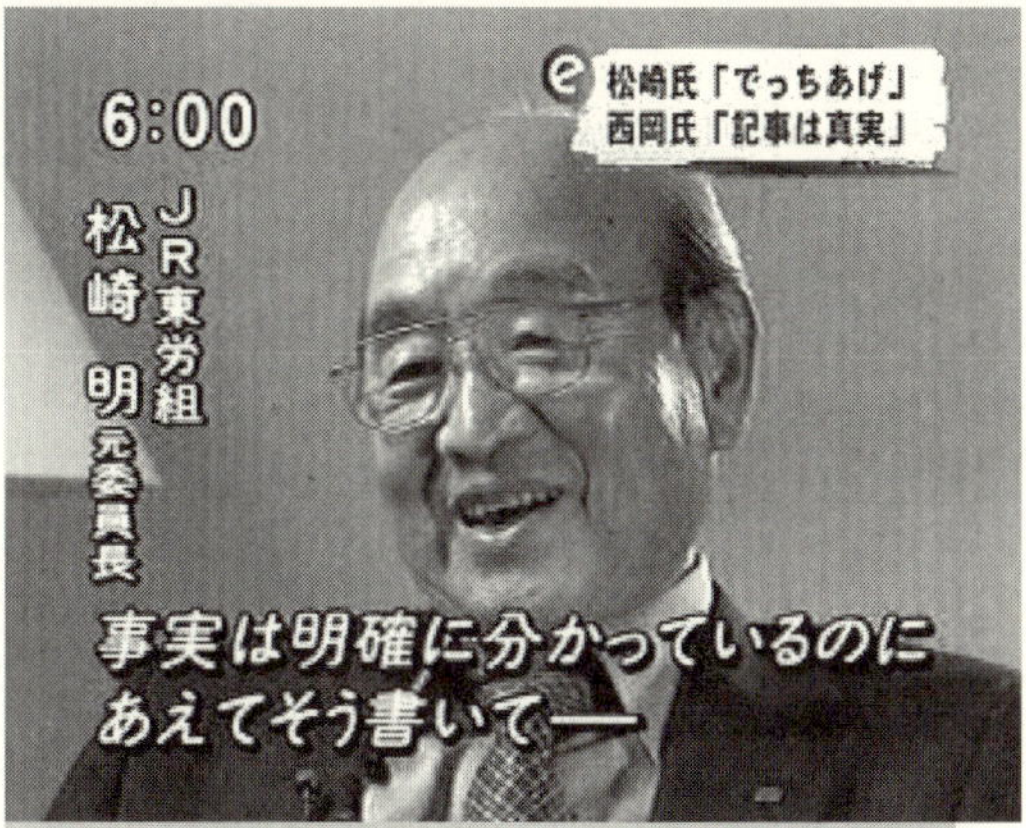
6:00
松崎氏「でっちあげ」
西岡氏「記事は真実」
JR東労組
松崎 明 元委員長
事実は明確に分かっているのに
あえてそう書いて——

テレビに出演して身勝手な主張を繰り返す松崎明氏
（'06年10月19日放映、TBS『イブニング5』より）

○件以上もの裁判を起こすというのは、明らかに異常です。

カルト教団のオウム真理教もかつて、自らに都合の悪い事実を報じる、ジャーナリストやメディアを訴えることによって、批判を封じ込めようとしました。しかしそのオウムですら、信者や教団幹部個人が、全国で立て続けに訴訟を起こした例は過去にありません。

今回の訴訟乱発は、まさに『カルト以上のカルト』と言わざるを得ません。軍隊的な規律をもった組織の決定として、一斉に行動しているのでしょう」

一方、今回のJR総連による訴訟乱発について、元JR総連幹部はこう語る。

「組合員たちは松崎に対する忠誠心を競い合うため、われ先にと手を挙げる。彼らは自分の行動がいかに社会常識から逸脱しているか、気づいていないのです」

〝首領様〟に忠誠心を競い合うその姿は、まさに金正《キムジョン》日《イル》が支配する北朝鮮の官僚のそれと同じだ。しかも恐るべきことに、前述の四七人のうち、確認できただけでも半数を超す二七人が、現役の運転士だというのだ。

つまり「カルト以上のカルト」集団の〝信徒〟が、JR東日本の山手線や中央線の運転士として日々、乗務しているわけである。

しかしそんな内外からの批判もどこ吹く風、JR東労組やJR東海労は、組合員向けの機関誌やホームページなどで「損害賠償を求め続々提訴！」、「『週刊現代』を追い詰めろ！」などと喧伝。そのカルトぶりを遺憾なく発揮している。

## 連戦連敗の「JR東労組」

〇六年一一月一七日午前一〇時、東京地裁民事第六三一号法廷。その判決言い渡しはわずか数秒で終わった。

「原告の請求をいずれも棄却する。訴訟費用は原告の負担とする」

原告はJR東労組。被告は株式会社文藝春秋（以下文藝春秋）である。

文藝春秋発行の『週刊文春』は〇五年一二月二二日号で「JR東労組の〝ドン〟松崎明が組合費で買った『ハワイ豪華別荘』」との見出しの記事を掲載した。記事は、警視庁公安部が同月七日、業務上横領容疑で松崎の自宅などを家宅捜索したことを受け、当時、『週刊文春』の記者だった私が執筆。私を含む三人の記者が綿密な取材を重ね、松崎が組合費を横領して購入したとされるハワイの別荘の存在を初めて明らかにしたものだった。

ところが、この記事をめぐって、本来なら松崎の業務上横領の「被害者」であるはずのJR東労組が〇六年三月、文藝春秋に対し一一〇〇万円の損害賠償などを求める訴えを起こしてきたのだ。そして松崎への忠誠心から、次のような〝特異な論理〟を編み出したのである。

〈原告組合の「ドン」が、原告の組合費を使って個人でハワイに豪華な別荘を購入した、と断定する表現となっているが、そのような事実はない。（中略）原告組合はそういう杜撰《ずさん》な（金銭）管理をしている組合であるかのような誤解を与えた。その結果、原告の組合運営に対する信頼が失われ、原告の社会的評価が低下した〉（〇六年三月一七日付訴状）

このＪＲ東労組の主張に対し、裁判所は判決文のなかでこう述べている。

〈一般の読者は、原告（ＪＲ東労組）をむしろ（松崎による業務上横領の）被害者の立場にあるものと受け止めるだけであって、（中略）原告の組合費の管理方法が杜撰であったとの印象を与えるものとはいえず、原告の社会的信用が低下したものとは認められない。よって、その余の点について判断するまでもなく、原告の請求は理由がないからこれを棄却する〉（〇六年一一月一七日付東京地裁判決文）

つまりＪＲ東労組は、松崎を守るために作り上げたその特異な論理を、裁判所からたしなめられたわけである。そして彼らは文藝春秋に敗訴したのだ。

彼らが一般組合員に対し口をつぐんでいる判決は、まだある。

『週刊新潮』は〇三年二月二七日号で、「『革マル派幹部』の釈放要望書に署名した5人の国会議員」と題する記事を掲載した。記事のなかで『週刊新潮』は〇二年一一月に「浦和事件」で逮捕された梁次副委員長を「革マル派幹部」と指摘。そのうえで梁次副委員長ら七人の早期釈放を求めるＪＲ総連の要望書に署名した国会議員を痛烈に批判した。

これに対しJR東労組とJR総連は〇三年一〇月、発行元の新潮社を相手取り、東京地裁に損害賠償などを求め提訴。しかし、東京地裁は「JR東労組、JR総連に革マル派が浸透している」との新潮社側の主張に真実性・真実相当性を認め、JR東労組・JR総連側の請求を棄却した。両者は控訴したものの、二審の東京高裁は一審判決を支持しただけでなく、「JR革マル派問題」を報じることの公共性・公益性をも認めたのだ。新潮社側の全面勝訴だった。そしてJR東労組・JR総連側が最高裁への上告を断念したため、この高裁判決は確定したのである。

一方、前述の「文春裁判」は、JR東労組が東京高裁に控訴して現在、審理が進められている。彼らは、とうてい勝ち目のない裁判に、いったいどれほどの組合費をつぎ込めば気が済むのだろうか……。

そして今、まさに、私に対する訴訟乱発でも組合費が浪費されようとしている。というのも、前述の四七件の「本人訴訟」のうち、現時点(〇七年五月末)ですでに二〇件以上、私が勝訴しているのだ。

全国の裁判所は一様に、彼らの訴えをこのように判断し、退けている。

〈本件記事が記述の対象としているのは、あくまで、労働組合であるJR総連ないしJR東労組や、松崎氏に関するものに過ぎず(中略)どの記事をみても、原告個人を特定した上での記述はされておらず、また、JR総連ないしJR東労組の組合員全員について記述したものともいえない。(中略)原告の本訴請求は、その余の点について判断するまでもなく、理由

がない〉（〇七年二月二日付東京地裁判決文）

つまりは〝門前払い〟である。だがJR総連やJR東労組は、この二〇件以上の敗訴についても、一般組合員に対し一切、口をつぐんでいるのだ。提訴の時にはあれほど勇ましく喧伝していたにもかかわらず、である。そして驚くべきことに、私に敗訴した彼らは、裁判所から〝門前払い〟を食らったというのに、続々と控訴しているのだ。

実は、「自らに都合の悪い言論は絶対に許さない」という体質が、JR東日本労使に共通したものであることは、その〝歴史〟が証明している。

## 前代未聞の言論弾圧

今から一三年前の一九九四年六月、文藝春秋発行の『週刊文春』は、松崎に支配されたJR東日本労使関係の歪《いびつ》さにいち早く注目したノンフィクションライターの小林峻一氏（六五歳）による「JR東日本に巣くう妖怪」という連載記事を掲載した。

この記事に対しJR東日本は、『週刊文春』の中吊り広告（車輌内広告）の掲出を拒否しただけでなく、キヨスクでの販売を拒否するという前代未聞の言論弾圧に乗り出した。日本の言論・出版史上に残るこの事件は当時、世論の猛反発を浴びたが、部数の激減を余儀なくされた文春が受けたダメージは大きく、この事件以降、「JR革マル派問題」は〝マスコミタブー〟となったのである。

当時、地方紙の駆け出し記者だった私は、このJR東日本による「文春キヨスク販売拒否事件」を報道で知り、この会社と組合になんともいえない〝異様さ〟を感じたことを鮮明に記憶している。そして一二年後、この「JR革マル派問題」を、『週刊現代』誌上で連載することになった私は、その〝異様さ〟を嫌というほど実感することになった。

JR東日本による言論・出版の自由に対する〝大罪〟を振り返っておこう。

小林氏による「JR東日本に巣くう妖怪」の取材が開始されたのは、九四年一月のことだった。約半年間にわたる取材を経た五月二〇日、小林氏と『週刊文春』の取材班は、JR東日本広報部を通じ、当時の住田正二会長や松田昌士社長へのインタビュー取材を申し込んだという。

ところがJR東日本側は「ある種の意図、目的をもった取材であるので、インタビューには応じられない」と拒否。しかし文春側はその後も取材を続け、六月二三日号の締め切り六日前の六月八日、再度、JR東日本広報部に申し込んだ。

ここから、JR東日本側の文春に対する圧力攻勢が始まった。

乗り出してきたのは、JR東日本ではなく、「鉄道弘済会」だった。鉄道弘済会は旧国鉄系の財団法人で、全国のキヨスクで販売される雑誌の取次業務も行っている。その鉄道弘済会の新聞雑誌部長と課長が、文藝春秋の営業局を訪れ、「連載を、六月二九日の株主総会の前に掲載することはやめてほしい」と要請したという。

つまりJR東日本は、雑誌の生命線ともいえる「流通」を握る取次業者を使って、文春に圧力をかけたわけだ。

この後もJR東日本は、鉄道弘済会や、JR東日本管内のキヨスクを管轄する関連会社の「JR東日本キヨスク」を使って再三、文春に対し「掲載中止要請」をしたというが、当然のことながら、文春はこれを拒否した。これに対しJR東日本側は六月一三日、文春側に「車内の中吊り広告の掲出拒否」を通告。さらには「傘下の東日本キヨスクでの販売拒否」と、「鉄道弘済会と文藝春秋との取引の契約破棄」も一方的に通告したというのだ。

## 文藝春秋への卑劣な攻撃

そして『週刊文春』九四年六月二三日号の発売日（六月一六日）、JR東日本管内のキヨスクから、『週刊文春』が一斉に姿を消した——。

『週刊文春』は当時、『週刊ポスト』に次いで総合週刊誌第二位の約九〇万部（実売約七五万部）の売り上げを誇り、うちJR東日本キヨスクでの扱いは約一一万部だったという。その『週刊文春』が六月一六日から、一冊もキヨスクの店頭に並ぶことはなかった。しかもこのキヨスクによる販売拒否はその後、約一ヵ月半も続いたのである。

このJR東日本キヨスクの措置に対し、文藝春秋は翌一七日、JR東日本と鉄道弘済会を相手取り、「販売妨害の禁止」と「鉄道弘済会による契約破棄の無効」などを求める仮処分を東京地裁に申請した。

これに対してJR東日本も二〇日、文藝春秋を相手取り、「批判記事を掲載したまま同誌を販売しないこと」や「続編の掲載禁止」などを求める仮処分を同じく東京地裁に申請し、両者の争いは法廷に持ち込まれた。

両者の申請について、東京地裁は七月二二日、「鉄道弘済会の『週刊文春』に対する販売契約解約通知は無効」と、文春側の主張を認め、販売再開を求める仮処分が決定した。

ところがキヨスク側は、この決定を無効にするような暴挙に出た。『週刊文春』がキヨスクに配達されても、荷ほどきをせずに店頭に並べなかったり、並べたとしても利用者の目に触れないよう、奥のほうに配置して「販売サボタージュ」を行ったのだ。

そしてJR東日本では、労使が歩調を合わせるように『週刊文春』を攻撃した。

連載第一回が掲載された『週刊文春』発売日から三日後の六月一九日、群馬県水上町で開かれたJR総連第一〇回定期大会で、福原福太郎・JR総連委員長（当時）は冒頭にこう述べたという。

「言論の自由、出版の自由を言っているが、でたらめ極まりないことが言論の自由とイコールか。ペンの暴力と言わざるを得ない」

福原氏はかつて「松崎の右腕」と呼ばれた人物で、第3章に登場した『小説　労働組合』の作者でもある。当時、こんな発言をしていた福原氏が十数年後には、松崎の組合私物化や組合費横領疑惑を告発する側に立つとは、いったい誰が予想できただろうか……。

そしてこの福原氏の発言に迎合するように、定期大会に招かれた当時のJR東日本最高幹部も、こう挨拶するのだ。

「記事は株主総会を前にして出されたが、重要なところで事実と違う。『週刊文春』は三流の週刊誌と認定した。わが駅では永久に販売しない。ペンの暴力には断じて屈しない」

この挨拶の主は、松田昌士・現JR東日本相談役である。松田氏は当時、JR東日本社長で、松崎との度が過ぎる癒着ぶりから「M・Mコンビ」と、JR関係者の間で揶揄《やゆ》されていた。

さらにJR東日本側は七月四日、発行元の文藝春秋や筆者の小林氏などを相手取り、一億円の損害賠償と謝罪広告の掲載を求める民事訴訟を東京地裁に起こしたのだ。

結局、「JR東日本に巣くう妖怪」は、四回で最終回を迎えた(最終回は七月一四日号—七月七日発売)。しかし、『週刊文春』はこの最終回で痛恨のミスを犯していた。

最終回が掲載された七月一四日号のグラビアページで、松崎と隣り合わせていた佐藤政雄・JR総連副委員長(当時)の写真を、別人と取り違えてしまったのだ。佐藤も、前出の福原氏と同様、第3章に登場した松崎の側近で、後に松崎の〝金庫番〟と呼ばれる人物である。このミスで『週刊文春』は翌週号(七月二一日号)で謝罪文を掲載したのだが、佐藤はこれを不服として、文藝春秋などを相手取り、名誉毀損で一〇〇〇万円の損害賠償を求め、東京地裁に提訴したのだ。

さらにJR東労組も八月一日、連載記事で名誉を傷つけられたとして、文藝春秋と小林氏に五億一〇〇〇万円もの巨額の損害賠償と謝罪文を求める訴えを東京地裁に起こした。

この提訴について当時、ＪＲ東労組の委員長だった松崎はマスコミの取材に対し、「文春の記事はすべてアングラ情報に基づき、事実の検証がない。労組への取材要請もなく、列車妨害と関係があるような書き方をするのは、ためにする攻撃以外の何物でもない」と息巻いたのだった。

ところが、その三ヵ月後の一一月一〇日、文春側は突如として、ＪＲ東日本に「全面降伏」する。

その日発売された『週刊文春』（一一月一七日号）のページ三分の二大という異例のスペースに、ＪＲ東日本に対する「お詫び」記事を掲載したのだ。誰の目から見ても文春の全面敗北であることは明らかだった。そして翌一一日、ＪＲ東日本、文藝春秋の両者に「和解」が成立した。

この文藝春秋とＪＲ東日本の「和解」について、ノンフィクション作家の立花隆氏は『週刊現代』（九四年一二月二四日号）のコラム「ジャーナリズムの現場から」でこう語っている。

「文春の全面降伏ですよね。屈辱的な謝罪の内容だと思う。それにしても、ああいった形で流通を規制し、販売拒否をするなんていうのは紛れもない憲法違反です。言論の自由には、言論の流通まで含まれます。それが巨大流通業者の手によって阻害されたという重大事件なのだから、文春は安易な妥協をせずに、正面から争うべきでした。ＪＲの販売力に膝を屈する形で和解したのは今後に非常に悪い前例をつくったと思います。言論の自由の危機といえるでしょう」

また連載の筆者である小林峻一氏は私の取材に、当時を振り返ってこう語った。

「実は九四年に私が連載する前からすでに、JR東日本の革マル派問題はマスコミではタブーでした。JR東日本は、キヨスクという販売の流通網を握っているだけでなく、マスコミにとって大切な収入源である、莫大な広告費をもっていますからね。しかし、私の記事で、JR東日本が、キヨスクでの販売拒否まで踏み切ったことにより、この問題に触れることはいっそう、タブーになってしまったのです」

一方、前述の佐藤・JR総連副委員長（当時）や、JR東労組が文藝春秋を提訴していた裁判は引き続き審理されていた。佐藤副委員長との裁判は九六年に和解、またJR東労組との裁判も二〇〇〇年に和解が成立した。そして和解条件にそって、『週刊文春』は以下のような「お詫び」記事を掲載するのだ。

〈とくに、東日本旅客鉄道労働組合が①革マル派的手法をもって非民主的で独善的な組織運営を行っているかのような、②新幹線列車転覆未遂事件や車両への「置き針」事件などに関与していたかのような、③その他怪文書作成や暴力行為など非合法活動や犯罪行為に関与していたかのような、読者に誤解を与えかねない記述などがあったことを遺憾とします……〉

この「お詫び」記事のなかで、②と③は報道するには相当の慎重さが必要だったと思うが、①は紛れもない事実だ。にもかかわらず、キヨスク販売拒否事件で大きなダメージを受けた文春は、このような屈辱的な「お詫び」を余儀なくされたのである。

言論弾圧の首謀者

「自らに対する批判は絶対に許さない」という体質が、JR東日本労使共通のものであることが、十分理解していただけたと思う。しかし、それにしてもなぜ、JR東日本は「キヨスクでの販売拒否」という露骨、かつ強硬な手法をとったのだろうか。

「当時、JR東日本社内で、キヨスクでの販売拒否を強硬に主張した幹部が二人いました。一人は当時、総務部長だった花崎淑夫《はなさきよしお》氏。もう一人は広報部長を務めていた荻野洋《おぎのひろし》氏です」

（JR東日本関係者）

花崎氏は四六年、静岡県生まれの六一歳。東大法学部卒業後の六八年、旧国鉄に入社した。旧国鉄時代は職員局の総括補佐などを務めていたが、JRへの移行時は金銭絡みの不祥事で、閑職に追いやられていたという。

「花崎は国鉄時代から、内部でも評判の芳しくない人物で、一時は大阪・天王寺の駅ビルに飛ばされていました。JR東日本発足当時の肩書は、『自動車事業部』の総務課長。彼は完全に干されていたのです。ところが、八八年に『関連事業本部』の事業開発部担当部長になり、そのときの〝手腕〟が当時の住田社長の目に留まり、総務部長に抜擢されたのです。

その一方で、JR東日本社内では、『あの花崎が総務部長にまでなれたのは、松崎の引きがあったからこそ』という見方もあります。というのも花崎は、自動車事業部の総務課長時代、徹底した〝国労潰し〟を行ったのです。その〝実績〟が松崎に見込まれ、彼は松崎に取り入っていくのです。

しかし、松崎との癒着ぶりがあまりに激しいことから、ＪＲ東日本経営陣は九五年末、松崎がポーランドに出かけている留守の間を狙って、花崎を総務部長から外し、新潟支社長に飛ばそうとしたのです。ところが、これを知った松崎が激怒。松崎の鶴の一声で人事がひっくり返ったこともありました。

また松崎が一時、自分の意のままになる花崎を、松田の後釜（社長）に据えようと画策したこともあったのですが、さすがにこれは失敗し、社長には大塚（現会長）が就任したのです」（前出・ＪＲ東日本関係者）

ＪＲ東日本の社長にこそなれなかったものの、松崎の覚えめでたい花崎氏は、九六年には常務取締役に昇進。二〇〇〇年の退任後は、ＪＲ東日本関連のテナント事業を展開する「ルミネ」の副社長に就任し、〇一年からは社長を務めている。

「総務部長時代の花崎と松崎との癒着ぶりについては、ＪＲ東日本がキヨスクでの販売を拒否した当の『週刊文春』（九四年六月三〇日号）の連載の第二回で取り上げられました。つまりキヨスクでの販売拒否は花崎にとって、自らのスキャンダルを隠すためにも好都合だったのです。そしてその花崎の『腰巾着』と呼ばれていたのが、当時の広報部長の荻野でした。荻野も松崎ベッタリで知られる人物なのです」（同前）

荻野氏も現在、花崎氏と同じく六一歳。埼玉県出身の荻野氏は東大教養学部卒業後、花崎氏より二年遅れて七〇年に旧国鉄に入社。ＪＲ東日本発足後は、新潟支社の総務部長や、事業開発課長などの本社の要職を歴任した。そして九四年から広報部長を務め、二〇〇〇年には取締役に就任し、盛岡支社長を務めた。〇三年の退任後は、駅弁の製造販売やレストラン事業を展開するＪＲ東日本の関連会社「日本レストランエンタプライズ」（旧「日本食堂」）の社長を務めている。

つまり文春キヨスク販売拒否事件の首謀者であるＪＲ東日本幹部は二人とも、社内では有名な松崎シンパだった、というわけだ。そしてこのＪＲ東日本による言論弾圧に対し、マスコミの批判が集中したときも、この二人は自らの「正当性」を声高に主張していたのである。

## 労使に共通する謀略史観

花崎氏は当時の『週刊現代』（九五年一月一・七日号）の取材に対して、キヨスクでの『週刊文春』販売拒否について、こう語っている。

〈私たちは、キヨスクには公共性はない、と思っています。鉄道事業とはまったく別物だととらえているんです。だから、なにを売ろうが売るまいが自由だと思っています。ＪＲの子会社であるキヨスクが、自らの意志で文春の雑誌を扱わなかったとしても、それは単なる商習慣の問題ではないですか。（中略）われわれは、あの記事（筆者注：『週刊文春』の記事）が

〝言論〟の範疇に入るとは思っていません。あんな悪意に満ちた報道が言論であるわけがない。（中略）今回の措置はすべて妥当だったと考えております〉

花崎氏の傲岸不遜《ごうがんふそん》な態度は、とても公共交通機関に従事する者のそれとは思えない。が、その花崎氏の「腰巾着」と呼ばれる荻野氏の態度はそれ以上なのだ。荻野氏も、花崎氏と同様に、『週刊現代』（九四年七月九日号）の取材にこう答えている。

〈私どもは、最初から〝言論の自由〟という相手の土俵でたたかうつもりはありません。当然、世論の批判はある程度予想していました。（中略）何より許せないのは、あの記事そのものが、国鉄分割民営化以来の、ある覇権主義的な勢力の影が色濃く匂っていることです。そういう背景があるからこそ、あえてわれわれの株主総会直前にあの記事をぶつけてきたのでしょう〉

革マル派に支配されたJR東日本の異常な労使関係を、半ば公然と批判しはじめたJR東海やJR西日本の経営陣に対し、松崎やJR東日本の経営陣が憎悪の念を募らせていったことは第4章で述べた。これ以降、松崎はことあるごとに「東海の葛西や、西の井手がJR東日本を狙っている」などと唱え始めるのだ。この荻野氏の〈国鉄分割民営化以来の、ある覇権主義的な勢力の影〉が、松崎の主張する葛西氏や井手氏を指していることは間違いなく、彼らはその後も、労使ともにこの〝謀略史観〟にとらわれ続けるのである。

では、松崎は自らの〝子飼い〟である花崎氏や荻野氏が主導したキヨスクでの販売拒否をどう見ていたのか。当時、松崎も『週刊現代』（九五年一月一四・二一日号）の取材に応じ、J

R東日本と文藝春秋の「和解」についてこう語っていたのだ。

〈文春とJR東日本の和解は、屈伏以外のなにものでもないと思いますよ。JR東日本には（東労組にはない販売という）武器があったんですから。今回の和解は、その武器を行使した側と屈伏した側、そういう構図だったと思うんですよ。圧力と屈伏ですね〉

　つまりはJR東日本が雑誌販売の生命線である、流通網を盾にとって、文春に圧力をかけたことを認めているわけだ。そしてさらに松崎は「JR東日本がとった販売拒否という措置は行きすぎであったと思わないか」という『週刊現代』の質問に対し、こう答えている。

〈発売前日の6月15日、あの記事の載った『週刊文春』を見て、JR東日本幹部の皆さんは激怒したと思いますよ。その瞬間、（理性を超えた）人間としての感情がでてしまったんだと思う。私自身も、その当日は、（販売拒否でも）当然だと思いましたからね。しかし、あとでみなさんに言ったのは、全部売らなかったというのはまずかったんじゃないの、あとでいろいろやった（キヨスクでの販売サボタージュ）なら、最初から出来たんじゃないの、と。彼らは、そういわれれば、そういう道もあったな、という話をしていました〉

　そして最後に革マル派との関係を『週刊現代』から問われた松崎は、それまで同様、こう答えている。

〈ええ、かつてはそうです。しかし、革マルが内ゲバで殺し合いをするようになってから、離れました。もう20年近く昔のことです。いまは関係ない。転向したことを証明しろ、転向したとすれば内ゲバで殺されているはずだ、という人もいます。お前は生きているのだから、転向していないんじゃないか、というわけです。そうなると、私は死なない限り転向したことを証明できない。革マルには、正式な辞表なんてものは存在しないんです〉

ところが、松崎がこう答えていた同じ年の九五年一一月二八日、JR東労組の情宣部長が出勤途中に、複数の男に鉄パイプで襲撃され、両手、両足を骨折するなどの重傷を負う事件が発生。翌日には中核派が犯行声明を出した。JR発足から九人目の内ゲバの被害者である。しかし、JR東労組はこの事件についても「JR東日本労使の破壊を目指した『何者か』の犯行」などという、荒唐無稽な「権力謀略論」を展開したのだ。

そして、この「文春キヨスク販売拒否事件」から一二年後……。

私は、前出の小林氏と同様に、松崎に支配された異常なJR東日本の労使関係を問う連載「テロリストに乗っ取られたJR東日本の真実」を『週刊現代』誌上で始めた。そして、この連載に対するJR東日本労使の反応は、「自らに対する批判は絶対に許さない」という彼らの体質が、一〇年以上経った今でもまったく変わっていないということを、如実に証明してくれたのである。

## JR東日本労使の異常な対応

半年間、計二四回にわたる連載の第一回が掲載されたのは〇六年七月一五日発売の『週刊現代』(七月二九日号)だった。記事の執筆に当たって私は、第一回締め切り(七月一一日)一週間前の七月四日、ＪＲ東日本やＪＲ東労組、ＪＲ総連の三者に文書で取材を申し込んだ。

ＪＲ東日本には、これまでの章でも述べてきた、「ＪＲ総連、ＪＲ東労組に対して革マル派が相当浸透している」という歴代警察庁警備局長答弁に対する見解や、第2章で触れた「浦和事件」などに関する事実関係を確認するため、計一三項目にわたる質問状を送付した。

それと同時に住田正二、松田昌士両相談役ら旧経営陣、さらには大塚陸毅会長、清野智社長ら現経営陣に対して、それぞれ個別インタビューを申し込んだ。

一方、ＪＲ東労組やＪＲ総連に対しては、松崎と革マル派との関係や、両組合と同派との関係などを五〜七項目にわたって尋ねる質問状を送ると同時に、ぜひとも松崎本人から直接話を聞きたいと両組合を通じて、インタビューを申し込んだ。

これらの私の取材申し込みに対し、ＪＲ東労組とＪＲ総連は「予断や偏見に基づいた取材にはお応えできない」などとして、言下に拒否。松崎本人もインタビューには応じなかった。

一方、ＪＲ東日本は私の質問に対し、七月一一日になって文書で回答してきた。その内容は旧・現経営陣に対するインタビューの可否にはいっさい触れず、一三項目の質問のうち、数項目にわたって回答しないという、とうてい、納得がいくものではなかった。しかも、この回答になっていない「回答」をよこしたのはＪＲ東日本広報部の担当者二人。二人は事前に私や『週刊現代』編集部に連絡することもなく、講談社を訪れ、受付に「回答書」を預けたまま、逃げるように帰ってしまったのだ。

私はそれまで新聞、雑誌記者として一六年間、さまざまな企業を取材してきたが、一般に「一流」といわれる企業、あるいは一部上場企業のなかで、広報担当者が取材に対し、このような異常な対応を見せた会社は、JR東日本が初めてだった。

そして、連載第一回を掲載した『週刊現代』の発売日当日から、JR東日本はその程度の差こそあれ、一三年前の「文春キヨスク販売拒否事件」と同様の言論封殺に乗り出したのだ。

## 『週刊現代』に対しては〝中吊り〟拒否で

連載第一回校了日の七月一二日、JR東日本の子会社で、広告業務を担当する「ジェイアール東日本企画」は、連載記事のタイトル「テロリストに乗っ取られたJR東日本の真実」を掲載した『週刊現代』の中吊り広告について、「『鉄道事業の業務に支障及び不利益を及ぼす広告は掲出できない』とする『交通広告掲出ガイドライン』に抵触する表現がある」として掲出を拒否してきた。

またJR東日本と相互乗り入れをしている「東京メトロ」（東京地下鉄株式会社）も足並みを揃え、「（見出しに）利用客に不安感を与えかねない言葉が散見され、（JR東日本と）相互乗り入れをしている関係上、掲出を見合わせたい」と通告してきた。

かくして、『週刊現代』の中吊り広告はJR東日本、東京メトロの車内から姿を消し、両社の利用客は、自らの安全に関わる記事が、『週刊現代』に掲載されていることを知る機会を剝奪された（ただし東京メトロは連載二回目以降の号からは掲出を再開した）。『週刊現代』へのJR東日本の対応が、一三年前の『週刊文春』へのそれといかに酷似しているかおわかりだろう。

一三年前と同様に、JR東日本側から中吊り広告の掲出拒否の通告があった以上、講談社は「キヨスクでの販売拒否」という最悪の事態もあり得ると判断。『週刊現代』編集部員を総動員するだけでなく、販売部などの応援も得て発売日の七月一五日、JR東日本管内のキヨスクや書店の販売調査を実施した。しかしキヨスクや書店は通常どおり、『週刊現代』を店頭に並べていたのだ。

今回のJR東日本の対応について、前出の小林氏はこう語る。

「JR東日本が今回、『週刊現代』の販売拒否まで行わなかったのは、一三年前の経験を生かしているのでしょうね。もし講談社が販売拒否差し止めの仮処分申請を行えば、一三年前と同様に負けると考えたからでしょう。また何より実際に『販売拒否』という暴挙に踏み切れば、かえって騒ぎになり、この『JR革マル派問題』への関心が高まるという結果になる。しかし、中吊り広告の掲出拒否も基本的には販売拒否と同じ言論弾圧で、自らに都合の悪い言論は封殺するというJR東日本の〝体質〟は一三年前とまったく変わっていません」

だが実は、というべきか、やはりというべきか、JR東日本では『週刊現代』に対してもキヨスクでの販売拒否という強硬策を検討していたというのだ。あるJR東日本関係者が、こんな〝内情〟を教えてくれた。

「JR東日本内部では連載第一回が掲載された『週刊現代』が発売される直前まで、佐々木（信幸）副社長（五九歳）や谷（哲二郎）副社長（五七歳）らが中心になって対策を協議していました。そのなかではキヨスクでの販売拒否も検討されたのですが、鉄道弘済会に打診したところ、弘済会の幹部から『もはやそんなこと（販売拒否）が許される時代じゃない』と反対を受け、断念したのです。ならば、と今度は販売のサボタージュを検討、弁護士に相談したのですが、『訴訟になれば、負ける』と反対され、これも断念せざるを得なかったのです」

JR東日本経営陣は一三年前と同じ過ちを犯さずに済んだことを、弘済会の幹部や弁護士に感謝すべきだろう。

## 『JRの妖怪』と怪奇事件

話をもう一度、「文春キヨスク販売拒否事件」発生当時に戻そう。

文藝春秋がJR東日本との屈辱的な「和解」を余儀なくされてから一年余り。九六年二月に『JRの妖怪』（イースト・プレス刊）という単行本が出版された。筆者はもちろん前出の小林峻一氏である。小林氏は同書の「まえがき」で、前述の「和解」に至る経緯を説明したうえ、自らの心情をこう吐露している。

〈事前に和解案を知らされた私自身、苦しい選択を迫られた。（中略）なにもここまでという思いが強かった。（中略）率直に言って、和解は緊急避難であったと当時も今も私は認識している。というのも『週刊文春』の販売がキヨスクで再開されたあとも、販売サボタージュをはじめ文藝春秋社には陰に陽に経営上の圧力が続いており、和解後はそれが止んだらしいということを見聞していたからである〉

小林氏は続けて、同書を出版した問題意識をこう語っている。

〈本書には、そのような因縁がからみついているが、全編にわたって新たに書き下ろした。『週刊文春』連載時の材料を再検討、追加取材もし、裁判で提示されたJR側の反論も出来るかぎり加味したつもりである。（中略）旧国鉄は、イデオロギーをめぐる日本最大の戦場の一つだったが、その一翼を担った「鬼の動労」がこのイデオロギーを棄てたというのは本当なのか？　本当だとすれば、その後の実態はどうなっているのか？　（中略）週刊誌連載よりさらに問題意識を鮮明にして、より核心に絞りこんだつもりである〉

この「まえがき」からもわかるように、小林氏のジャーナリストとしての執念の結晶ともいえるこの『JRの妖怪』は、「JR革マル派問題」の歴史を踏まえ、その本質を捉えた傑作である。

ところが、この『JRの妖怪』が出版された約半月後、不気味な事件が小林氏を襲ったのだ。

当時、鎌倉市内にあった小林氏の自宅に何者かが侵入し、『JRの妖怪』に関する取材資料やJR東労組との裁判資料、手紙や名刺などをごっそり盗み出したのである。その量は段ボール箱三個分にも及んだ。後に神奈川県警は、この「小林氏宅侵入事件」を革マル派の犯行と断定する。小林氏が当時の状況を振り返る。

「私が彼らの犯行に気づいたのは九六年の二月二二日午前一時二〇分ごろのことでした。前日の二一日の午後二時に私は玄関の鍵をかけて外出したんですが、帰ってきたら鍵が開いていた。急いで書斎の本棚や整理棚を確認したら、取材協力者の氏名、住所などが書かれた資料やフロッピーなどがなくなっていた。外出から帰宅まで一二時間弱。彼らは私が家を空けた隙を見計らって入ってきたのです。預金通帳は残されたままだったので、犯人は革マル派と直感しました。当時、私の自宅はちょうど山の中腹にあり、下から様子が丸見えでした。ずっと彼らに見張られていたのだと思います。盗聴もされていたのでしょう」

そしてこの盗難事件の直後から何者かによって、JR東日本幹部らの自宅に、怪文書が送りつけられるという事件が相次ぐのだ。

これらの事件の経緯についてはその後、小林氏自身が岩波書店発行の月刊誌『世界』（九六年一二月号）に掲載された記事「JR東日本、四つの怪事件」のなかで次のように記している。

〈窃盗事件の数日後から約一ヶ月の間、筆者以外のところに三種の怪文書が送りつけられるという出来事が相次いで発生した。最初の怪文書は事件を報じる新聞記事のコピー。宛て先は筆者の協力者とみなされたらしい四人、差出人は「天国と地獄社」（住所・電話などの記載なし）。次ぎの怪文書は前記四人のうちの三人宛てで、最初のと同じ差出人。内容は、三人の実名入り章タイトルを付した「『JRの妖怪』を十倍楽しく読む法」と「JRの妖怪―取材全記録（第一巻）」という二冊の本の出版予告。そこには筆者の所から盗っていった録音テープや取材原稿そのものの写真も併載されている。これは、窃盗犯と差出人が同一人または仲間であることを物語っている。

　第三の怪文書は前記四人のうちの残る一人とその親族個々人宛てで、差出人として筆者（小林）の名前と住所が印刷されている。盗難事件後、この彼は尾行されるなど何者かによる身辺調査に曝されたらしく、彼本人に成りすました何者かによって役所から戸籍謄本が騙取されたことも判明している。怪文書は彼を「『JRの妖怪』の影の共著者」などと見当違いの極《き》め付けまでおこなっている。

　一体、犯人の狙いは何なのか？

（中略）推測するに、犯人たちの最大の狙いは筆者の情報源、特に、JR内外の匿名の情報源を割り出すことにあったのではないか。加えて、そのうちの何人かには見せしめとして怪文書や嫌がらせなどで個人攻撃をしてみせて、JR内外の不特定多数に対する今後の警告とすることにあったのではないだろうか。

（中略）当初、被害者としての邪推であったのだろうか、全盗品は事件の二、三日後にも、てっきり松崎会長のところに届いていると思い込んでいた。が、その後、同会長がこの事件について次のような発言をしていることを知ったのである。（中略）

「なんか小林某というフィクション作家の資料を革マルが盗んだというんで、最近のうちに革マルに五億ぐらいやって資料をもらおうかと思っているぐらいですからね。ちょっとやりすぎかな、五億じゃ。五千円ぐらいでなんとかならないかな。要するに、本当のことがいろいろあるんだと思う、もっともっと。本当のことは知っておきたいですね」（東労組東京地本大会、七月四〜六日）

こうした発言で分かることは、松崎氏が盗品に並々ならぬ関心を寄せていることだ。それは何を意味しているのか？　事件は現在も警察が捜査中であるが、いうまでもなく、窃盗などの犯罪行為によって取得した物品であることを知ってこれを買い取ったりすると、立派に贓物故買罪という犯罪が成立するはず。不思議なことに、この会長さんはそんなことはとんとお構いなしのようである〉

この記事が掲載された『世界』に対し、ＪＲ総連だけでなく、革マル派も、猛抗議を行ったという。

前述のとおり神奈川県警は、「小林氏宅侵入事件」を革マル派の犯行と断定。九六年一一月二四日、窃盗、住居侵入の容疑で、革マル派の非公然アジト「大和アジト」（神奈川県大和市）を家宅捜索し、捜査員に椅子を投げつけるなど抵抗した非公然活動家四人を公務執行妨害の現行犯で逮捕した。これに対し革マル派は二八日、四人の弁護士と革マル派の公然活動家が記者会見を開き、こう語ったという。

〈公務執行妨害の事実はない。マンションは四人の住居で非公然アジトではなく、四人は塾勤めで非公然活動家ではない。警察ので
っちあげだ……〉（傍点は筆者）

## 誰が内田氏を殺したのか

小林氏宅侵入事件後、四人のＪＲ東日本関係者のもとに怪文書が送りつけられたことはすでに述べた。その四人のうちの一人に、ＪＲ東日本初代人事課長、故・内田重行氏がいた。内田氏は東京大学法学部卒業後、七一年に旧国鉄に採用され、国鉄時代は将来の総裁候補の一人にも数えられたキャリア組のエースだった。しかし松崎に対し、経営側としての〝筋〟を通そうとしたため、松崎の逆鱗に触れ、一年足らずで人事課長から外され、関連会社をたらい回しにされたことは前述した。

「松崎と癒着した松田氏ら当時のＪＲ東日本経営陣は、内田さんを関連会社に飛ばした後も、内田さんに〝監視〟をつけていました。内田さんもこれにはうんざりしていたようで、『トイレに行くときにも（監視が）ついてくるんだよ』と苦笑していました」（ＪＲ東日本関係者）

しかし内田氏は、閑職に追いやられてもなお、松崎に支配されたＪＲ東日本の異常な労使関係を糾《ただ》そうとしたのである。その思いを小林峻一氏に託し、取材に協力していたというのだ。

「ところが小林さん宅から革マル派が取材資料を盗み出した事件で、内田さんが小林さんの取材に協力していたことが明らかになりました。その後内田さんはＪＲ東日本社内で徹底し

たパージに遭い、ついには退社にまで追い込まれるのです」(同前)

退社を余儀なくされた内田氏は、旧知のJR西日本幹部の呼びかけに応え、京都駅ビル開発の取締役に就いた。しかし都落ちしてもなお内田氏は、自分を退職に追いやったJR東日本の労政の正常化をめざし、JR関係者にさまざまな働きかけを続けていたという。しかし京都駅の階段から転落するという事故に遭い、〇三年四月、志半ばで非業の死を遂げたのだ。享年五四だった。

今でも旧国鉄、JR関係者のなかで、内田氏を慕う人は多い。〇六年九月一五日には、都内で「故内田重行さんの遺志を受け継ぐ会」が開かれ、JR東日本、組合関係者ら約三〇人が集まった。そして参加者の一人は私にこう語った。

「内田さんの直接の死因は事故だが、彼のご遺族からとってみれば、内田さんは、松崎と革マル、そして松崎に支配された松田や住田ら、JR東日本の経営陣に殺されたようなもんなんだよ……」

# 第8章 「コウノトリ」と呼ばれた男

## 「公安捜査の神様」が「革マル派のガードマン」に

「いずれにしましても、(JR東日本に勤務していたのは)一〇年以上前の話ですし、取材はお断りしますので、お引き取りください……」

欧米で、「幸福を運ぶ鳥」として親しまれているコウノトリ。革マル派から、その「コウノトリ」というコードネームで呼ばれる男は、二〇〇六年一一月一三日朝、私の再三にわたる取材申し込みを、こう言って拒絶した。

その男とはJR東日本初代監査役、柴田《しばた》善憲《よしのり》氏(七四歳)。

柴田氏は一九五五年に警察庁に入庁。警視庁公安部公安総務課長、警察庁警備局公安三課

長、公安一課長、そして警視庁公安部長と一貫して公安畑を歩み、「公安捜査の神様」とまでいわれた人物だ。そして八二年に警視庁副総監に、八四年には日本の警備・公安警察の頂点である警察庁警備局長に就いた超大物警察キャリアである。

現在の漆間巌・第二〇代警察庁長官がそうであったように、警察庁警備局長は「次期警察庁長官、警視総監」ポストといわれている。当然ながら柴田氏も当時、そう目されていたのだが、なぜかその後、近畿管区警察局長に「左遷された」のだ。

「柴田氏をめぐっては、彼が警視庁副総監時代に、女性や金銭にまつわるスキャンダルが書かれた怪文書が、マスコミに流れた。実際、その怪文書をもとにした週刊誌の取材が相次ぎ、警視庁が組織を挙げて〝火消し〟に回り、いったんは封印した。しかし柴田氏が警備局長就任後、それらのスキャンダルが、当時の山田英雄・警察庁長官の知るところとなり、柴田氏は近畿管区に飛ばされたんだ」（警察庁関係者）

柴田善憲・JR東日本初代監査役

そして八七年、近畿管区警察局長で退官した柴田氏は、旧国鉄が分割民営化され、発足直後のJR東日本の監査役に天下ったのだ。
「警察官僚時代に『公安捜査の神様』として知られた柴田さんを、当時のJR東日本経営陣が招いたのはJR革マル派対策のためでした。その経営陣のなかでも、最も柴田さんの活躍に期待を寄せていたのが、JR東日本初代人事課長で、松崎明によるJR東日本支配を深く憂慮していた内田さんだったのです」（JR東日本OB）

旧国鉄時代、「総裁候補」の一人に数えられたキャリア組のエースだった故・内田重行氏。松崎に対し経営側の〝筋〟を通そうとした彼は、松崎と癒着していたJR東日本旧経営陣からパージされ、非業の死を遂げた。

「その内田さんが人事課長時代に、最も頼りにしていたのが、柴田さんでした。松田さんら旧経営陣が次々と松崎に取り込まれるなかで、孤軍奮闘状態だった内田さんは、『やっと頼りになる人が来てくれた』と、それは喜ばれていました。

しかし晩年の内田さんは落胆した様子で、私にこう語っていたのです。

『たしかに柴田さんは監査役就任直後、本気でJR東日本から松崎と革マル派を叩き出そうとしていた。しかし就任から一年も経たないうちに、彼の態度が豹変し、その後は警察から革マル派を守るガードマンになってしまった……』と」（前出・JR東日本OB）

前出の警察庁関係者によると、ちょうどこのころから柴田氏はしきりに、後輩にあたる警察首脳部に対し「松崎の（革マル派からの）転向は本物だ」、「JR東日本に治安上の懸念はない」という虚偽の情報を流していたという。つまり警察当局の、松崎やJR革マル派に対する警戒を解こうとしていたというわけだ。

現役時代、「公安捜査の神様」とまでいわれた大物警察官僚が、「革マル派のガードマン」に豹変、いや〝転向〟した理由はなんだったのか。その驚くべき事実が判明するのは、それから一〇年以上の歳月が流れた後だった。

警視庁公安部は九八年一月、東京都練馬区にあった革マル派の非公然アジト「豊玉アジト」を摘発。同アジトから押収した段ボール箱約一二〇個分、計一万五〇〇〇点の押収物のなかに、革マル派が、国労幹部やＪＲ連合系労組幹部の、電話や室内での会話を盗聴した数千本の録音テープがあった。それらの録音テープのなかに、警察内部の電話を傍受したものも含まれていたということは第6章でも述べた。

「豊玉から押収されたテープのなかには、警視庁の幹部同士の電話での会話や、警察庁と警視庁とのやりとりを盗聴していたものが録音されていた。そしてそのなかの一本に、柴田さんが副総監時代に、彼のスキャンダルを摑み、取材を申し込んできた週刊誌にどう対応するか、相談している会話が録音されていた」（前出・警察庁関係者）

柴田氏が警視庁副総監時代に、スキャンダルが書かれた怪文書が飛び交い、それをもとに取材攻勢をかける週刊誌に対し、警察が組織を挙げて〝火消し〟に回ったことも前述した。

「公安部では、そもそも柴田氏失脚のもととなった怪文書の『筆者』が、革マル派だったのではないかとみている。おそらく彼らにとっては、不倶戴天《ふぐたいてん》の敵である、『公安捜査の神様』のスキャンダルを、週刊誌に書かせることで、失脚を狙ったのだろう。

そして、革マル派が握っていた柴田氏に関する情報を『革マル派最高幹部』である松崎が知らないはずがない。『これをもとにいつかは柴田氏を屈服させることができる』と踏んだからこそ、当時のＪＲ東日本経営陣が柴田氏を初代監査役として迎えるのに、松崎は反対し

なかった」（同前）

つまり柴田氏は現役の超大物警察官僚だったころから、革マル派の掌に乗せられていたわけである。

## 柴田氏が犯した最大の〝罪〟

そして柴田氏は「JR革マル派のガードマン」に〝転向〟した後も、八年にわたってJR東日本の監査役を務めた。その後、同社のグループ企業「ジェイアール東日本企画」の会長に就任。〇三年に別のメーカーの監査役に転出するまで、警察の捜査情報を入手して、JR東日本と革マル派に横流ししていたことが、その後の捜査で浮かびあがる。

なかでも柴田氏が犯した最大の〝罪〟はやはり、警察首脳部に対し、「松崎は転向した」、「JR東日本に治安上の懸念はない」と繰り返し発言していたことだろう。

「柴田氏は現役時代、『公安捜査の神様』とまでいわれ、後輩の警察キャリアだけでなく、現場の捜査員からも尊敬されていた人物だ。その人が『松崎の転向は本物だ』と言うのだから、警察首脳部がそう信じるのも無理はない。警察は彼の言葉を鵜呑みにして、JR革マル派に対する警戒をすっかり解いてしまった。

ところが、警視庁公安部が九六年、革マル派非公然アジト『綾瀬アジト』を摘発した結果、松崎が今なお革マル派の最高幹部であることがわかった。そして『革マル派とは無関係』などと主張しているJR総連には、革マル派組織の『JR委員会』があり、革マル派によって運営されていることが判明した。つまり柴田氏の言葉は、すべて嘘だった」（前出・警察庁関係者）

この綾瀬アジトの摘発で、JR東日本に革マル派が想像以上に浸透していることに危機感を強めた警察は、前述の豊玉アジト、そして九八年には「浦安アジト」（千葉県浦安市）など、革マル派の非公然アジトを次々と摘発。押収物の分析などから、柴田氏が革マル派から「コウノトリ」というコードネームで呼ばれていることが判明したのだ。前出の警察庁関係者は吐き捨てるように、こう言った。

「革マル派は、公安部の革マル派担当捜査員にそれぞれ、動物の名前を冠したコードネームをつけている。

おそらく柴田氏は彼らにとって『幸福を運ぶ鳥』なのだろう。しかし日本の治安にとってはまさに、〝黒いコウノトリ〟だ」

そして警察当局は〇二年、「浦和事件」を端緒に、ついに本格的なJR革マル派摘発に乗り出した。それが現在も続けられている松崎の業務上横領容疑の捜査に繋がっていくのだが、これらの捜査の前にも〝黒いコウノトリ〟が、その羽を広げ、行く手を阻んだのである——。

## 捜査への非協力的な態度

○二年一一月、東京・霞が関にある警視庁本部庁舎の一室。二人のJR東日本幹部が、公安部の捜査員と向き合っていた。

一人は、佐々木信幸人事部長（当時。現代表取締役副社長、事業創造本部長・五九歳）。もう一人は原田《はらだ》勝弘《かつひろ》監査役（当時。後にホテルメトロポリタン会長、○五年に死去）である。

捜査員　前回、お願いした資料は持ってきていただけましたか。

佐々木　探しましたが、ありませんでした。

捜査員　では、（JR東日本）大宮支社から取り寄せていただけるよう、お願いしていた資料は？

佐々木　支社に連絡しましたが、まだ届いていません。

捜査員　ならば、御社の「退職者リスト」を提出していただくわけにはいきませんか。

佐々木　残念ながら、わが社ではそのような書類を作っておりません。

この部屋ではその後、警視庁とJR東日本との間で、同じ内容の問答が、計九回も繰り返されたという。

警視庁公安部は〇二年一一月、ＪＲ東日本の最大・主要労組「ＪＲ東労組」（東日本旅客鉄道労働組合）大宮地本（地方本部）の副委員長で、革マル派幹部の梁次邦夫ら組合員七人を強要の容疑で逮捕した。

ＪＲ東労組に所属する若手運転士が、他労組の組合員とキャンプに出かけたというだけで、ＪＲ東労組組合員が約六ヵ月にもわたって吊るし上げ、退職にまで追い込んだ、「浦和電車区組合脱退・退職強要事件」（「浦和事件」）である。

警視庁公安部は七人の逮捕後、極秘にＪＲ東日本幹部の事情聴取を行っていた。それが前述のシーンだ。自社の電車運転士が、革マル派幹部らによって退職に追い込まれたにもかかわらず、ＪＲ東日本幹部は、警視庁の捜査にきわめて非協力的だった。

「公安部は、佐々木人事部長に、浦和事件に対する会社側の対応を裏付ける書類など、必要な資料の提出を求めたが、佐々木人事部長はのらりくらりと対応し、任意提出に応じる様子はなく、『どうせ、おまえらには（ＪＲ東日本に対する）強制捜査はできないだろう』という態度がありありだったそうだ」（前出・警察庁関係者）

そして当時、ＪＲ東日本側への聴取を担当した公安部の捜査員たちは、彼らＪＲ東日本経営陣の背後に立つ、ある男の影を、歯軋《はぎし》りするような思いで見つめていたのだ……。

革マル派から「コウノトリ」のコードネームで呼ばれる元超大物警察官僚、ＪＲ東日本初代監査役の柴田善憲氏――。

現役時代、「公安捜査の神様」と呼ばれた柴田氏が、「ＪＲ革マル派のガードマン」に転向した経緯は前述したが、柴田氏は、この浦和事件の捜査にも、深く介入していくのだ。

「豊玉アジトの摘発で、柴田氏が革マル派にスキャンダルを握られていたことが発覚し、彼が革マル派から、〝幸福を運ぶ鳥〟である『コウノトリ』のコードネームで呼ばれていたことを知った公安当局は、彼の身辺を徹底的に洗った。

その結果、過去のJR革マル派に関する捜査情報がすべて、柴田氏を通じJR東日本側に筒抜けになっていたという衝撃の事実が判明した」(同前)

この警察庁関係者によると、JR東日本監査役として約八年間、その子会社の「ジェイアール東日本企画」会長、顧問としてさらに約八年間にわたって「JR革マル派のガードマン」として君臨した柴田氏はその間、莫大な交際費を使って、後輩の警察官僚や公安部幹部を接待。警察庁、警視庁の隅々まで、スパイ網を張り巡らせたという。

## 「妖怪」が「コウノトリ」に激怒

「このため公安部では、浦和事件の捜査も、事前に柴田氏に漏れれば必ず潰されると、内部でも秘密保持を徹底したため、JR発足以来、初めてJR東労組に対する強制捜査ができた。もちろん柴田氏にとっては寝耳に水で、着手日当日になって彼は仰天したそうだ」(前出・警察庁関係者)

警視庁公安部が浦和事件で、JR東日本発足以来初めてJR東労組本部(東京都渋谷区)を捜索したのは、〇二年一一月一日のことだった。当日の柴田氏の様子を、今度はJR東日本関係者が証言する。

「当時、柴田さんは『ジェイアール東日本企画』の顧問だったのですが、警視庁がJR東労組本部に家宅捜索に入った当日の午前一〇時ごろ、わざわざJR東日本の本社にやってきて、『こんなとき（警察の強制捜査が入ったとき）は、（JR東労組の）委員長が自宅待機しておくなどのマニュアルを作っておかなければだめだよ』などと、捜査への対応を指示されていました」

そしてその後すぐに柴田氏は警視庁に出向き、当時の石川重明・警視総監に〝直談判〟したというのだ。JR東日本関係者が続ける。

「その後、柴田さんは再びJR東日本に戻り、経営陣に対してこう言ったのです。『今、警視庁のトップに会って、抗議してきた。そうしたらこれ以上、JR東労組に波及させないと謝罪していた。今回の事件は、上（警視庁上層部）に報告しないで、暴走した奴がいる。こんな事件、私が事前に知っていたら簡単に潰せた……』と」

この発言自体、柴田氏自ら、「JR革マル派のガードマン」と認めているようなものだが、この予想もしなかった公安部による強制捜査に、柴田氏以上に震撼した人物がいる。ほかでもない、松崎明だ。

「松崎は、公安部がJR東労組本部に家宅捜索に入ったことを知って激怒し、こう怒鳴りあげたそうです。『柴田の野郎、年間二〇〇〇万円もの交際費を使って、クソの役にも立たな

かった！』」（元ＪＲ東労組幹部）

## 第二、第三のコウノトリ

「ＪＲ革マル派のガードマン」として約一六年間、ＪＲ東日本に君臨した柴田善憲氏。彼は警察時代に育てた何人もの部下たちを、まるで親鳥がヒナを呼び寄せるかのように、ＪＲ東日本に招き入れ、第二、第三の「コウノトリ」を作り上げていったのだ。

私の手元にＡ４判、二枚綴りのペーパーがある。

「ＪＲ東日本警察関係担当者名簿」と記されたこのペーパーには、ＪＲ東日本本社や各支社の総務部に「調査役」として勤務する警察ＯＢの名前が並ぶ。名前の横にはＮＴＴの電話番号のほか、ＪＲの専用回線、そして警察電話の番号が記されている。九九年三月にＪＲ東日本内部で作成されたこの名簿、つまりはＪＲ東日本に天下りした警察ＯＢのリストなのだ。

そして、この八年前の「ＪＲ東日本警察関係担当者名簿」を手がかりにして、『週刊現代』取材班が独自に調査した最新のデータを加え、新たに作成したものが二八三ページのＪＲ東日本に天下った警察官二〇人の「実名リスト」である。

リスト作成にあたって、取材班が参考にしたのが、独立行政法人「国立印刷局」作成の『平成18年版　職員録』（〇五年一一月発刊）。国の機関や独立行政法人、特殊法人などの約二八万人の係長級以上の職員の氏名を掲載したものだ。そしてこの職員録の特殊法人のページ

## JR東日本に天下った警察官20人実名リスト

| 氏名 | 警察退職時の役職 | JR東日本での役職 | |
|---|---|---|---|
| 坂東自朗 | 警察庁交通局長 | 常勤監査役 | 本社 |
| 佐藤源和 | 富山県警本部長 | 総務部調査役 | 本社 |
| 吉池秀行 | 警視庁第九方面本部長 | 総務部調査役 | 東京支社 |
| 柳沢征治 | 神奈川県警交通部長 | 総務部調査役 | 横浜支社 |
| 小林聖司 | 山梨県警刑事部長 | 総務部調査役 | 八王子支社 |
| 佐々木誠 | 警視庁第八方面本部長 | 総務部調査役 | 八王子支社 |
| 大嶋　勲 | 埼玉県警地域部長 | 総務部調査役 | 大宮支社 |
| 堀江龍郎 | 栃木県警刑事部長 | 総務部調査役 | 大宮支社 |
| 諸橋　功 | 群馬県警刑事部長 | 総務部調査役 | 高崎支社 |
| 平山忠昭 | 茨城県警警備部長 | 総務部調査役 | 水戸支社 |
| 加瀬貴美 | 千葉県警警備部参事官 | 総務部調査役 | 千葉支社 |
| 浅野正雄 | 宮城県警生活安全部参事官 | 総務部調査役 | 仙台支社 |
| 工藤英雄 | 山形県警刑事部長 | 総務部調査役 | 仙台支社 |
| 加藤治男 | 福島県警交通部長 | 総務部調査役 | 仙台支社 |
| 石川瑞彦 | 岩手県警盛岡東署長 | 総務部調査役 | 盛岡支社 |
| 木村　哲 | 青森県警刑事部長 | 総務部調査役 | 盛岡支社 |
| 安杖勇作 | 秋田県警警備部長 | 総務部調査役 | 秋田支社 |
| 布川廣紀 | 新潟県警長岡署長 | 総務部調査役 | 新潟支社 |
| 長田政明 | 長野県警警備部長 | 総務部調査役 | 長野支社 |
| 伴　良雄 | 警視庁科捜研所長 | 調査役 | 東京工事事務所 |

＊本リストは『平成18年版 職員録』（独立行政法人国立印刷局編）を基に、『週刊現代』取材班が取材を行い独自に作成した

に、現在は民間会社となったＪＲ各社やＮＴＴ、ＪＴなどの企業の係長級以上の職員の氏名も掲載されている。

　ところが不思議なことに、最新の『平成19年版　職員録』からは、それまで毎年掲載されていたＪＲ東日本の職員の氏名だけが、ごっそりと抜け落ちていたのだ。ＪＲ東海やＪＲ西日本など、他のＪＲ各社の職員が従来どおり、掲載されているにもかかわらず、である。

　発行元の国立印刷局に問い合わせたところ、こう回答した。

「ＪＲ東日本が載っていないのは、ミスプリントではありません。個人情報保護法の施行後は、われわれも事前に、相手側から掲載の同意を得ることになりました。しかしＪＲ東日本さんからは、掲載の承諾を得られなかったので、掲載していません。珍しいケースですが、こちらが強制するものではありませんので……」

　ＪＲ東日本という企業の「秘密主義」体質をよく表すエピソードだ。このためリストは、〇六年三月末のものである。リストには元警察庁交通局長や富山県警本部長、警視庁第九方面本部長などキャリア、ノンキャリアを問わず錚々《そうそう》たるメンバーが名を連ねているが、このＪＲ東日本天下り警察ＯＢの頂点に立つのが、柴田氏なのだ。

## 一度天下れば、七〇歳までは安泰

「柴田氏がＪＲ東日本、ＪＲ東日本企画に勤務した約一六年間、ＪＲ東日本は何十人もの警察ＯＢを受け入れてきました。リストに記載されたのはほんの一部にすぎません。現在も坂東（自朗）監査役（元警察庁交通局長）をはじめ、本社・支社合わせて二〇人以上の警察ＯＢが『調査役』として勤務しています」（ＪＲ東日本関係者）

ちなみにこの坂東氏の前任、原田勝弘監査役（故人）も、ＪＲ東日本に天下りする前は、九州管区警察局長や関東管区警察局長を歴任した大物警察官僚だった。

「柴田氏の在任中、ＪＲ東日本では警察ＯＢを七〇歳まで受け入れることを決めました。五九歳で退官した警察ＯＢは、六五歳までＪＲ東日本本体で『調査役』につき、その後はさらにＪＲ東日本の関連会社に天下って七〇歳まで勤めるのです。

だが、こんなことをＪＲ東日本経営陣が、松崎の許しを得ずに決められるはずがない。松崎は『ＪＲ東労組にいっさい、口出ししないこと』を条件に、それを許可したのです。だから、ＪＲ東日本に天下った警察ＯＢは、どれほどＪＲ東労組組合員が違法行為をしようとも見て見ぬふりをしている。

それどころか、柴田氏に倣《なら》って、ＪＲ革マル派に関する捜査情報を入手したり、捜査にプレッシャーをかけるなど、完全に『ＪＲ革マル派のガードマン』と化してしまったのです」（同前）

その「筆頭格」として、このＪＲ東日本関係者が挙げるのが、元北海道警旭川方面本部長で、現在はＪＲ東日本関連会社の「東京圏駅ビル開発㈱」常勤監査役を務めている藤田猛氏（六九歳）と、元警視庁第八方面本部長で、同じくＪＲ東日本の関連会社「鉄建建設㈱」の渉外部長を務めている宮原武夫氏（六八歳）の二人だ。

「藤田氏は、柴田氏が警察庁公安三課長時代の部下で、柴田氏が北海道警の旭川方面本部長まで引き上げた腹心だ。一方の宮原氏は、柴田氏が警察庁公安一課長時代の部下で、警視庁公安三課長も務めた柴田氏の子飼い。退官後は二人とも柴田氏の引きで、JR東日本に天下り、藤田氏は本社、宮原氏は八王子支社の総務部で『調査役』として六五歳まで勤めたが、その後、二人とも再び、JR東日本の関連会社に天下った」（警察庁関係者）

さらにもう一人、柴田氏の〝懐刀〟といわれる警視庁OBがいる。現在、JR東日本本社総務部で「副課長」の肩書をもつ木下紏《ただす》氏（六三歳）だ。他の警察OBと違って「調査役」ではないため、「JR東日本警察関係担当者名簿」にその名前は記載されていない。

「木下氏は長く公安三課に勤務し、右翼団体を担当していました。しかし九七年、オウム真理教の教祖だった麻原彰晃の逮捕直後の写真を週刊誌に流したとして、懲戒処分を受け、調布署に左遷されたのです。そして〇三年、定年まで一年を残して警部補で退職し、JR東日本に天下ったのです」（警視庁人事一課関係者）

そしてこの木下氏をJR東日本に入れたのが、ほかでもない柴田氏だった。

だが、柴田氏ほどの元超大物警察官僚が、過去に不祥事を起こし、かつ退官時に警部補にすぎなかった木下氏を拾ったのはなぜなのか……。その裏にはある〝特別な事情〟があったというのだ。前出の警察庁関係者が語る。

「実は木下氏の妻はかつて、柴田氏が警察庁警備局長時代の秘書だった。その縁で、柴田氏は木下氏を拾った。木下氏の妻は現在も警察庁の職員なのだが、問題は彼女が勤務している部署。彼女は二〇年近くにわたって『警備企画課』に勤務している」

## 捜査情報はすべて筒抜け

警察庁警備局警備企画課。

警視庁公安部をはじめ、全国の警察の警備部公安課から情報が集約される、警備局のなかでも筆頭課である。警察庁関係者が続ける。

「木下氏の妻は歴代警備局長の秘書も務めてきたベテラン職員。警備局長に集約される全国の警備・公安情報にアクセスできる立場にあった。そして六〇歳の定年を迎えた平成一六（二〇〇四）年以降も、警察庁の『再任用』制度で残り、今なお警備企画課に勤務している」

そしてこの後、この警察庁関係者が漏らした次の言葉に、私は震撼した。

「警察庁、警視庁内部では、柴田氏の最大の〝エス〟は彼女ではないかといわれている。これがもし事実ならば、革マル派に関するものだけでなく、日本の公安警察の中枢の情報が柴田氏を通じ、JR革マル派に流れていたことになる……」

エス。〝スパイ〟（Spy）の頭文字だ。警察内部でいう「情報提供者」のことである。警察庁関係者が続ける。

「たしかに警察庁や警視庁にはまだ、〝柴田善憲一派〟といわれる幹部がいるのも事実だ。

しかしわれわれが彼を『JR革マル派のガードマン』と確信して以降、〝柴田一派〟に捜査情報が漏れぬよう保秘を徹底した。

にもかかわらず、確度の高い情報が柴田氏に抜けることから、徹底した内部調査を行った結果、彼女の存在が浮上した。だが確証がない限り、辞めさせることができない。しかも下手に辞めさせると、何が噴き出すかわからない。このため彼女の存在は、警察庁のなかでもタブーとなっている」

そして夫の木下氏も、柴田氏の手足となり、〝情報収集〟に動いているという。

「木下氏は今でも警視庁OB用の『通行証』を持っていて、警視庁本庁舎に自由に出入りできるのです。だが実はこのOB用の通行証は、原局（木下氏の場合は公安三課）の推薦を受けて、人事一課が判断したうえで発行するもの。OBなら誰でも発行するものではない。

不祥事で左遷された彼を公安三課が推薦したとも思えず、たとえそうだとしても、人事一課が認めるはずがない。木下氏の通行証発行には柴田氏の力が働いたとしか思えません」

（前出・警視庁人事一課関係者）

〇六年一一月二五日朝、取材班は、都内の自宅前で掃除をする木下氏を直撃した。

――『週刊現代』ですが。

「（質問を遮るように）あー、あー、聞きたくない」

――柴田さんとはどういうお付き合いなんですか。

「関係ない、関係ない」

――奥様を通じて、柴田さんに警察の内部情報が漏れているという疑惑も指摘されていますが。

「常識的にモノを考えたほうがいいよ。事実無根だ。もう帰んなよ」

――では、奥様ご本人に話を聞かせてください。

「悪意に満ちてるよ、あんたの言うことは！」

――事実かどうかを聞いているんです。

「帰んなさいよ、とにかくいっさい答えられないよ。とにかく、あんたらが言ってること、今もJR東日本や、警察組織に隠然たる権力を持つ柴田氏は毎月、第三木曜日に「三木《さんもく》会《かい》」なる食事会を開き、その幹事は木下氏が務めているという。そして、その「三木会」にはJR東日本に天下った警察OBや、他の警察庁警備局、警視庁公安部OBだけでなく、現職の警備局、公安部の幹部や捜査員が出席しているというのだ。

（『週刊現代』の）連載自体、めちゃくちゃだよ」

（『週刊現代』の）連載自体、めちゃくちゃだよ」

しかし警察庁、警視庁内部で「柴田氏の最大の〝エス〟」といわれた木下氏の妻は、私がその疑惑を連載（『週刊現代』〇六年一二月一六日号）で報じた約四ヵ月後の〇七年三月末で、警察庁を退職した。

## 公安部トップの捜査潰し

「ＪＲ東日本への強制捜査はダメだ！　必要な資料は任意で提出させればいいじゃないか。とにかく、強制捜査は絶対にダメだ！」

○二年一一月三日、米村敏朗《よねむらとしろう》・警視庁公安部長（当時。現在は警察庁警備局長。五五歳）による突然の「捜査中止命令」に、現場の捜査員たちはわが耳を疑った。そして捜査員たちは、彼の背後に、「コウノトリ」と呼ばれた男の影を見たという。○二年一一月三日、それは、〝警視庁公安部がＪＲ革マル派に屈服した日〟だった……。

その二日前の一一月一日、警視庁公安部は、「浦和事件」を摘発。ＪＲ発足以来、初めてＪＲ東労組本部などを家宅捜索した。

「実は、公安部では七人の逮捕状とともに、ＪＲ東日本本社などの捜査令状も取り、会社に対しても強制捜査を行う予定でした。ＪＲ東日本では、浦和事件のような退職強要事件が日常的に発生しているという情報を把握していたからです。

同時に、ＪＲ東日本経営陣が、松崎に牛耳られていることも明らかでした。そんな会社が、捜査に任意で協力することは考えられず、事件の全容解明、そして松崎を頂点とする『ＪＲ革マル派』を壊滅に追い込むには、組合だけでなくＪＲ東日本本体に対しても強制捜査を行う必要があったのです」（捜査関係者）

しかし警視庁による、JR東日本への強制捜査を阻んだのが、柴田氏だった。突然の浦和事件の摘発に驚いた柴田氏は、着手日当日、警視庁に出向き、当時の警視総監との〝直談判〟に及んでいた。さらに彼は同事件の着手後、捜査現場にも圧力をかけていたのだ。

「当時の米村公安部長は、柴田氏の〝子飼い〟でした。このため米村部長は浦和事件の着手後、柴田氏から『ここまで君を引き上げてきてやったのに、なぜ（浦和事件の捜査を）私に話さなかった！』と一喝されたといわれています。そして着手日まで、浦和事件の捜査に積極的だった米村部長はその日を境に、急に消極的になったのです」（同前）

米村氏は七四年、警察庁に入庁。警察庁警備局公安一課などを経て、九五年に警察庁警備局外事課長に就任。九八年には当時の小渕首相の秘書官を務め、〇一年に警視庁公安部長に就いた警察官僚のなかでもトップエリートだ。

その後も警視庁副総監などを歴任し〇六年、日本の警備・公安警察のトップである警察庁警備局長に就任。警察内部でも「警察庁長官、警視総監の最有力候補」と目されている。

「米村さんが若いころ、警察庁公安一課に勤務していたときの公安一課長が、柴田さんだった。それ以来、柴田さんは米村さんに目をかけ、警察庁在任中、米村さんを要職に引き立ててきた。二人の関係は、柴田さんがJR東日本に天下りした後も続き、米村さんは公安部長就任後も月に一回は、柴田さんと会食していたそうだ」（警察庁関係者）

柴田氏から圧力をかけられた米村氏は、それまでの捜査方針を急遽変更。前述のとおり、捜索直前になって突然、現場の捜査員に「強制捜査の中止」を命じたのだ。つまり警視庁公安部による浦和事件の捜査を、当時の公安部のトップ自らが、潰したわけである。

# 第9章 捜査の再開——埋められはじめた「妖怪」の外堀

## 公安部長が再び「捜索中止」を命令

革マル派から「コウノトリ」と呼ばれた大物警察OB、柴田善憲氏の意を受けて潰された「JR革マル派」関連の捜査はまだある。

JR東日本への強制捜査を阻止された後も、警視庁が浦和事件の捜査を続けていた二〇〇二年一二月、北海道警が革マル派の非公然アジト「札幌アジト」を発見。道警は、警視庁の協力を得て一二月二六日、アジトに潜伏していた革マル派の非公然活動家を逮捕したのだ。

「逮捕されたのは塩田明男、井澤健ら四人。このうち塩田、井澤ら三人は、神戸連続児童殺傷事件に絡んで、神戸市の病院に侵入し、加害少年Aの検面調書を盗んだとして窃盗容疑

米村敏朗・警察庁警備局長

で指名手配中でした。
塩田は革マル派非公然部隊のリーダーで、『教祖』といわれた黒田寛一氏、今も『最高幹部』といわれる松崎に次ぐNo.3の大幹部でした」（公安当局関係者）
また井澤は革マル派非公然部隊が、JR総連の対立組合である国労の動向を把握するため、一九九六年から九七年にかけて、東京都内の国労幹部らの自宅に相次いで侵入した「国労書記長宅侵入事件」で指名手配されていた。
「塩田、井澤逮捕後の〇三年一月、公安部は、井澤被告の『国労書記長宅侵入事件』での再逮捕を、革マル派非公然部隊と『JR革マル派』との関係を解明する絶好のチャンスと捉え、再びJR東労組の関係箇所を家宅捜索する方針を固めたのです。
そして、これらの家宅捜索については米村（敏朗・警視庁公安部長・当時）さんも、現場から逐一報告を受け、了承していたはずでした」（捜査関係者）
しかし井澤再逮捕の前日の〇三年二月一二日、米村氏は再び、現場の捜査員に対し、「捜索中止」を命令したというのだ。
「これらの捜索について、公安部では事前に地検（東京地検公安部）とも協議し、詰めの段階に入っていた。にもかかわらず、米村さんは『この捜索はダメだ。令状の請求も中止だ』と突然、中止命令を出したのです。

おそらく米村さんは柴田氏から『JR東日本だけでなく、JR東労組への強制捜査も今後一切やるな』と念押しされたのでしょう。米村さんは浦和事件着手後も、柴田氏らと頻繁に会食していたし、これまで交流のなかった、JR東日本の会社幹部とも酒席を共にしていたそうですから」（同前）

浦和事件の着手直後、柴田氏が、JR東日本経営陣に対して行った「これ以上、（公安部の捜査を）東労組に波及させない」という〝宣言〟がまさに実行されたわけである。

「JR革マル派問題」が、日本が抱える重大な治安問題の一つであることは、警察当局が最も認識しているはずだ。にもかかわらず、その警察当局の現役最高幹部が、「JR革マル派のガードマン」と癒着し、捜査潰しに自ら手を染めていたのである。まさに国民の警察組織に対する信頼を根底から裏切る、前代未聞のスキャンダルと言わざるを得ない。

だが、米村氏に二度にわたって捜査を潰された、公安部の現場の捜査員たちは、米村氏が警視庁公安部長から警察庁長官官房審議官（警備局担当）に〝栄転〟（〇三年八月）するのを待って、再び「JR革マル派」捜査に動き始める。

JR東労組組合員が、東京都内のマンションに不法に侵入し、浦和事件で逮捕された七人の「早期釈放」を訴えるビラをまいたとして、警視庁公安部は〇三年九月三日、住居侵入の容疑でJR東労組本部などを家宅捜索した。さらに別の事件の関係先として、九月二五日、JR総連関連の福利厚生団体「日本鉄道福祉事業協会」（「鉄福」）が契約している品川区内の銀行の貸し金庫や、ＪＲ総連関係者の自宅などを捜索する。そしてこれらの捜索で、松崎による組合費横領疑惑が浮上したのだ。

「警視庁公安部による家宅捜索について、警察庁に異動した直後の米村さんは、こう激怒したそうです。

『あれほどやるなと言っていたのに、オレが替わったらすぐにやりやがった！』

また一連の捜査で松崎の組合費の横領疑惑が浮上し、『松崎逮捕』の噂が警察内部で流れたときにも米村さんは、『逮捕は絶対にダメだ』と主張していたそうです」（警察庁関係者）

## ＪＲ東日本の「緊急総務部長会議」

そして、第2章でも触れたように、その二年後の〇五年一二月七日、警視庁公安部は業務上横領の疑いで、松崎の自宅や、ＪＲ東労組、ＪＲ総連など関係先十数ヵ所を一斉に家宅捜索した。この家宅捜索は、浦和事件の捜査に対し、会社ぐるみで「ＪＲ革マル派」を守ったＪＲ東日本経営陣にも相当の衝撃を与えたようだ。

警視庁公安部による家宅捜索が始まった二日後の一二月九日、ＪＲ東日本では清野智副社長（当時。現社長・五九歳）、冨田哲郎常務（五五歳）、浅井克巳人事部長（当時。現在は事業創造本部副本部長。五三歳）以下、人事部の次長、課長、各支社の総務部長が本社二八階会議室に集まり、対応を検討する「緊急総務部長会議」が開かれた。出席者によるとその席上、清野副社長は次のように語ったという。

〈われわれにも報道された範囲での情報しか入っておらず、今後どうなるかはわからない。支社に帰って伝達する必要はないが、「逮捕」ということも腹において考えてほしい。業務上横領なら通常、捜査二課の担当のはずだ。それが公安二課が行っているということはつまり、警察が「公安事件」と位置づけていることを意味する。

ＪＲ総連が発表した「声明文」には報道ではわからなかったことが書いてある。たとえば『今回の不当弾圧の容疑は、〇二年四月二〇日に発生した業務上横領とされているもので……（中略）警視庁公安二課は、被疑者とされる松崎明氏の個人的資金の受け渡しに、ＪＲ総連と加盟単組が共同で設立した国際交流推進委員会の国際交流基金の口座を一時的・便宜的に使用したことを業務上横領としてでっち上げたのである。よってＪＲ総連は、いかなる損害も受けていない……』という部分だ。

この内容だと、たとえば『出札（筆者注：駅などで駅員が旅客に乗車券の販売を行うこと）の金を一定期間持ち出して使った。後日返した。会社に損は与えていないから問題ないだろう』ということになる。普通の会社ならクビだ！〉

清野副社長の見解は、至極真っ当というほかない。にもかかわらず、なぜ彼は、ＪＲ総連に対してそうはっきり言わないのか。またこの清野氏の発言を受け、浅井人事部長もこう発言したという。

〈今回の家宅捜索はこれまでのものと中身が違う。浦和事件に関する捜索は「組合活動の延長線上」に関わるものだ。今回の捜索はあくまで（松崎）「個人」に関わるもの。したがって、東労組本部に対しては、本社から、「慎重に行動してもらいたい」と話してある。支社からも地本に対し、同様の話をすること。

たとえば、本件に関し、〝冤罪署名〟などの動きがあれば、「控えるべきではないか」と言ってほしい。大事なことは事故を起こさないことだ。また職場管理を徹底してほしい。浦和事件のときのように「現場長の知らないうちに職場内で集会が行われていた」ということがないように……〉

浅井人事部長はさらにこの席で、〇七年七月にも一審判決が下る浦和事件の公判に対する会社側の〝見解〟についてもこう述べている。

〈浦和事件については一審で有罪判決が出たら、最終審まで待たずに処分を行う可能性がある。最悪の場合は、解雇もあり得る〉

そしてこの会議の最後を締めくくった梅原康義人事部次長（当時。現人事部担当部長）は、この警視庁の家宅捜索が、ＪＲ東日本に与える〝影響〟について、次のようなきわめて興味深い発言をしている。

〈ＪＲ総連は、本日もまだ捜索中である。今回のようなことがあったときには、過去に列車妨害が発生しているケースが多い。注意していただきたい……〉

この梅原次長の発言こそ、彼らＪＲ東日本経営陣が、ＪＲ革マル派の危険性を十二分に認識している証左ではないのか。

そして梅原次長の言うとおり、一二月七日午前に入った警視庁の家宅捜索は二日後の九日になってもまだ続き、最終的に八四時間にも及んだという。

私は、米村氏が警視庁副総監から警察庁警備局長に就任する直前の〇六年七月、米村氏に柴田氏との関係、そして公安部長時代の「JR革マル派」捜査潰しについて質《ただ》した。すると彼は警視庁を通じ、次のようにコメントしてきたのだ。

〈(柴田氏に「これ以上、捜査をJR東労組に波及させないよう」要請されたという事実については)まったくありません。柴田氏は、私の警察人生における先輩で、上司でもあった方で、退職後も飲食を共にすることはあります。しかし、現職としての立場を踏まえた対応に努めており、当方の飲食代につきましても、自己負担しているところであり、いやしくも饗応を受けるといったことはありません。

(浦和事件の捜査中、JR東日本幹部と酒席を共にしたことがあるか否かについては)記憶が定かではありませんが、仮にそのような機会があったとしても、捜査幹部である現職としての立場を踏まえた対応を行っており、なんら問題はなかったと思っています〉

つまり米村氏は柴田氏との関係を否定しなかったのだ。さらに浦和事件の捜査中、JR東日本幹部と酒席を共にしたことも事実上、認めたのである。

前章でも述べたが、JR東日本発足当初、「公安捜査の神様」といわれた柴田善憲氏の監査役就任を最も喜び、そしてその活躍に最も期待していたのがJR東日本初代人事課長の故・内田重行氏だった。松崎に支配されたJR東日本の異常な労使関係を糾《ただ》そうとした内田氏はその後、この柴田氏からも、そして当時、常務だった松田（昌士・現相談役・七一歳）氏からも裏切られ、非業の死を遂げた。

私が『週刊現代』誌上で、この「ＪＲ革マル派問題」の連載を続けていた半年間、内田氏のご遺族は一冊も欠かさず『週刊現代』を、内田氏の霊前に捧げてくださっていたという。

警察官としての〝本分〟を忘れ、「ＪＲ革マル派のガードマン」に成り下がった柴田氏よ。そして柴田氏の圧力を受け、自ら捜査潰しを行った米村氏よ。少しは恥を知るがいい。

## 革マル派の隠し別荘を発見

軽井沢と並ぶ、関東屈指のリゾート、群馬県嬬恋村《つまごい》。高級別荘が点在し、晴れた日には、浅間山や万座山の素晴らしい景観が望める。近くにはゴルフ場やスキー場などレジャー施設が豊富で、季節を問わず楽しめる一大保養地だ。

嬬恋のなかでも最も奥まった森の中に、その「村」はあった。約四万二〇〇〇平方メートルの広大な敷地内に、点在する六つの建物。そのほとんどが暖炉付きの豪華なログハウスだ。

これらのログハウス、そしてこの広大な土地の所有者は全員、ＪＲ東日本の最大・主要労組「ＪＲ東労組」と、その上部団体「ＪＲ総連」の絶対権力者で、「革マル派最高幹部」の松崎明の関係者。つまりこの一帯は松崎を頂点としてＪＲ東日本に巣くう「ＪＲ革マル派」の「村」なのだ。

松崎の組合費横領疑惑と、それに伴う底なしの腐敗ぶりは、第3章に詳述した。そのなかで、松崎が「鉄福」などをダミーに、ハワイのコナ市、沖縄の今帰仁村や宮古島、嬬恋村などに高級コンドミニアムや豪華別荘を次々と購入した経緯についても述べた。さらに、この鉄福の理事長を長年務めた佐藤政雄という人物こそが、「松崎の金庫番」であり、疑惑のキーマンであることも指摘した。しかし私がこれらの別荘の存在を明らかにした後も、JR東労組、JR総連関係者の間ではこのような噂が根強く囁かれていたのだ。

「嬬恋村にはまだ〝松崎ファミリー〟の広大な隠し別荘地がある……」

そしてこれらの情報をもとに『週刊現代』取材班が約四ヵ月間、現地に何度も足を運び、取材を重ねた結果、この「JR革マル村」の存在が明らかになったのだ。

そしてこの「JR革マル村」の土地・建物登記などをもとに作成したのが三〇六ページのマップだ。前述の六つの建物のうち、A（〇一年に新築）とC（九二年に新築）のログハウスの所有者は「加藤實」氏、D（九三年に新築）の所有者は「高橋佳夫」夫妻になっている。そしてE（九二年に新築）の所有者は、松崎の親戚夫妻だ（BとFの建物は未登記）。

加藤氏（六五歳）は松崎の「腹心中の腹心」といわれる人物。JR東労組東京地本（地方本部）委員長などを歴任し、現在はJR総連顧問に就いている。またJR総連関連の月刊誌『自然と人間』の発行元、「自然と人間社」の社長でもある。ちなみに自然と人間社は過去に、革マル派本体との関係も指摘された、JR総連の関連企業である。

一方の高橋佳夫氏（五七歳）は現在、JR東労組研修部長を務め、松崎と〝松崎シンパ〟

のマスコミ関係者とのパイプ役を務めてきた人物だ。

そして二人とも、第6章で述べた「JR東労組を良くする会」(=良くする会)作成の「JR革マル派43人リスト」で、革マル派の秘密組織「マングローブ」の一員と指摘されている。「良くする会」は松崎の組合私物化や、独善的な組織運営を批判したため、JR東労組やJR総連からパージされた元幹部や組合員が「革マル派支配からの脱却」を掲げ、〇六年六月に立ち上げた団体である。

土地・建物の登記簿によると、加藤氏所有のログハウスAが立つ土地の以前の所有者は「比嘉賢(仮名)」氏。この比嘉氏は第3章で、沖縄・今帰仁村の別荘について触れた際、「松崎の運転手兼ボディーガード」として登場したJR東労組の幹部である。

さらに同じく加藤氏が所有するログハウスC、未登記のB、前出の高橋佳夫氏が所有するD、そして松崎の親族が所有するEが立つ土地の以前の所有者は「吉原敏夫」氏。吉原氏はかつてJR総連の関連法人「鉄道ファミリー」の代表取締役を務めていたJR総連関係者だ。

そしてこれらの北側に位置する、八〇〇〇平方メートルにも及ぶ広大な山林の以前の所有者は「高橋正和」氏。高橋正和氏(五六歳)も前出の比嘉氏と同様、上智大学卒業後、旧動労に〝就職〟したプロパー書記だ。JR東労組関係者によると、イギリス留学の経験ももつ正和氏は、英語に堪能で、現在はJR総連国際部長を務めているという。

そしてこの一画と道を挟んで東に位置し、未登記のログハウスFが立つ一万六〇〇〇平方メートルの土地は、ＪＲ東労組高崎地本の歴代委員長ら、複数の高崎地本関係者が所有している。

実はこれらの土地はすべて、国鉄分割民営化直前の八七年三月二七日に、地元住民から一斉に購入されているのだ。地元不動産業者は「革マル村」の値段をこう分析する。

「ここは現在、坪八〇〇〇円前後で売買されます。これを基に算出すると、土地全体で約一億円、建物は約一〇〇〇万～三五〇〇万円。土地、建物を合わせて計約二億円の価値はあります。しかし八七年当時はバブル景気が始まったころで、嬬恋も『別荘ブーム』に沸いていました。土地の値段も高騰しはじめていたころで、土地だけでも約二億六〇〇〇万円はしたでしょう」

前述の比嘉氏ら三人が、地元住民から購入した土地の登記簿を見ると、抵当権が設定されていない。つまり、彼らはキャッシュで購入した可能性が高いのだ。

「三人とも旧動労本部の書記で、つまりは組合プロパー。当時の彼らにそんな金があるはずもなく、動労が彼らの名義で、購入したのだと思います」（元ＪＲ東労組幹部）

しかし、これらの土地はその後、きわめて奇妙な動きを見せるのである。

## 転売の目的は「証拠隠滅」か

登記簿によると、三人が所有していた土地は九五年三月一五日、ＪＲ総連の関連法人「鉄道ファミリー」が購入。しかも「鉄道ファミリー」は、これらの土地を購入する際、鉄福から二億円もの融資を受けている。

そして「鉄道ファミリー」は二〇〇〇年八月一〇日、これらの土地を九つの土地に分筆。そのうち一つの土地（三一五〇平方メートル）は「佐藤大介」、別の土地（三五〇〇平方メートル）は「森將美」、そして三つの土地（計四八〇〇平方メートル）は「松崎篤」（夫妻名義）と三人の人物に売却されるのだ。

佐藤大介氏は、前出の「松崎の金庫番」で、松崎の組合費横領疑惑のキーマンといわれる佐藤政雄の息子だ。

群馬県嬬恋村の「JR革マル村」の別荘。一番下の写真が松崎明氏の長男が所有している別荘

マップの見方　『週刊現代』取材班が登記簿を調査して作成。マップ上に書いた名義人の名前は、その土地の所有者。土地の所有者と建物の所有者は必ずしも一致しない

一方、残りの二人は、ともに松崎の親族である。森将美氏（四八歳）は第3章のハワイの別荘の話でも登場した、松崎の長女の娘婿で、JR東労組組合員。松崎篤は、松崎明の長男だ。実は篤は、これらの土地とは別に、「革マル村」と隣接する別荘地に、アーリーアメリカン仕様のしゃれた別荘（マップのなかのG）も所有している。

組合専従職員から「鉄道ファミリー」、さらには松崎や佐藤の親族へ。この土地の所有者の変遷は、何を意味するのだろうか……。

「これら嬬恋の別荘についても、JR東労組の一般組合員はもちろんのこと、幹部ですら一部を除いて知りませんでした。『松崎ファミリー』が、組合の関連企業を使って『土地転がし』を行い、利ざやを稼いでいたとしか思えません」（前出・元JR東労組幹部）

そして前述の〇三年九月の警視庁公安部の家宅捜索で、松崎による組合費横領疑惑が浮上して以降、ハワイ・ヒロ市や沖縄・今帰仁村の別荘と同様に、これらの別荘や土地も次々と売却されるのだ。

前述の大介氏所有の土地は〇四年五月二〇日、前出の加藤實氏に売却。そして篤夫妻所有の土地に立つ前述のCのログハウスも同日、鉄福から加藤氏に売却される。さらに鉄福はそのちょうど一ヵ月後の六月二〇日、前述の宮古島の別荘の土地・建物も加藤氏に売却しているのである。

〇四年五～六月といえば、警視庁公安部による、松崎の組合費横領疑惑の内偵捜査が本格化していた時期だ。そんな時期に、これらの別荘や土地が一人の人物に次々と転売されるとは不自然極まりない。まさに「証拠隠滅」というほかない。

## 「JR革マル村」の疑惑解明に捜査当局が着手

私がこの嬬恋の「JR革マル村」の存在を『週刊現代』の連載（〇六年一二月三〇日号）で報じてから約二ヵ月後の〇七年二月一五日、警視庁公安部は業務上横領の容疑で、「目黒さつき会館」の家宅捜索に乗り出した。事件の焦点は、まさにこの「JR革マル村」の別荘購入資金だった。

容疑者は、「松崎の金庫番」佐藤政雄と、鉄福の女性職員（四七歳）の二人。公安部の調べによると、佐藤は鉄福理事長だった二〇〇〇年六月二八日、女性職員に命じて、鉄福名義の口座から約一億五〇〇〇万円を引き出し、佐藤名義の口座に移し替え、着服したとされる。「佐藤はこの約一億五〇〇〇万円のうち、三五〇〇万円を嬬恋村の別荘の購入資金や、外貨運用、個人のカードの引き落としなどに使ったとみられています。佐藤が購入した別荘は約一八〇〇万円で、二〇〇〇年九月以降、四回に分けて代金を支払っています」（公安部関係者）

佐藤が組合費を着服し、購入したとされる別荘は、前述の「鉄道ファミリー」が二〇〇〇年八月に佐藤の息子、大介氏に売却した土地（三一五〇平方メートル）に〇一年四月に新築されたAのログハウスだ。後にこの土地は前出の松崎の腹心、加藤實氏に売却され（〇四年五月）、Ａのログハウスも〇四年九月に加藤氏が建物登記を行っている。

「実は、佐藤が約一億五〇〇〇万円を引き出した鉄福の口座は、佐藤がカネを引き出す直前の六日前に新設されたものなのです。またこの鉄福の新設口座にはわずか六日間に、別の鉄福の口座やＪＲ総連の口座から、約二億二〇〇〇万円ものカネが集中的に振り込まれている。このうち一億五〇〇〇万円は佐藤が引き出すのですが、残りの約七〇〇〇万円は松崎の個人名義の口座に振り込まれていたのです」（同前）

つまり警視庁は、松崎の組合費横領疑惑の〝外堀〟を埋め始めたわけである。松崎の口座に振り込まれた「七〇〇〇万円」が、ＪＲ総連やその関連団体から出ている以上、その原資が組合費である可能性はきわめて高い。

この家宅捜索の翌日、ＪＲ総連は「ＪＲ革マル派の牙城」といわれる「目黒さつき会館」で記者会見を行い、例のごとく「不当捜査だ」と訴えたのである。

当日この会見に出席した複数の大手紙記者によると、ＪＲ総連の副委員長、四茂野《よもの》修《おさむ》氏（五八歳・以下敬称略）は会見の席上、「業務上横領容疑はまったく存在しない」として、次のように主張したという。ちなみにこの四茂野も前述の「良くする会」の「ＪＲ革マル派43人リスト」で、〈東京大学革マル派出身、マングローブの一員〉と名指しで指摘されている人物だ。

「報道では『二〇〇〇年六月二八日に起きた業務上横領の疑い』となっているが、われわれは容疑事実を当局から正式に聞いていない。たしかに鉄道福祉事業協会から二〇〇〇年六月二八日に『さつき会』（筆者注：八七年、旧動労の解散に伴って、動労ＯＢ相互の親睦や生活支援などを目的に作られた任意団体）に対して、一億九〇〇〇万円の貸し付けを行った事実はある。そのうち一億円は〇二年九月にさつき会から鉄福に返済され、九〇〇〇万円は〇二年一二月に返済された。貸した金を返しているので、横領の事実はない。

ただ鉄福からさつき会への一億九〇〇〇万円の貸付金が、佐藤氏、松崎氏の個人名義の口座に入ったのは事実だ。しかしこれはさつき会に法人格がないため、口座開設ができないことから、さつき会のなかで重要な立場にいた二人の名義を借り、さつき会が開設したものだ。

私は『さつき会』の解散時の事務局長だから、この事実関係をよく知っている。これをもとにでっちあげのストーリーが作られたのだ……」

この四茂野の〝釈明〟を「そんな子供だましの言い訳がいつまで通用すると思っているのか」と断って捨てるのは、かつては「松崎の寵愛を最も受けていた」といわれる元ＪＲ東労組副委員長の小林克也氏（四八歳）だ（第６章参照）。小林氏が続ける。

「具体的な資料を示したうえで、『横領の事実はない』と言うならまだしも、口先だけの説明で、信じろというほうが無理な話です。そもそも『さつき会』という公の団体に属する〝公金〟を佐藤氏や松崎氏の個人口座に入れること自体、理解できません。またその公金を管理する口座がなぜ、この二人の個人口座でなければならなかったのかという理由がわかりません。さらに四茂野氏はこれを『さつき会として内部で承認していた』と言いますが、ではいつの評議会で、誰と誰が参加していたのか具体的な説明はいっさいありません。

私自身は、〇四年にさつき会が解散する際、『さつき会には金も財産も一銭もなかった』と聞いています。嬬恋の別荘に関わる土地の所有者の変遷をみても、組織の財産が、不当に運用されていたという疑いを持たざるを得ません。当局に説明する前に、なにはさておき、JR東労組組合員や旧動労組合員に明らかにすべきでしょう」

JR東労組の元幹部にも通用しない、JR総連側の〝釈明〟……。四茂野は前述の会見で、マスコミ各社に対し、「報道の平等性に従って、われわれの会見内容も同じ分量で記事にしてもらいたい」と主張したというが、彼らの会見内容をそのまま報じたマスコミは、当然のことながら一社もなかった。

そしてこの会見から三日後の二月一九日、公安部は、佐藤らによる業務上横領事件の〝関係先〟として、埼玉県小川町の松崎の自宅や、前出の加藤氏の川崎市の自宅など一四ヵ所を捜索。そのなかには四茂野の自宅も含まれていたのである。

## 警視庁が狙う〝松崎逮捕〟

さらにその約二ヵ月後の〇七年四月九日、警視庁は〇五年一二月に家宅捜索した、ハワイ・コナ市の松崎の別荘に絡む業務上横領の事件で、佐藤ら三人を書類送検した。

実はこのハワイの別荘を巡る松崎の横領事件には、佐藤のほかに二人の女性が関与していた。一人は前出の鉄福の経理担当の女性職員。彼女は、前述の佐藤の嬬恋村の別荘に関係する業務上横領事件でも、共犯として名を連ねている。

もう一人は、「松崎の側近」といわれるJR東労組女性幹部（六〇歳）。この女性幹部は早稲田大学卒業後、JR東労組に就職した、いわゆる「プロパー書記」だ。ちなみに彼女は九八年、警視庁が摘発した革マル派の非公然アジト「豊玉アジト」（東京都練馬区）が入っていた六階建て雑居ビルの部屋の名義人だった。またJR東労組元幹部らから「革マル派」と名指しされている人物でもある。

警視庁は、佐藤とともにこの二人も、東京地検に送検したのだが、〝主犯〟である松崎が送検されなかったのはなぜなのか。前出のJR東労組・元千葉地本委員長、小林克也氏はこう語る。

「JR総連やJR東労組はこれまで、松崎氏による『業務上横領事件はでっちあげ』などと、組合員に説明していましたが、今回の送検で、それが嘘だということがはっきりしました。

しかし送検された中に、主犯である松崎氏の名前がないことには、憤りを覚えます。さらに言えば、四万九〇〇〇人の組合員が納めた組合費を着服、横領し、別荘を買っていたにもかかわらず、なぜ松崎氏らは逮捕されないのでしょうか。私には、それが不思議でなりません……」

この小林氏の疑問に対し、警視庁関係者はこう答える。

「今回、公安部が三人を送検したのは、業務上横領罪の公訴時効（七年）が迫っていたからです。しかし、松崎は二〇〇〇年から〇七年の間、頻繁に海外に渡航していました。国外に滞在している間は、時効が停止するため、松崎の時効まではまだ、数ヵ月が残っている。このため公安部では、松崎については捜査を継続するとして、今回の送検から彼だけを外したのです」

そして今回、警視庁が、松崎だけを送検から外したのには、もう一つ理由があるという。警視庁関係者が続ける。

「実は佐藤の嬬恋の別荘を巡る業務上横領事件も、〇七年六月末に時効を迎えます。警視庁としては時効を前に、この事件で佐藤を逮捕したいと考えているのです。そして佐藤逮捕をステップに、この〝嬬恋ルート〟で松崎の身柄を取ることも視野に入れています。

そして〝嬬恋ルート〟で松崎を逮捕することができれば、松崎を再逮捕する容疑として、このハワイの別荘を巡る横領事件を使おうと考えているのです」

松崎の組合費横領事件の公訴時効まで、残すところあと数ヵ月。外堀を埋めた警視庁は果たして〝本丸〟に攻め込むことができるのか……。全てのＪＲ関係者が、その捜査の行方を固唾《かたず》を呑んで見守っている。

## 「革マル派問題」を隠し続けるJR東日本

前述の書類送検から数日後、私はJR東日本本社ビルにほど近い、新宿区内の喫茶店で、ある人物と久しぶりに再会した。その人物とは、ほかでもない。第1章で、松崎に支配されたJR東日本の実態を、内部告発してくれたJR東日本最高幹部のA氏だ。A氏は、最近のJR東日本の社内状況をひとしきり説明してくれた後、ため息混じりにこう語った。

「結局、JR発足から二〇年を迎えても、残念ながら我が社の経営陣は、松崎やJRに浸透した革マル派との関係を断ち切ることができませんでした。『週刊現代』は半年もかけて、革マル派に支配された我が社の歪《いびつ》な労政を告発してくれましたが、我が社の幹部の大半は『嵐が過ぎ去るのを待つ』という姿勢でした。また連載の中で、名指しで批判された(JR東日本)幹部の中には、『告訴する』と、お門違いな怒りを露《あらわ》にする者までいました。

なぜ、あなたがここまで『JR革マル派』問題を追及したのか。それは、(一日に利用する)約一六〇〇万人ものお客様の命や安全に関わる問題だからでしょう。それは実は、JR東日本の経営陣が最も分かっているはずなのです。にもかかわらず、松崎やJR東労組、そして革マル派に対する恐怖心から、いまだにそれを国民の目から隠そうとしているのです。

さらに警視庁が捜査している松崎の業務上横領事件に対しても、『松崎の個人的犯罪であって、会社は関係ない』という姿勢をとり続けている。もし松崎が逮捕されたとしても、その言い訳で逃げ切るつもりです。松崎が横領したとされるカネが、自らの社員から徴収された『組合費』であるにもかかわらず、です」

警察では通常、横領事件などの知能犯罪は、刑事部の捜査二課が担当する。しかし、この松崎の業務上横領事件は、公安部の革マル派を担当する公安二課が捜査しているのだ。これは警察当局が、この事件を「JR革マル派問題」という治安問題を解決する突破口と考えているからにほかならない。そしてこの警察当局の意図を、現JR東日本経営陣も十二分に理解しているはずだ。A氏が続ける。

「警視庁の捜査と前後して、JR東労組の内部分裂が起こったにもかかわらず、我が社の経営陣はそれを利用して、松崎やJR革マル派と手を切ることができなかったのです」

JR東労組の事実上の№4で、かつては松崎の側近の一人と呼ばれた阿部克幸氏（四九歳）が〇二年、松崎の「順法闘争」発言を批判したため、JR東労組からパージされ、除名となったことは第4章で述べた。さらに松崎は、この阿部氏を擁護した当時のJR東労組副委員長で、事実上の№2だった嶋田邦彦氏（六二歳）まで切り捨てたのだ。そしてこれを機に、JR東労組内部で、過去最大規模の内部分裂が始まった。

A氏によると、現JR東日本経営陣トップである大塚陸毅会長（六四歳）と清野社長は当初、嶋田、阿部両氏を〝応援〟していたというのだ。A氏がさらに続ける。

「嶋田、阿部の両氏がJR東労組の幹部を辞任して数週間後の、〇二年一一月中旬のことです。当時、社長だった大塚さんと副社長だった清野さんが、浅草の料亭に嶋田、阿部両氏を招いて激励会を行ったのです。その席で大塚さんと清野さんは、松崎の『順法闘争』発言を批判した阿部氏に対し『よくぞ言ってくれた。ありがとう』とお礼を述べたそうです。

その後も約三年にわたって大塚、清野をはじめ、冨田や小暮（和之・常務・五五歳）、そして石司《せきじ》（次男・現取締役・五三歳）氏らJR東日本幹部は、嶋田、阿部氏ら『反松崎・反（JR東労組）本部』の元JR東労組幹部たちと定期的に接触していました。

しかしJR東日本幹部はその約三年間、嶋田氏らに対し、『松崎も、その取り巻きの革マル派も、もう年だ。そのうちJR東労組からいなくなる。そうすればあなた方が執行部に戻ればいい。だから今は目立った行動は起こさないでくれ』と、彼らの動きをずっと抑え込んでいたのです。幹部は皆、内部対立が激化することによって、松崎や革マル派に支配されたJR東日本の実態が、世間に明らかになることを恐れていたのです」

しかしこの会社側の姿勢に対し、業を煮やした嶋田氏らが〇六年六月、「JR東労組の革マル派支配からの脱却」を謳《うた》って結成したのが、前述の「JR東労組を良くする会」（「良くする会」）だ。A氏が再び語る。

「ところが、彼らが『良くする会』を立ち上げた途端、それまで彼らと定期的に接触していた我が社の幹部は、彼らとの接触を断ってしまった。彼らが公然と松崎やJR東労組を批判し始めた以上、彼らと接触しているのが松崎側に知れたら、それこそJR東労組からどんな報復を受けるか分かりませんから。そして彼らが『週刊現代』誌上に登場し、松崎と会社との癒着や、革マル派に支配された我が社の内情を暴露するに至って、JR東日本経営陣は彼らと完全に断絶したのです。そして、こともあろうにJR東日本経営陣は再び松崎、そして松崎に支配された、JR東労組に擦り寄っていったのです。

JR東労組の内部分裂、警察による松崎の業務上横領事件の捜査、そして『週刊現代』の連載キャンペーン。〇二年からJR発足二〇年を迎える〇七年までの五年間に、松崎や革マル派に支配された我が社の労政を変える大きなチャンスはいくつもありました。しかし我が社の経営陣は松崎や革マル派に対する恐怖心から、それらのチャンスのどれも、ものにすることはできなかったのです……」

〇七年四月一日、JR東日本は表面上、何事もなかったかのように「JR発足二〇周年」を迎えた。東京駅では、JR東日本の輝かしい「二〇年の歩み」を振り返る、記念セレモニーが華々しくとり行われた。が、当然のことながら、私がこれまで本書で記してきたJR東日本の二〇年の〝黙示録〟は、その輝かしい「歩み」には一行たりとも記録されていない。

約七五〇〇キロの線路網を有し、一日約一六〇〇万人が利用する「世界最大級の公共交通機関」、JR東日本。この会社の経営陣は果たして、いつまで、自らの会社が松崎明を頂点とした「JR革マル派」に支配されているという現実を、乗客、そして国民の目から隠し続けるつもりなのだろうか……。

自らの保身のみに汲々《きゅうきゅう》とし、乗客の安全や生命を脅かす危険性を孕《はら》んだ「JR革マル派問題」から逃げ続けるあなた方の姿勢は、間違いなく将来に大きな禍根を残すことになる。本書を書き終えるにあたって、そう警告しておこう。

# インタビュー

## ①革マル派の学園支配を断ち切った八年間の闘い　前早稲田大学総長・奥島孝康氏

「彼らとの闘いが始まってから数年後のことでした。警視庁の捜査員が、私のもとを訪れ、二本の鍵を差し出し、こう言うのです。

『失礼ですが、先生のご自宅の鍵ではないですか？』

それは、革マル派の非公然アジトから押収されたものでした。自宅玄関の鍵は二重にしていましたが、二本の鍵を、それぞれ差し込むと、スッと開きました。捜査員はこう言いました。

『おそらく五、六年は出入りしていたでしょう……』

その瞬間、彼らに対する薄気味悪さよりも、震えるような怒りがわいてきました。よし、こうなったら彼らを〝自由の杜《もり》〟から、完全に叩き出してやろうと決意を固めたのです」

こう語るのは、前早稲田大学総長の奥島孝康《おくしまたかやす》氏（六八歳）だ。奥島氏は一九九四年に早稲田大学総長に就任。二〇〇二年まで二期八年総長を務めて引退し、現在は学事顧問として、後進の指導にあたっている。

六三年の結党以来、革マル派が最も浸透した大学が、早稲田である。

革マル派はその後、対立セクトの中核派や、革労協との壮絶な内ゲバの末、学内を完全に制圧。以降、早稲田大学は三〇年余にわたって革マル派の「資金源」となってきた。また革マル派系の「全学連」（全日本学生自治会総連合）の歴代三役（委員長、副委員長、書記長）の多くに早大生が就任。学生活動家らによるサークルなどを通じたオルグで、毎年シンパを増やしてきたことから、現在も革マル派の「人材供給源」にもなっている。

その革マル派支配下にあった早稲田で、総長在任期間の八年間のすべてを、彼らとの闘いに費やし、ついには学内から革マル派を放逐したのが、奥島氏だった。

八七年の国鉄分割民営化から二〇年が経った今日もなお、革マル派に支配され続けているＪＲ東日本。その一方で三〇年余も革マル派に支配されていたにもかかわらず、八年間に及ぶ〝死闘〟の末、彼らをキャンパスから追放した早稲田大学――。

この違いはどこにあるのか。奥島氏が革マル派との「わが闘争」を振り返る。

「実は彼らとの闘いは、私が総長に就任する前、九

奥島孝康・前早稲田大学総長

〇年に法学部長に就任したときからすでに始まっていました。いわば『一二年戦争』なのです。

私が革マル派を追放しなければならないと決意した第一の理由は、彼らが招いた早稲田の『教育現場の荒廃』にありました。

それまで早稲田では、ろくに期末試験が行われたことがなかったのです。というのも毎年一二月に革マル派が、『学費値上げ反対』などを掲げ、ストライキ決起集会を開く。ストは必ず決議され、期末試験がレポートに変わるというのが『悪しき慣習』となっていたのです。

学生からすれば、テストがなければ、授業に出る必要がない。授業に出る学生が少ないから、教授も手抜きをする。この悪循環の繰り返しで、結局、学生も、教授もまったく勉強しなくなり、教育現場がどんどん荒廃していったのです。

それは同時に、大学の運営が歪められてきたことを意味していました。『大学運営への侵害』を認めることは、企業でいえば『経営権への容喙《ようかい》』を許すことと同じ。組織の根幹に関わる問題だったのです」

そこで、奥島氏は法学部長に就任して三年目の九三年、「悪しき慣習」を打ち破るために革マル派に〝宣戦布告〟した。奥島氏が続ける。

「それまでの法学部では、革マル派が自治会でストライキを決議したら、もう試験はやってはいけないんだと諦めていました。

しかし私はそうではない、と考えた。憲法に保障された労働者の権利であるストライキと違って、大学の自治会のそれにはなんら、法的根拠がない。

第一、大学というのは、学生に対して教育サービスを提供する契約をしているのだから、試験をやらないと、われわれが責任を問われることになる。法学者なのだから、法に従って粛々と行おう、と期末試験を実施したのです」

そして奥島氏は、法学部の学生に、事前に「通常どおり、期末試験を行う」と通達し、試験日当日は法学部の教職員を総動員して期末試験を決行した。この二十数年ぶりの期末試験の実施に、革マル派系全学連も総力を挙げて抵抗したという。奥島氏が語る。

「革マル派は試験を妨害するため、全国から活動家を動員してきました。彼らは全国各地からリュックを担いできていました。お昼になると、パンや弁当まで配られていました。しかも『全学連』とは名ばかりで、実際は四〇～五〇代のとても『学生』には見えない者ばかりでした。

それらの革マル派活動家が教室前でピケを張り、学生や教員を入らせないようにしたのです。しかしわれわれは、今までと違って、学生たちに『試験を受けないと卒業させない』と言っていました。そして私は、それを職を賭しても実行しようとしました。最後は『肉弾戦』になり、女性教員も一緒に闘ってくれました。二人が怪我を負いましたが、それでも試験を行ったのです。

それで学生たちも、われわれが本気だということがわかったのでしょう。一部の学生が、革マル派の制止を振り切り、試験会場に入ったものだから、それを見た他の学生たちも雪崩《なだれ》を打ったように教室に入ってきた。

するとと今度は革マル派の連中までも試験会場に入ってきて、マイクを持って『試験をやめろ』、『ストライキが決議されたじゃないか』と叫ぶ。つまり学生たちに『ストライキ決議を守れ』というわけです。しかし学生からすれば、革マル派よりも、試験を受けずに卒業できないほうがもっと怖い、だから誰も彼らの言うことなど聞かなかった。

実はそれまで、試験が行われなかった責任の一端は学生たちにもありました。革マル派系自治会のストライキの趣旨には賛成ではないけど、試験は受けたくない。だから学生たちは決起集会をのぞきに行く。そうすれば決議に必要な数がそろって成立してしまう。革マル派は、そういう学生の心理を巧みに利用していたんです」

この二十数年ぶりの法学部での期末試験決行が前例となり、翌年から他学部でも平常どおり期末試験が行われることになった。しかし当初、早稲田大学当局は、法学部の「期末試験強行実施」にきわめて冷ややかだったという。奥島氏が当時を振り返る。

「試験日までの他学部や（早稲田大学）本部の反応は、『そんなバカなことはやるな、どうせ潰されてしまう』というものでした。約三〇年に及ぶ革マル派支配で、早稲田大学は完全な『敗北主義』に陥っていたんです。

さらには彼ら（革マル派）シンパの教授もいた。というのも、革マル派がそれまで早稲田を支配できたのも、三〇年もの長い時間をかけて、教授のなかにそういうシンパを作ってきたからなのです。どの時代も、脅しだけの恐怖政治は長続きしません。実は早稲田には、共産党嫌いで、『民青（日本民主青年同盟・共産党の青年部組織）よりは革マルのほうがまし』という考えをもった先生も多かった。

実際、革マル派はそれこそ、敵を攻撃するときは徹底的にやるけれども、ふだんは真面目で、まともに話してみると、爽やかな者たちが多いんですよ。信念とか理想にかけていることが感じられる。

これに対し、他セクトの連中のなかには、いわゆる世俗的な、一方で左翼の理想を語りながら、一方で名誉欲とか金銭欲に、ギラギラした者が多かった。そういった意味でも、革マル派にシンパシーを感じている先生は結構いました。革マル派はそうやって学内に、自分たちを擁護する、あるいは自分たちを擁護しないまでも敵対しない勢力をずっと作ってきた。だからこそ、三〇年も早稲田を支配することができたのです」

そして翌年、早稲田大学第一四代総長に就任した奥島氏は、本格的に革マル派追放に乗り出す。まず着手したのは、革マル派の「資金源」の遮断だった。

九五年、商学部は、革マル派系の商学部自治会の公認取り消しを決定。さらに商学部が行っていた自治会費の代行徴収もやめた。

商学部では、学生一人あたり年間二〇〇〇円、総額で年間一〇〇〇万円以上の自治会費を代行徴収していたが、使途が不明朗で、革マル派の資金に流用されている疑惑が、長年にわたって燻《くすぶ》り続けていたのだ。

さらに、その二年後の九七年、奥島氏はついに「日本一の大学祭」といわれた「早稲田祭」の中止に踏み切る。

早稲田祭を主催する「早稲田祭実行委員会」も、六〇年代後半から革マル派の支配下にあり、入場料の代わりにパンフレットを販売。その代金をすべて徴収していた。そして、そのパンフ代や広告費、さらには大学から出る一〇〇〇万円の補助金の使途も、やはり不明朗で、革マル派に流れている疑いが強かった。奥島氏が再び語る。

「大学が、教職員に配るために、パンフレットをまとめ買いしていることを知って愕然としました。大学が率先して、革マル派に資金提供をしていたのです。

また革マル派は『文化団体連合会』というサークルの元締め団体も押さえていました。早稲田では、公認サークルに年間三五万円の助成金を出していたのですが、そのなかのいくつかが、彼らのダミーサークルだった。仮に二〇団体の革マル派系の休眠サークルがあったとすれば、年間七〇〇万円がそのまま彼らに流れていたことになる。この助成金も二〇〇〇年にいっさい廃止しました」

ではいったい、早稲田大学では過去、年間いくらの資金が革マル派に吸い上げられていたのか。こう私が問うと、奥島氏はそれまで見せなかった苦渋の表情を浮かべ、こう答えたのだ。

「年間、ウン億円としか言えない。正確な数字を言うのは難しいし、何より早稲田の〝恥〟ですから……」

公安当局によると「革マル派が早稲田から吸い上げていた資金は年間二億円以上にのぼる」という。その資金ルート遮断に成功した奥島氏は続いて、学内の〝拠点〟潰しに取りかかる。奥島氏が続ける。

「第二、第三学生会館、そして一、三、八、一一号館の地下が彼らの拠点でした。革マル派の活動家が自由に出入りし、寝泊まりできるアジトとして使っていました。そこで〇一年七月に、これらの施設はすべて使用禁止にしました。同時にサークル部室は、新たに建設した新学生会館に移転。利用者は登録制にし、カードキーを持っていないと入れないようにしたのです」

ここまで徹底した革マル派追放に、奥島氏を駆り立てたものは、いったい、なんなのか。奥島氏が語る。

「何より許せなかったのが、他の学生の『自由』を決して認めようとしない革マル派の姿勢です。早稲田ほど、自由を愛する大学はない。しかしその早稲田では三〇年間、『自由を愛する』という美名のもと、『他者の自由を認めない者の自由』、つまり『革マル派の自由』だけを認めるというバカなことがまかり通ってきた。

まだ法学部長になる前の話です。学生たちと話していたら、そのなかの一人が突然ふーっと、泣き出すんですよ。彼は大学生になったら、あんなこともやりたい、こんなこともやりたいと、いろんな夢をもって早稲田に入ってきた。

しかし早稲田では事実上、革マル派の〝検閲〟で認められなければ、新しい学生活動は何一つできなかったわけです。もし彼らを無視して、学生たちが新たなことをやろうとすれば、革マル派は彼らを徹底的にいじめて潰すわけですよ。

学内で待ち伏せしたり、下宿にまで押しかけて脅し、時には暴力までふるう。よく、あそこまでやるなと思いました。そのときに断じて彼らを許さないと思ったのです。

早稲田ではこんなバカなことが三〇年間、まかり通っていたんですよ。そしてそうやって泣く泣く夢を諦めた学生たちがたくさんいたことを、教授たちも知っていたわけです。でも見て見ぬふりをしていた。

そういう教授たちに僕は、『あなたは本当に早稲田の先生なのか』と言いたい。外ではいろいろ、格好のいいことを言っているくせに、『本当に学生のためになることはいったい、なんなのか』を、まったく考えていない。そんな教授がいる早稲田は一度、ひっくり返さなければいけないと思ったのです」

奥島氏が総長に就任するまでの、三〇年間の早稲田大学の惨状——。これは今なお、革マル派に支配され続けているJR東日本の現状と酷似している。

JR東日本ではここ二〇年の間に、JR東労組の方針に従わなかった社員が、同じJR東労組の組合員から「組織破壊者」のレッテルを貼られ、集団で吊るし上げられ、組合から脱退、果ては退職にまで追い込まれるという事件がいくつも発生している。しかも、現場の管理者が「組合怖さ」に見て見ぬふりを決め込んでいるため、治外法権がまかり通り、職場秩序は完全に崩壊しているのだ。奥島氏が続ける。

「治外法権は、早稲田でも同様でした。それまで早稲田には『大学の自治を守るため』、『学問の独立を守るため』という大義から、警察を大学構内に入れないという不文律がありました。革マル派はそれをいいことに、学内で傍若無人の限りを尽くしてきた。そしてそれは早稲田に深刻な『教育現場の荒廃』を引き起こしたのです。

だから私は総長に就任するとまず、理事会で、皆にこう問いかけたのです。学問の独立という名に値する学問が、今の早稲田のどこにあるのか。『大学の自治という名に値する自治が、今の早稲田のどこにあるのか』

大学といえど、市民社会の一員です。『治外法権』であっては決してならない、だから私は理事会で、『大学で暴力が発生したら、即座に警察官の導入を要請する』と宣言した。そして総長、副総長、学生部長には独自の判断で、警察官導入を要請する権限を与えることを理事会、教授会に提案し、了承を得たのです。

これは彼らにも大きなプレッシャーになったと思います。下手に手を出せなくなった。でも、実はこっちはそれを待っていたんですけどね。私を二、三発殴ってくれさえすれば、彼らを一網打尽にできる、そういう気持ちでいましたから」

一方、奥島氏によって徹底した追放作戦を展開された革マル派も猛反撃に出た。奥島氏が再び語る。

「法学部長から総長に就任したころまでは、自宅に一日中、脅迫電話がかかってきました。総長になってからの二年間は無言電話。自宅前のアパートの二階からは、彼らがずっと見張っていた。幸い、うちの家族は神経が太かったのか、なんとか耐えてくれましたが、家族から攻めてくるのが、彼らのやり方なのです。

当時、学生部長として私を支えてくれた石川正興《いしかわまさおき》先生（現早稲田大学大学院法務研究科、法学部教授）に対しては、娘さんの高校にまで、『お父さんが事故に遭って、大怪我をした』など と、ニセ電話を入れる卑劣なことまでしたのです」

当然、奥島氏本人もターゲットになった。革マル派お得意の〝吊るし上げ〟である。奥島氏が続ける。

「実は先代の総長たちは授業を持っていなかったんですが、私は現場の感覚を失いたくなかったから、総長を務めていた八年間も四コマの授業を持っていました。授業のために外に出ると、彼らがやってきて取り囲むわけです。

いちばん長いときで、大隈銅像前の壇上に、午前一〇時半から午後五時半まで七時間立たされたこともあります。片足に二人ずつ、計四人で私の足を押さえつけ、トイレにも行けなかった。でも、私は絶対に逃げなかった。彼らは逃げれば追ってくる。だから私は、学内ではいつも、道の真ん中を堂々と歩いていたんです」

スキャンダル攻撃と盗聴が、革マル派の常套手段であることは、これまでにも幾度となく述べてきた。そしてそれは、早稲田大学関係者に対しても、容赦なく用いられたのだ。

前述の商学部自治会の公認取り消しで、矢面に立った商学部長は、革マル派にスキャンダルを書かれたビラをまかれるという嫌がらせを受けた。それは、彼の娘にまで、「あなたのお父さんのスキャンダルに関するものです」という手紙を添えて、ビラを送りつけるというきわめて陰湿なものだったという。奥島氏が述懐する。

「盗聴も凄まじかった。『これだけは漏れてはいけない』とわざわざ学外のホテルを借りてまで、極秘で行った会議の内容が、その日のうちに漏れている。どうやっても盗聴されるとわかったから、会議の途中も天井を向いて、『やぁ、聴いているかい』と、彼らに呼びかけていたほどです」

九八年一月、警視庁公安部は、革マル派非公然アジト「豊玉アジト」（東京都練馬区）を摘発。約一万四〇〇〇本の鍵や、約五〇〇〇本の電話の盗聴を録音したテープなどを押収した。そして、その約一万四〇〇〇本の鍵のなかに、インタビューの冒頭で奥島氏自身が語った、自宅玄関の〝合い鍵〟も含まれていたのだ。

さらに公安部が約五〇〇〇本の録音テープなどを分析した結果、前出の石川学生部長（当時）の自宅電話を革マル派が盗聴していたことが判明した。石川学生部長は当時、早稲田祭の開催を巡り、実行委員会との折衝を担当していた。革マル派は、その折衝中の九七年八～一〇月、一一回にわたって石川学生部長宅の電話の通話内容を盗聴していたのである。

盗聴器は、石川学生部長宅に通じる電話線に仕掛けられ、革マル派はそれを電柱のカバーに仕込んだＭＤで録音していた。さらに彼らはそのＭＤを無線機で操作し、録音されたＦＡＸ信号を文字化できる技術さえ持っていたという。

豊玉アジトの摘発から四ヵ月後の九八年五月、公安部は、「石川学生部長宅盗聴事件」

で、革マル派№.3で、非公然部隊のリーダーとされる塩田明男ら非公然活動家一〇人を指名手配した。

奥島総長や石川学生部長に対し、まさに組織を挙げ、非合法の限りを尽くして襲いかかった革マル派。しかし奥島氏や石川氏はなぜ、それらの脅しに屈することなく、革マル派追放を貫徹できたのか。

「やはり、捨て身の覚悟で立ち向かったからでしょう。しかし私は闘うきっかけを作っただけ。最大の勝因は、学内の教職員のバックアップでした。

三〇年もの革マル派支配に、みんなもう、うんざりしていたのです。特に、最も彼らにいじめられていた文学部の先生たちが、最も強硬な反革マル派に転じた。革マル派も三〇年でいい気になりすぎていたのでしょう。

どんな組織でもそうですが、彼らと闘うなら、身を捨てる生き方を誰かが実践し、それをバックアップする人間がいればいい。必要なのはこの二つなのです」

その結果、早稲田大学は革マル派追放に成功した。

「今でも、革マル派系の学生サークルはあります。しかし私は決して、彼らの『思想』を問題にして、追放したのではない。不法、不当なことをするから、追い出したのです。

だから彼らが普通の学生生活を送る限り、彼らの『自由』も当然、守られるべきなのです」

「ただ……」と奥島氏は続ける。

「初めに言ったように、私は『革マル派問題』については楽観していない。私が総長を退いてからすでに四年が経ち、早稲田でも彼らに対する危機感が薄れつつある。彼らは学内に入れないだけで、確実に勢力を取り戻しつつあるからです。

というのも、たしかに早稲田における、彼らの資金源は断った。しかし彼らは、別の〝立派な資金源〟を持っている。その資金源を断たない限り、彼らはいつでも復活すると思います」

奥島氏の言う〝立派な資金源〟が、暗にJR東日本を指していることは言うまでもない。

## ②国鉄改革の「大いなる負の遺産」 衆議院議員・亀井静香氏

革マル派に乗っ取られたJR東日本――。一日一六〇〇万人が利用するこの「世界最大級の公共交通機関」の現状と行く末を、最も憂慮している政治家の一人が、亀井《かめい》静香《しずか》・衆議院議員（七〇歳）だ。

かつては「公安捜査のエキスパート」で、国鉄分割民営化にも携わった元運輸相が、国鉄改革の〝大いなる負の遺産〟である「JR東日本の革マル派問題」について語った――。

「革マル派は、中核派とともに『日本の極左の二大ブランド』。私は、警察官僚時代に、彼らを相手に仕事をしていたから、彼らの〝反社会性〟というのは骨の髄まで、わかっている。

その極左暴力集団が労働組合、特にJR東日本という『公共交通機関』の労働組合に浸透し、影響を与えているという現実は、わが国の治安上、由々しき問題で、本来、あってはならないことなんですよ」

亀井氏は一九六二年に警察庁に入庁し、七一年には警察庁警備局で「極左事件」に対応する初代統括責任者に就任。「連合赤軍あさま山荘事件」、「日本赤軍テルアビブ空港事件」などの指揮を執った。その後、革マル派など新左翼セクトを担当する警察庁警備局公安三課の課長補佐や、公安一課の理事官を歴任した「公安捜査のエキスパート」だった。

七九年に政界に転身し、八五年の第二次中曽根内閣で、運輸政務次官に就任。「戦後最大の改革」といわれ、現在の構造改革のモデルケースともなった国鉄分割民営化に携わった。その後も自民党交通部長などを歴任し、九四年の村山連立内閣で運輸大臣に就任した。

そして二〇〇五年の郵政解散で、小泉元首相と対立し、自民党を離党。現在は「国民新党」代表代行を務めている。またJRなどの交通機関を管轄する国土交通省を、国民に代わってチェックする「国土交通委員会」のメンバーでもある。

「『週刊現代』が、JR東日本の革マル派問題を追及しているのを、興味深く読みました。

ご承知のように、JRの組合は〝箱根の関〟を境に、革マル派が支配する『JR総連』(全日本鉄道労働組合総連合会)系と、『JR連合』(日本鉄道労働組合連合会)系に二分されている。その状況下で、JR東日本では、JR総連系の『JR東労組』が力をもち、それ以外の組合に所属する人たちが、きわめて不当で、不利益な扱いを受けている。

日本最大の交通機関の労働組合がそういう状態にあるというのは由々しきことであり、何らかの対応が必要だと思うのです。

ただ、そうかといって、今は民間企業となったＪＲ東日本の労働組合の問題に、政府が介入するわけにもいかない。となれば、経営者が毅然とした対応をとるしかないわけです。

ＪＲ東日本が常日頃から言っている『労使協調』というのは結構なことだけど、経営者は、革マル派に支配されている組合とは一線を画していかなければならない。このことは、私も以前から何度も松田氏に言っていることなんです」

亀井静香・衆議院議員

亀井氏の言う「松田氏」とはほかでもない。国鉄「改革三人組」の一人で、ＪＲ東日本発足後に社長、会長を歴任し、現在も相談役を務めている松田昌士氏（七一歳）のことだ。「革マル派最高幹部」の松崎明（七一歳）と癒着し、人事権への介入を許し、今日のＪＲ東日本の歪《いびつ》な労使関係を作り上げた、「ＪＲ革マル派問題」の〝Ａ級戦犯〟である。
この松田氏と亀井氏をめぐって、ＪＲ七社の幹部の間で、今も語り継がれるこんなエピソードがある。
国鉄からＪＲの移行期に、分割民営化に最後まで反対し、解雇された国労組合員一〇四七人の再雇用問題。「１０４７人問題」といわれるこの問題もまた、国鉄改革の負の遺産の一つである。亀井氏は運輸相時代の九五年、この問題の政治決着をめざし、ＪＲ七社と国労双方に裁定案を提示。ＪＲ七社の社長を呼び「国鉄改革を行った運輸省として、責任をもって解決したいので、協力してほしい」と要請した。その裁定案は、国鉄清算事業団から解雇者全員をいったん地元ＪＲ七社に採用後、本州のＪＲ三社などに斡旋するというもので、当時の細谷《ほそや》治通《はるみち》政務次官の試案だったことから「細谷試案」とも呼ばれた。

しかしこの「細谷試案」に対しＪＲ各社は「民営化で八万人近い旧国鉄職員が転退職しており、反対だった国労組合員を今になって採用するのは無理」として、難色を示したのだ。「そのなかでも最も強硬に反対したのがＪＲ東日本の松田社長（当時）でした。そしてその裏には松崎の意向が色濃く反映されていたのです。

たしかに国鉄改革当時、分割民営化に賛成した鉄労や、松崎率いる動労の組合員のなかには分割民営化を受け入れ、泣く泣く職場を去り、北海道や新潟などから東京への広域異動に応じた人が、たくさんいたことも事実です。しかし分割民営化で当時の中曽根首相が『一人たりとも路頭に迷わせない』と〝公約〟したのもまた、事実なのです。

にもかかわらず、ＪＲ東労組は分割民営化から八年という月日が経った当時でも、『なぜ国鉄改革に反対した者を、ＪＲで再雇用する必要があるのか』と強硬に主張していた。しかしその主張の裏には、職場に国労組合員が戻り、国労の勢力が拡大することへの危機感があったのです。この松崎の主張に忠実に従った松田社長は、亀井大臣からの申し出を頑として

受け付けようとしなかったのです」（ＪＲ関係者）

あまりに頑なな松田氏の姿勢に、業を煮やした亀井氏は、松田氏にこう言ったという。

「国鉄改革に反対したといって国労を批判するが、じゃあ、あんたのところの組合（ＪＲ東労組）はどうなんだ。革マル派に牛耳られているじゃないか」

すると松田氏は、白々しくこう答えたというのだ。

「わが社には、革マル派などいない」

これを聞いた元「公安捜査のエキスパート」は激昂し、松田氏を怒鳴りあげたという。

「俺が何も知らないとでも思っているのか、ナメるのもいい加減にしろ！」

このエピソードの真偽を亀井氏に質したところ、亀井氏は大笑いして、こう続けたのだ。

「ワハハハハ（笑）、そんな昔のこと、覚えてないよ。俺はさぁ、そのとき、そのときで思ったこと勝手に言うからね。ただ革マル派が組合（ＪＲ東労組）を牛耳っているのは事実なんだから、それに対して経営者が毅然とした態度をとるというのは当たり前。それにもとるような発言をしたら、私が怒鳴るのも当たり前の話ですよ。

私はかつて自民党で国鉄改革を推進した一人として、この『１０４７人問題』に取り組んでましたからね。

国鉄改革当時は、自民党のなかも分割民営推進派と反対派に分かれていましたし、国鉄にも国労を中心に反対派、松田氏や葛西（敬之・現ＪＲ東海会長・六六歳）氏、井手（正敬・元ＪＲ西日本会長・七二歳）氏らのようにわれわれと協力して、分割民営化を進めた人たちがいる。

そういう意味では松田氏も仲間だった。しかし、彼も『国鉄分割民営化』の功労者の一人なんだから、乗客の安全を使命とし、極左暴力集団である革マル派が組合（ＪＲ東労組）を支配している状況を変えていく責任は、当然ある。

それは松田氏だけでなく、今のＪＲ東日本の経営陣だって、同じですよ。労働組合に、政治や会社が不当介入してはいけないが、警察から捜査対象となっているような極左暴力集団は、毅然として排除せねばならない。にもかかわらず、国鉄改革から二〇年が経とうとしている今日においてもＪＲ東日本では職場で革マル派が跳梁跋扈《ちょうりょうばっこ》し、組合と会社の力関係が逆転した状況が続いている。これは明らかに現経営陣の責任ですよ。

ただ当初は松田氏も真剣に、ＪＲ東日本から革マル派を排除しようと考えていたんだと思いますよ。だからこそ、柴田さんを監査役に呼んだんでしょう」

亀井氏の言う「柴田さん」とはＪＲ東日本初代監査役・柴田善憲氏（七四歳）のことである。

柴田氏は五五年に警察庁に入庁後、警察庁警備局公安三課長、公安一課長、警視庁公安部長と一貫して公安畑を歩み、「公安捜査の神様」といわれた人物だ。警視庁副総監を経て、八四年には日本の警備・公安警察の頂点である警察庁警備局長に就いた超大物警察キャリアである。

しかし警備局長就任後、副総監時代のスキャンダルが発覚して失脚し、ＪＲ東日本初代監査役に天下った。

ところが就任当初、ＪＲ東日本経営陣から松崎を頂点とした「ＪＲ革マル派」対策を期待されていた柴田氏は逆に、革マル派から副総監時代のスキャンダルを握られ、〝ＪＲ革マル派のガードマン〟と化した。そしてＪＲ東日本の監査役、ＪＲ東日本の関連企業「ジェイアール東日本企画」の会長、顧問を務めていた約一六年間、警察首脳部に対し「松崎の（革マル派からの）転向は本物だ」との犯罪的なウソを繰り返したのである。

柴田氏がＪＲ革マル派のために、捜査情報を入手するだけでなく、捜査妨害にまで手を染め、革マル派から「幸福を運ぶ鳥」、〝コウノトリ〟のコードネームで呼ばれていたことは、これまでも述べたとおりだ。また私はこのコウノトリが警察官僚時代に育て上げた〝ヒナ〟たちを含む多くの警察官がＪＲ東日本に天下りし、ＪＲ革マル派のガードマンとして働いているという現実も報じた。

インタビュー中、亀井氏が沈痛な面持ちを見せたのは、話が柴田氏のことに及んだときだった。

「柴田さんは、私が（警察庁警備局）公安一課の理事官時代の、直属の上司（公安一課長）だからね……。私自身は、今でも、柴田さんがＪＲ東日本の監査役になられたのは、革マル派のＪＲ東労組への浸透を防ぐためか、革マル派に支配されたＪＲ東労組によるＪＲ東日本への影響を防ぐためだった、と信じていますよ。

けれども、あなたが書いた記事ではそうなっていない。もし、記事に書かれたことが本当なら、『ミイラ取りがミイラになる』って話でしょ。私は決してそんなことはないと信じているけれどね。あの記事は同じ警察庁OBとして、また元部下としてすごくショックだった。柴田さんには堂々とあなたの取材に応じて、『自分がJR東日本に入ってから今日まで、JR東日本から革マル派を排除するため、いかに闘ってきたのか』を語ってほしかった、と思います。

また多くの警察官がJR東日本に天下りしているということも記事に書いてあったけど、少なくとも警察庁も、全国の都道府県警も、『JR東日本の革マル派支配を防いでほしい』という願いで、送り出したんだと思いますよ。だから事実が、あなたの記事のとおり（彼らが〝JR革マル派のガードマン〟として働いている）とするならば、警察庁もOBの人事政策を根本的に考え直さなければならない。

でもその前に、やはりまずJR東日本の経営陣自身が、『なぜ柴田さんを監査役に置く必要があったのか、また今なお多くの警察官を受け入れる必要があるのか』を説明しなければいけませんよ。革マル派対策のためでしょう。彼らがそれをちゃんと説明しないから、柴田さんをはじめJR東日本に天下りした多くの警察官が誤解を受けるんです」

そしてインタビューの最後に亀井氏は、この〝大いなる負の遺産〟である「JR東日本革マル派問題」を生み出した国鉄改革の「二〇年」をこう振り返った。

「国鉄時代に比べ、JR各社のサービスは格段によくなったし、便利になった。しかし、一方ではローカル線が廃止され、不便になっている人たちもいる。そういう地域格差を助長したというマイナス面はあると思っています。だから、新幹線中心ではなく在来線を活用し運営していくことをきっちりと考えていかなければならない。『儲からないから切り捨てる』ではダメですよ。私も国鉄改革当時、こういう問題を民間会社に任しておくと、どんどん進むという危惧はあったんだが、現実のものとなってしまった。

もう一つ、今になって、『しまった』と思うことは、分割民営化を決めた『日本国有鉄道改革法』に『見直し規定』を盛り込んでおくべきだったということです。というのは、本州のJR東日本、JR東海、JR西日本のJR主要三社はまさに〝濡れ手に粟〟で儲かっているが、『三島《さんとう》会社』（JR北海道、JR四国、JR九州）やJR貨物は、どんなに七転八倒しても収益が上がらない体質になっている。

施行後一〇年くらいで、JR各社の経営条件の見直しをする規定を入れておけば、各社間の格差を是正することができた。そして、その見直し規定に、たとえば『安全』に関する条項を入れておけば、〇五年のJR西日本の福知山線脱線事故も防げたかもしれないし、このJR東日本の『革マル派問題』も政府や国会が監視できたかもしれない。

現在のJRが持つ資産のほとんどが、旧国鉄から引き継いだものであり、元はといえば国民の財産。またJRが発足できたのも、二〇兆円という膨大な債務を国民が負担してくれたからこそ。それを二〇年経って、今のJR各社の経営者は忘れているんじゃないか。

民間会社になったからといって、なんでもかんでも好き勝手にしていいはずがない。またたとえ民間会社であっても、社会的責任を果たさなければならない。その意味で、いまだに革マル派という極左暴力集団を抱えるJR東日本は企業としての社会的責任を果たしているとはとうてい言えない。

ただ、ＪＲ東日本が今後も反社会性の強い組織に影響を受けている現状を抱え続け、世間の批判が強まれば、新たな法律に基づいて、その状況を変えなければならないようになってきますよ。だって国民の税金をつぎ込んで作った会社なんだから。

そういう意味でも、ＪＲ東日本の経営陣は『儲かっているからこれでいい』というわけにはいきません。乗客の安全、組合員の公平な扱い、労使の正常な関係を自覚していかないとダメですよ。革マル派に対して毅然とした態度で臨まないと。

ＪＲ東日本は、ＪＲ東労組が圧倒的多数を占めているから、組合に暴れられたくないという防衛意識が会社側に働いてしまうんでしょうが、会社が毅然とすることを示すには、まず人事や待遇などについて、ＪＲ東労組以外の組合員についても公平に扱うこと。組合が違うだけで、実質的な差別を被っているという現実はなくさないと。最低でもこれくらいはやらないと。やっても『ストライキだ！』ということにはならんでしょ。

恐れることは何もないんですよ。恐れこそが、革マル派をのさばらせるんです。かつての国鉄当局も国労に抑えられ、その結果、国鉄にあれだけの荒廃をもたらしたんだから。ＪＲ東日本も国鉄時代の苦い経験を生かして健全な職場を作らないと、長期的にみたとき、組織がダメになるということを真剣に考えたほうがいいと思いますよ」

ＪＲ東日本現経営陣ははたして、この亀井氏の批判、そして〝提言〟をどう受け止めるのだろうか。

# エピローグ

二〇〇七年四月一日、ＪＲ各社は「戦後最大の構造改革」といわれた国鉄分割民営化から二〇年を迎えた。この節目の年を前に私は、その国鉄改革の「最大の負の遺産」といわれる「ＪＲ革マル派問題」を検証しようと試みた。それが〇六年七月から〇七年一月にかけて、『週刊現代』誌上に二四回にわたって掲載された連載「テロリストに乗っ取られたＪＲ東日本の真実」だった。

ただ私はこの連載で、さらには本書でも、革マル派の「思想」そのものを問題にしたことは一度もないし、そのつもりもなかった。当然のことながら、彼らの「思想・信条の自由」も、革マル派と対立するさまざまな人々のそれと等しく、守られるべきものだと考えている。この点で私は、彼らの思想そのものを危険視し、彼らの存在自体をこの世から抹殺すべきと考えている人達とは、明らかに立場を異にする。

私が問題としたのは、彼らの「行動」なのだ。労働者の権利と生活を守ることを最大の目的とし、あらゆる思想・信条や政党から自由でなければならないはずの労働組合に、革マル派が浸透し、支配している現実を告発したのである。

そして彼らが「内部に敵を作り、その敵を徹底的に叩くことによって組織を強化し、外部の攻撃から組織を守る」という〝積極攻撃型組織防衛論〟などという自らの思想を、労働組合の中に持ち込み、組合員同士の対立を惹起《じやつき》していることを指弾したのだ。

さらには、自らの「組織防衛」のためには手段を選ばない、また自らの「敵」に対しては何をしてもいい、という彼らの独善的な姿勢を批判したのである。

過去に「内ゲバ」という殺人に手を染めていた革マル派は、一九七〇年代後半からは武力闘争を控え、ＪＲをはじめとする基幹産業に浸透した。しかしその後も、彼らは盗聴や住居侵入など非合法な手段を駆使して、ＪＲ東労組、ＪＲ総連と対立する組合やＪＲ関係者、そして松崎明を批判するジャーナリストらを恐怖に陥れ続けてきたのだ。そんな彼らを「テロリスト」と呼ぶことに、私は未だに何の迷いも感じない。

連載開始から約半年間、旧国鉄関係者をはじめとするさまざまな方々から多くの、温かい励ましの声をいただいた。その一方で、マスコミ関係を中心に、ご批判も頂戴した。

連載の意義を疑問視し、記事内容を批判する人たちは決まってこう言った。

「なぜ今さら、『ＪＲ革マル派問題』を取り上げる必要があるのか」

しかし私は、こんな疑問を投げかけてきた同業者に、逆にこう問いたい。

「あなたがたはなぜ、二〇年間もこの問題に、見て見ぬふりを続けてきたのか」と。

九四年のＪＲ東日本による『週刊文春』言論弾圧事件以降、「革マル派最高幹部」松崎明率いるＪＲ東労組とＪＲ東日本経営陣との癒着はますます進んだ。そして「ＪＲ東労組（組合員）ニアラザレバ、人（社員）ニアラズ」という企業風土が形成された。さらに、自らを批判する者がいなくなったことをいいことに、「世界に冠たる労働組合」、「世界最強の労働組合」などと驕《おご》り高ぶったJR東労組は、この一三年間、それこそ無法の限りを尽くしてきた。

第2章で紹介した、JR東労組を脱退した国労組合員三人が、JR東労組組合員から集団で嫌がらせを受け、果ては拉致された末に、国労からの脱退届を無理やり書かされた事件が起こったのが九六年。そして同章でJR東労組による陰惨ないじめや、JR東日本の職場秩序の崩壊の実態を、実名で証言してくれた佐藤久雄氏（四九歳）が被害に遭ったのが九九年。さらに浦和電車区の若手運転士が、他労組の組合員とキャンプに行ったという理由だけで、JR東労組組合員に約六ヵ月にわたって集団で吊るし上げられ、退職にまで追い込まれた「浦和電車区組合脱退・退職強要事件」が発生したのが〇一年……。

これらはJR東日本で起こった事件の氷山の一角にすぎない。しかしJR連合や国労は、これらの事件が起こるたびに、JR東労組の不法行為と、JR東日本の職場秩序の崩壊の実態をマスコミに訴え続けてきたのだ。

だが、マスコミは彼らの訴えを、無視し続けてきた。つまりは彼らを〝見殺し〟にしてきたのだ。

『週刊文春』のときと同様に、キヨスクで販売を拒否されたらたまらないという怯《おび》えから。あるいはマスコミにとってはきわめて魅力的な、JR東日本がもつ莫大な広告料欲しさから。さらには「自らに対する批判は絶対に許さない」という松崎やＪＲ東労組に訴えられることに対する煩わしさから。そして彼らの背後に潜み、盗聴や盗撮、住居侵入や拉致監禁など目的のためには非合法な手段も厭わない「革マル派」そのものに対する恐怖から。

「ときわクラブ」という記者クラブがある。旧国鉄時代につくられた、大手紙の鉄道担当の「記者クラブ」だ。「ときわクラブ」詰のある大手紙のベテラン記者は、私の連載を読んでこう語ったという。

「連載を読んだが、全部知っている話ばかり。新しいものはないね」

三三年前、立花隆氏による「田中角栄研究――その金脈と人脈」や、故・児玉隆也氏による「淋しき越山会の女王」を掲載し、田中角栄を退陣へと追い込むきっかけとなった『文藝春秋』（七四年一一月特別号）。当時の政治部記者がその記事を読んで「すべて知っている」と語り、世間の失笑を買った。「知っているのなら、なぜ書かなかったのか」と。当時と同じ科白がいま繰り返されている。

さらに複数の先輩「ジャーナリスト」のなかには、連載についてこんな感想を漏らす人もいたという。

「すねに傷があろうとも反権力で闘っている以上、ＪＲ東労組やＪＲ総連を攻撃することは権力側を利するだけ」

たしかに、国家権力を絶えず監視し、その暴走に警鐘を鳴らすという仕事は、ジャーナリズムに課せられた最大の役割、いやまさにレゾン・デートルといってもいい。しかし、「反権力で闘っている」なら、何をやっても許されるのか？

反権力ならば、その思想を人に押しつけてもいいのか？　反権力なら、運転士になることを夢見て、ＪＲ東日本に入社した若者の職や将来を奪ってもいいのか？　そして反権力なら、組合費を横領して私腹を肥やすことさえも許されるのか？　これらはとうてい、「すねに傷」などというレベルの話ではないはずだ。

彼らは、国鉄分割民営化から二〇年を経て、ＪＲ東日本において、松崎が「絶対権力者」になっているという事実を知らないのだろうか。さらには松崎の威を借ったＪＲ東労組が、組合員の「人権」を蹂躙《じゅうりん》しているという事実を知らないのだろうか。いや、知らないはずはない。たぶん、見て見ぬふりをしているのだろう。なぜなら松崎やＪＲ東労組は、彼らと同様に、「反権力」を標榜している〝仲間〟だからだ。

先輩「ジャーナリスト」の方々よ。もうそろそろ、「権力vs.反権力」といった、硬直したものの見方で、世界を語ることから脱したほうがいいのではないか。少なくとも私は、あなた方が好む「権力＝悪、反権力＝善」といった単純な二元論からは一足先に、オサラバさせていただく。本書は、その「決別宣言」でもある。

連載、さらには本書を執筆するに当たって、元国鉄清算事業団新潟支社長の宗形明氏には、本当にお世話になった。旧国鉄時代に鉄道管理局労働課長や職員局主幹として、組合対策を担当し、退職後は「ＪＲ革マル派問題」研究の第一人者となった彼の存在がなければとうてい、連載や本書の執筆は不可能だった。

ただ「JR革マル派問題」という本書のテーマの性格上、残念ではあるが、取材に協力してくれた旧国鉄、JR関係者のお名前を挙げて、謝辞を述べるのはこの宗形氏だけに留めたい。

JR東日本をはじめとする、JR関係者や組合関係者の「JR発足から二〇年を迎えるまでに、〝国鉄改革最大の負の遺産〟といわれる『JR革マル派問題』を解決したい」という願いは、残念ながら叶わなかった。しかし、彼らのこの〝執念〟にも似た思いが、私をこの問題に引き寄せ、連載や本書を書かしめたのだ。本書を書き終えた今、私は改めてそう感じている。この彼らの執念に対し、最大の敬意を払うとともに、この場を借りて厚く御礼申し上げたい。

また一三年前に『週刊文春』誌上で「JR東日本に巣くう妖怪」を執筆し、その後もJR東日本労使の圧力に屈することなく『JRの妖怪』を出版されたノンフィクションライターの小林峻一氏にも、改めて敬意を表するとともに、感謝したい。小林氏には連載中、また本書の執筆中、何度も相談に乗っていただいた。かつてJR東日本労使と闘い、今なお歪《いびつ》なその労使関係を注視し続けている先輩記者の的確な助言と励ましに、何度救われたことかわからない。

さらにもう一人、「JR革マル派問題」だけでなく、革マル派という思想集団自体にアプローチした『Z（革マル派）の研究』（月曜評論社）の著者、フリージャーナリストの野村旗守《のむらはたる》氏にもお礼を言いたい。同書は「革マル派」の思想と行動をわかりやすく解説した傑作で、きわめて参考になった。また野村氏ご本人からも直接、貴重なアドバイスを再三いただいた。

そしてプロローグでも紹介した新谷学氏をはじめとする文藝春秋の関係者一同にも、感謝したい。私が、この問題を取材しはじめたのも、元はといえば文春が一一年前の雪辱を果たすべく、再度挑んだこの「JR革マル派問題」の取材キャップに、新谷氏が私を抜擢してくれたことがきっかけだった。

さらに〇四年夏から本格化した取材に、小堀鉄郎記者、石橋廣紀記者という二人の優秀なスタッフを投入し、連載や本書の土台を築いてくれたのは『週刊文春』現編集長の鈴木洋嗣氏だった。また私を文春に採用してくれた前編集長の木俣正剛氏は、『週刊現代』に移籍したうえで、「JR革マル派問題」の連載をしたいという、私の突然の申し出を受け入れ、快く送り出してくれた。そのうえで彼らは、文春時代の取材データを連載に使うことさえ、許可してくれたのだ。彼らに対する感謝の気持ちはあまりに深く、言い尽くせない。

そして一三年前の「文春キヨスク販売拒否事件」を持ち出すまでもなく、メディアにとってきわめてリスクの高いこのテーマに、『週刊現代』の貴重な誌面を提供し、共に挑んでくれた加藤晴之編集長には、その英断に改めて敬意を表し、深く感謝したい。担当の藤田康雄副編集長にも本当にお世話になった。互いに我の強い編集長とライターの間で、さぞかし気苦労が多かったことだろう。申し訳ない。本書の編集を担当していただいた菅紘氏には、何度も改稿を繰り返したにもかかわらず、粘り強くお付き合いいただいた。

また『週刊現代』の岸武史記者、本山裕記記者、杉本真理記者にも深く感謝している。あなたがたが文字どおり、身体を張って取材してくれなければ、連載は続けられなかったし、本書が世に出ることもなかった。本当に助かった。ありがとう。

最後に、私事で恐縮だが、妻にも感謝の意を表しておきたい。彼女は当初、この問題が孕《はら》むリスクの高さから、連載を始めることに頑として反対していた。しかし最終的に、この問題に対する私の思いを理解し、連載開始後は最強の応援団となってくれた。さらに彼女には、この連載のために引っ越しの苦労まで負わせ、一年にわたって不自由な生活を強いた。今まで支えてくれて本当にありがとう。

国鉄分割民営化から二〇年にわたって革マル派最高幹部、松崎明が「世界最大級の公共交通機関」、JR東日本の労働組合を支配し、経営にまで介入してきた「JR革マル派問題」。

実はこの〝国鉄改革最大の負の遺産〟には、まだまだ明らかになっていない謎が多い。約半年間、二四回の連載を終え、さらには本書を書き終えて、つくづくそう感じる。

私はどうやら、この「JR革マル派問題」の取材を、今後も続けていくことになりそうだ。

## 主要人物の経歴・年表

最終学歴
国鉄(JR)入社年度

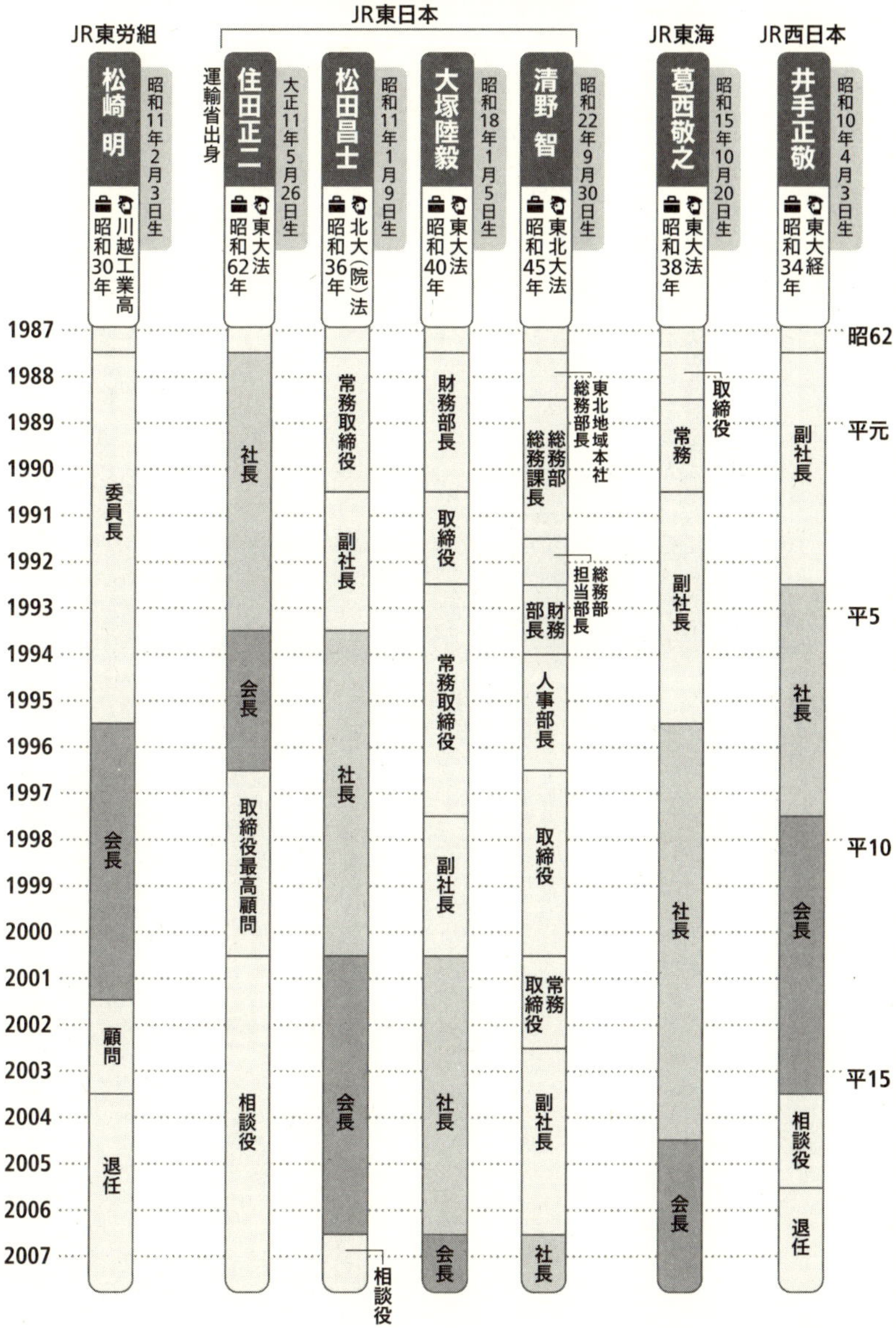

## JR関連年表

| 年 | JR・労組 | 革マル派 |
| --- | --- | --- |
| 1946 | 2月 「国鉄労働組合」（国労）結成 | |
| 1949 | 6月 日本国有鉄道発足 | |
| 1951 | 5月 「国鉄動力車労働組合」（動労）結成 | |
| 1963 | | 4月 松崎明が黒田寛一らとともに「革マル派」を結成、機関紙『解放』に〈副議長・倉川篤〉のペンネームで執筆 |
| 1968 | 10月 「鉄道労働組合」（鉄労）結成 | |
| 1972 | | 11月 革マル派が早稲田大学学生の川口大三郎君を集団でリンチし、殺害 |
| 1975 | 11月 国労・動労が８日間の「スト権スト」を実施 | 3月 革マル派が中核派書記長・本多延嘉氏を殺害 |
| 1977 | | 2月 革マル派が革労協書記長・笠原正義氏を殺害 |
| 1986 | 4月 国労からの脱退者で「真国労」を結成<br>7月 動労・鉄労・真国労などが「改革協」を結成 | 1月 革マル派が中核派の全学連副委員長代行を殺害 |
| 1987 | 2〜3月 改革協などが「鉄道労連」を結成、傘下のＪＲ東日本に「東鉄労」を結成<br>4月 国鉄分割民営化実施、新生ＪＲ７社発足（中曽根内閣）<br>7月 鉄労が「鉄道労連」からの脱退を表明。その２週間後に撤回 | |
| 1989 | 2〜6月 東鉄労が「ＪＲ東労組」、鉄道労連が「ＪＲ総連」に改称 | |

| | | |
|---|---|---|
| 4月 国鉄清算事業団が旧国鉄職員１０４７人を解雇 | 1990 | |
| 7〜11月 ＪＲ西労組、ＪＲ東海労組、ＪＲ九州労組がＪＲ総連を脱退 | 1991 | |
| 5月 ＪＲ総連を脱退した労組などが「ＪＲ連合」を結成 | 1992 | |
| 6月 ＪＲ東日本社長に松田昌士氏就任<br>6月〜 東海道新幹線で、レールにチェーンを巻きつけたり、座席に置き針するなど悪質な列車妨害事件が続発<br>10月 ＪＲ東日本が東証一部などに株式上場 | 1993 | |
| 6月『週刊文春』キヨスク販売拒否事件 | 1994 | |
| 6月 ＪＲ東海社長に葛西敬之氏就任 12月 ＪＲ東労組からの脱退者が「ＪＲグリーンユニオン」を結成 | 1995 | 10〜12月 革マル派が鉄労友愛会議議長宅を盗聴 |
| 10月 ＪＲ西日本が東証一部などに株式上場 | 1996 | 2月 革マル派が『ＪＲの妖怪』著者、小林峻一氏宅から取材資料を窃盗 8月 国労書記長宅を盗聴、警視庁が革マル派非公然アジト「綾瀬アジト」摘発<br>10月 革マル派・黒田議長が辞任<br>11月 ＪＲ西労組委員長宅に侵入、「大和アジト」摘発 |
| 10月 ＪＲ東海が東証一部などに株式上場 | 1997 | 5月 革マル派が国労役員宅に侵入<br>8〜10月 早稲田大学教授宅を盗聴<br>9月 神戸連続児童殺傷事件の加害少年の検面調書などを窃盗 |
| | 1998 | 1月「豊玉アジト」、4月「浦安アジト」、11月「厚木アジト」摘発 |

| 年 | JR・労組 | 革マル派 |
| --- | --- | --- |
| 1999 | | 1月「荒川アジト」、10月「札幌豊平アジト」摘発<br>11月 警視庁が元国鉄職員（動労）で、革マル派のNTT社員を顧客データ漏洩の容疑で逮捕 |
| 2000 | 6月 JR東日本社長に大塚陸毅氏、会長に松田昌士氏、相談役に住田正二氏就任 | 11月 警察庁の金重警備局長が国会で「JR総連、JR東労組に革マル派が相当浸透している」と答弁 |
| 2001 | 6月 完全民営化に向けた「JR会社法改正法」成立 | 6月「玉川アジト」、11月「名古屋西アジト」摘発 |
| 2002 | 11月 警視庁が「浦和電車区組合脱退・退職強要事件」で革マル派活動家を含むJR東労組組合員7人を逮捕 | 12月 神戸連続児童殺傷事件の加害少年・検面調書窃盗事件で、革マル派非公然活動家を逮捕 |
| 2003 | 6月 JR東海助役への暴行容疑でJR総連本部や松崎の自宅などを家宅捜索 | 1月「貫井アジト」、4月「弥生アジト」、6月「福岡城南アジト」、10月「沖縄アジト」摘発<br>9～12月 早大教授宅盗聴事件で革マル派非公然活動家6人を都内で逮捕 |
| 2004 | 6月 JR東海会長に葛西敬之氏就任 | 3月「深川アジト」摘発 |
| 2005 | 4月 JR西日本、福知山線脱線事故（死者107人）<br>12月 業務上横領の容疑で松崎の自宅やJR東労組などを家宅捜索 12月 JR東日本、羽越線脱線事故（死者5人） | |
| 2006 | 4月 JR東日本社長に清野智氏、会長に大塚陸毅氏、相談役に松田昌士氏就任 7月『週刊現代』で「テロリストに乗っ取られたJR東日本の真実」連載開始<br>9月 京葉線火災事故で国土交通省より、本年4回目の警告 | 6月 元革マル派議長・黒田寛一、死亡（享年78歳） |
| 2007 | 2月 業務上横領の容疑でJR総連や佐藤政雄の自宅を家宅捜索 4月 JR発足20年 | |

## 主要参考文献
（新聞記事、機関紙（誌）等は除く）


❖『ＪＲの妖怪――かくて男は巨大組織に君臨した』小林峻一（一九九六年　イースト・プレス）

❖『Ｚ（革マル派）の研究』野村旗守（二〇〇三年　月曜評論社）

❖『中核VS革マル』立花隆（一九七五年　講談社）

❖『もう一つの「未完の『国鉄改革』」――ＪＲ東日本革マル疑惑問題を検証する』宗形明（二〇〇二年　月曜評論社）

❖『続　もう一つの「未完の『国鉄改革』」――ＪＲ東日本革マル問題を再検証する』宗形明（二〇〇五年高木書房）

❖『ＪＲ東日本労政「二十年目の検証」――未だ完結しない「国鉄改革」』宗形明（二〇〇五年　高木書房）

❖『「国鉄改革」の完成に向けて――「ＪＲ東日本革マル問題」の整理』宗形明（二〇〇六年　高木書房）

❖『小説　労働組合』谷川忍（二〇〇五年　イズミヤ印刷）

❖『虚構からの訣別――心貧しき者たちへの挽歌』（二〇〇三年「虚構からの訣別」編集委員会）

❖『なせばなる民営化　ＪＲ東日本――自主自立の経営15年の軌跡』松田昌士（二〇〇二年　生産性出版）

❖『鉄路《レール》に夢をのせて――トップが語る21世紀』住田正二（一九九二年　東洋経済新報社）

❖『官の経営　民の経営』住田正二（一九九八年　毎日新聞社）

❖『未完の「国鉄改革」――巨大組織の崩壊と再生』葛西敬之（二〇〇一年　東洋経済新報社）

❖『国鉄民主化への道――鉄労運動30年の歩み』鉄労友愛会議（一九八九年　鉄労友愛会議）

❖『狙われる国民の足――21世紀への検証』福田博幸（一九八九年　全貌社）

❖『過激派に蹂躙されるＪＲ――経営をおびやかすＪＲ総連の実態』福田博幸（一九九二年　日新報道）

❖『誰も書かなかったJR東日本の真実――JR東日本が労組に支配される日』 JR問題研究会 （一九九三年 あっぷる出版社）
❖『JR歪んだ鉄路――「JR東日本」の不可解な労使関係』 矢沢修太 （一九九五年 日新報道）
❖『鬼の挑んだ賭け 人間・松崎明』 21シンクタンク・未来派グループ編 （一九八七年 弘済出版社）
❖『鬼が撃つ――もう一人のJR牽引者として』 松崎明 （一九九二年 TBSブリタニカ）
❖『鬼の紙礫《かみつぶて》――さまよう国のリーダーたちへ』 松崎明 （二〇〇〇年 西田書店）
❖『鬼の咆哮《ほうこう》 暴走ニッポン！』 松崎明 （二〇〇一年 毎日新聞社）
❖『鬼が嗤う――ひとよ人たれひとは民たれ』 松崎明 （二〇〇二年 西田書店）
❖『「帝国」に立ち向かう――動労～JR総連 職場からの挑戦』 四茂野修 （二〇〇三年 五月書房）
❖『甦れ！ 労働組合――「もうひとつの世界」を求めて』 四茂野修 （二〇〇五年 社会評論社）
❖『労働組合のロマン――苦悩する労働組合からのレポート』 中西五洲 （一九八六年 労働旬報社）
❖『連合型労働運動に抗して』 前原茂雄 （二〇〇一年 解放社）
❖『孤独な探求者の歩み――評伝 若き黒田寛一』 高知聰 （二〇〇一年 現代思潮新社）
❖『道路の権力――道路公団民営化の攻防一〇〇〇日』 猪瀬直樹 （二〇〇三年 文藝春秋）
❖『道路の決着』 猪瀬直樹 （二〇〇六年 小学館）

# 索引

## ア行



## カ行

## サ行

## タ行

## ナ行



## ハ行



## マ行

## ヤ行



## ラ行



## ワ行

**著者紹介**

**西岡研介**（にしおかけんすけ）

1967年大阪市生まれ。
'90年、同志社大学法学部卒業。
'91年、神戸新聞社入社、
阪神淡路大震災、神戸連続児童殺傷事件などを取材する。
'98年3月より2001年7月まで、『噂の真相』に在籍し、
「則定衛東京高検検事長の女性スキャンダル」など数々の
スクープをものす。
'01年10月より、『週刊文春』記者。
'06年4月より、『週刊現代』記者。
'07年、「テロリストに乗っとられたJR東日本の真実」で
「編集者が選ぶ雑誌ジャーナリズム賞」を受賞。

**マングローブ**
**テロリストに乗っ取られたJR東日本の真実**

**2007年6月18日　第1刷発行**

著者——————西《にし》岡《おか》研《けん》介《すけ》

発行者—————野間佐和子
発行所—————株式会社講談社
東京都文京区音羽2-12-21　郵便番号112-8001
電話　03-5395-3438（出版部）
03-5395-3622（販売部）
03-5395-3615（業務部）
印刷所—————凸版印刷株式会社
製本所—————牧製本印刷株式会社
本文データ制作———講談社プリプレス制作部

定価はカバーに表示してあります。

●落丁本・乱丁本は、購入書店を明記のうえ、小社業務部あてにお送り下さい。
送料小社負担にてお取り替えいたします。なお、この本についてのお問い合わせは
『週刊現代』編集部あてにお願いいたします。


ISBN978-4-06-214004-1